BERND REISIG

10 Jahre Bembel & Gebabbel

Mal ganz unter uns!

Mit einem Vorwort von Rudi Völler

societäts\verlag

Bildnachweis

Alle Abbildungen im Buch sind Auszüge aus der Sendung und stammen von GO!TV.

Mit Ausnahme von:
Enrico Sauda: S. 72/73/114/115/129/164/165/166/167/168/169/171/172/173
Heiko Rode (Parkinson Stiftung): S. 74

MIX
Papier | Fördert gute Waldnutzung
FSC® C106954
FSC www.fsc.org

Druckprodukt mit finanziellem Klimabeitrag
ClimatePartner.com/17357-2406-1005

1. Auflage

Gestaltung und Satz: Julia Desch, Societäts-Verlag
Umschlaggestaltung: Julia Desch, Societäts-Verlag
Druck und Verarbeitung: Florjancic tisk, Maribor
Printed in Germany 2024

ISBN 978-3-95542-499-2

Besuchen Sie uns auch im Internet:
www.societaets-verlag.de

Inhalt

Ein-Vorwort von DFB-Sportdirektor Rudi Völler

Für mich ist es eine Sendung mit besonderem Zungenschlag: »BEMBEL & GEBABBEL«, die Talkshow mitten aus einer hessischen Kneipe, moderiert vom früheren Fußballfunktionär und Medienmanager Bernd Reisig. Er sitzt in der »Lohrberg-Schänke« an einem der vielleicht kultigsten Tische der deutschen Talk-Landschaft. Das Regionale, die hessische Mund- und Lebensart werden dort bewusst großgeschrieben. Und doch schaut der Moderator bei der Themen-, vor allem aber bei der Gästeauswahl weit über den Frankfurter Tellerrand hinaus.

Es ist erstaunlich, wer sich dort schon alles mit Bernd Reisig zusammengehockt und über Gott und die Welt »gebabbelt« hat. Bundeskanzler Olaf Scholz gab sich die Ehre genauso wie Tagesthemen-Moderator Ingo Zamperoni, SPD-Chef Lars Klingbeil griff zur Gitarre und Showlegende und »Wetten, dass..?«-Erfinder Frank Elstner erzählte wunderbare Anekdoten seines imposanten Fernseh-Schaffens. Ministerpräsidenten wie Volker Bouffier oder Bodo Ramelow waren zu Gast – die prominente Liste könnte beliebig weitergeführt werden mit Schauspielern, Sportgrößen und vielen anderen interessanten Menschen. Sie dokumentiert aber schon in der vorhandenen Kürze die Vielseitigkeit und den Mut, konträre Meinungen zuzulassen und auf dieser Basis spannende und immer unterhaltsame Gespräche und Diskussionen zu führen.

Woher ich das alles weiß? Na, weil ich – jederzeit online abrufbar als Stream – auch gerne mal reinschaue in die Sendungen. Und weil ich Bernd Reisig dort selbst schon gegenübersaß. Als alter Hanauer, als Hesse-Bub bin ich seiner Einladung natürlich gerne gefolgt. Und es war für mich tatsächlich ein wenig wie nach Hause kommen: familiär, vertraut und wertschätzend. Da wurde gescherzt und gelacht,

DFB-Sportdirektor Rudi Völler kennt Bernd Reisig, den ehemaligen Musikmanager, Retter des Traditionsvereins FSV Frankfurt, Gründer der Bernd Reisig Stiftung »helfen helfen«, die seit über 11 Jahren obdachlosen Menschen hilft, schon lange. Bei Reisigs monatlicher Talkshow BEMBEL & GEBABBEL kamen die beiden bei Folge 72 ins Gespräch.

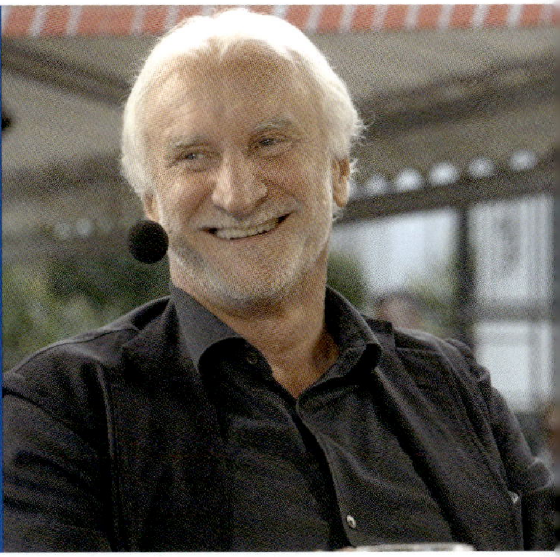

gleichzeitig aber auch der Ernst des Lebens nicht vergessen. Das ist der rote Faden der Sendung, die am Ende eines ist: gute Unterhaltung!

Im September 2024 feiert Bernd Reisig nun das 10-jährige Jubiläum von »BEMBEL & GEBABBEL«. Ein schöner Anlass, um in Form dieses Buchs einmal zurückzublicken auf das, was bislang war. »Ich möchte Menschen zusammenbringen«, ist das Motto des leidenschaftlichen Unterstützers des Traditionsvereins FSV Frankfurt, Eventveranstalters und Gründers der Bernd Reisig Stiftung »helfen helfen«, die seit über 11 Jahren Hilfe für obdachlose Menschen organisiert. Rund 260 Talkgäste durfte der humorvolle Gastgeber bislang begrüßen. Mit Zuschauerzahlen zwischen 400.000 und 1,16 Millionen hat Bernd Reisig inzwischen eine bemerkenswerte Reichweite erzielt. Vornehmlich in Hessen, aber beispielsweise auch in Hamburg, wo sich eine »hessische Enklave« einmal im Jahr beim Auswärtsspiel in Corny Littmanns »Schmidt Theater« über einen gepflegten heimischen Talk freut.

In seinem Buch blickt Bernd Reisig nun also auf die zehn Jahre dieser Erfolgsgeschichte zurück, erinnert sich an seine Gäste, wartet mit Anekdoten und Kulissengeplauder auf. Genau so, wie man es von ihm, aber auch aus seiner Sendung kennt: menschlich, sympathisch, mit dem Herz auf der Zunge.

Herzlichst, Rudi Völler

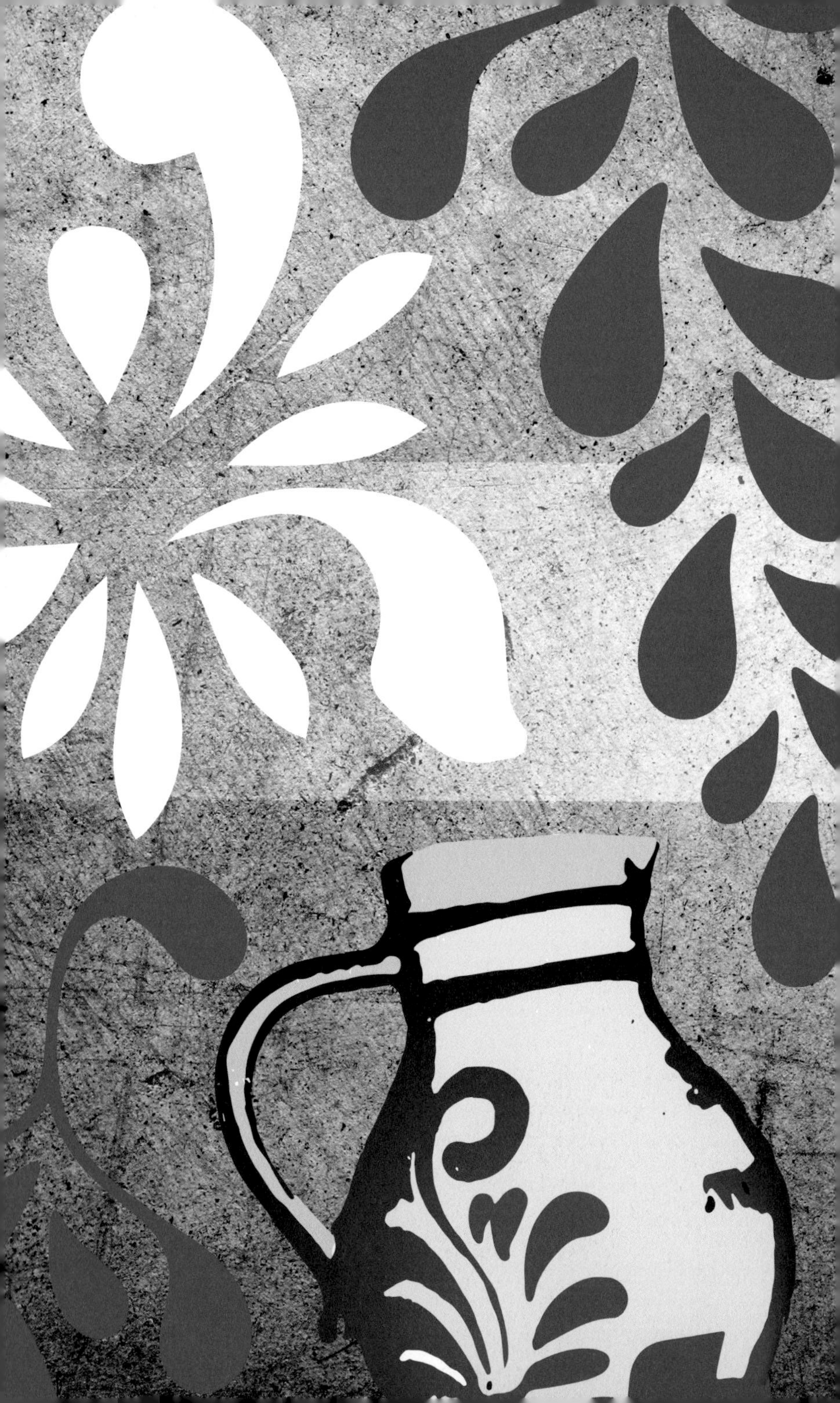

Aller Anfang ist schwer

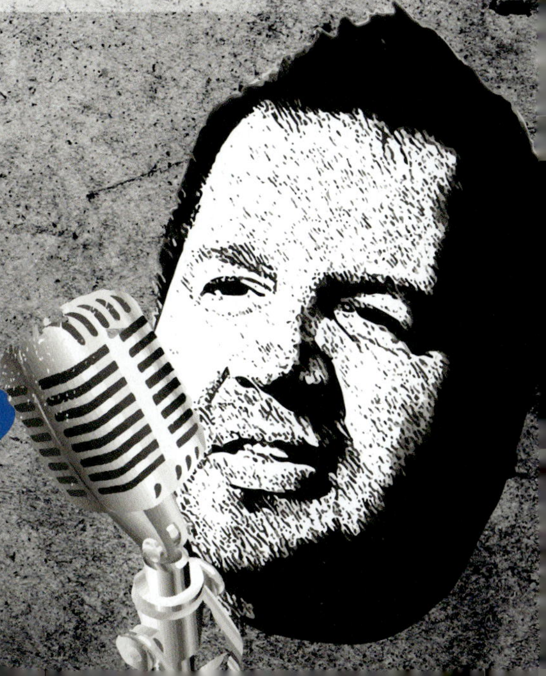

So hat alles angefangen

Wenn mir das jemand vor zehn Jahren erzählt hätte. Ich hätte wahrscheinlich gesagt: »Du hast sie nicht mehr alle!« Klar, die Idee war schon nicht schlecht – es war ja auch meine Idee. Aber, dass BEMBEL & GEBBABEL tatsächlich heute noch existiert und vor allem da ist, wo wir heute sind, das war nicht vorherzusehen. Zehn Jahre, fast hundert Aufzeichnungen, Tausende von Zuschauern und jede Menge großartige Gäste – da gibt's schon jede Menge zu erzählen. Und genau dafür gibt es jetzt dieses Buch. Noch so eine Sache, mit der ich niemals gerechnet hätte: Aber ich bin jetzt auch Buchautor!

Aber mal ganz von vorn: Wir gehen zurück ins Jahr 2011. Hier geht die Reise von BEMBEL & GEBABBEL los. Ich war raus beim FSV, noch einige Kilos schwerer und noch überhaupt nicht bereit auf Mallorca einfach die Füße hochzulegen und gar nix mehr zu schaffen. Aber um ehrlich zu sein, ich wäre wahrscheinlich nicht selbst auf die Idee gekommen auf einmal für eine eigene Talksendung vor die Kamera und ins Scheinwerferlicht zu treten. Ich war nie der Typ vor der Kamera, sondern eher umtriebig im Hintergrund. Ich war schon immer ein »Macher« – aber man hat das gar nicht so mitgekriegt, einfach weil es keiner gefilmt hat und ich auch öffentlich nie darüber gesprochen habe. So war es eigentlich immer. Die Künstler, die ich gemanagt habe – von Nena bis Badesalz – standen auf der Bühne, haben Interviews gegeben und Fotos gemacht und ich konnte ruhig im Hintergrund arbeiten und kein Schwein wollte was von mir wissen. In meinen zehn Jahren beim FSV hat sich das dann aber schnell gewandelt. Als Manager bei einem Fußballclub musst du eben immer wieder ans Mikro. Egal ob die Mannschaft gewonnen oder auch mal eine längere Phase ohne Sieg durchgemacht hat, die Journalisten haben jedes Mal Fragen. Auch an mich.

Eigenlob stinkt, aber scheinbar habe ich das damals ganz gut gemacht. Sonst hätte mich das Team der hr-Sportsendung »Heimspiel« nicht so häufig eingeladen, das lokale Fußballgeschäft zu kommentieren – auch nach meiner aktiven FSV-Zeit. Das kam ganz gut an. So gut, dass der damalige Intendant des Hessischen Rundfunks mich fragte, ob ich nicht Lust hätte, mehr zu machen.

Mich hat das aber alles nicht so wirklich gereizt. Bis... Ja, bis Smart-TV auf- und die Produktionsfirma GO!TV auf mich zukam. Die GO-Jungs hatten gerade Kapazitäten frei und wollten in diesen neuen Bereich einsteigen und Fernsehen machen, ohne einen Sender zu brauchen. Und das war dann schon die Idee! Wir sprachen über eine Talkshow, die man zu jeder Zeit abrufen und anschauen kann. Erstmal wusste ich gar nichts damit anzufangen. Aber nach meinem Ausstieg beim FSV hatte ich ein Sabbatjahr eingelegt und genug Zeit zum Nachdenken. Und das tue ich am allerliebsten in der Sonne. In meinem Haus auf Mallorca habe ich die Idee sacken lassen und mir überlegt, wie eine Talksendung nach meinen Vorstellungen aussehen könnte. Ich habe drüber nachgedacht, was es schon gibt und was meiner Meinung nach noch fehlt.

Zwischen drei und vier Monate lang habe ich mir den Kopf zerbrochen und mir Gedanken gemacht. Und mit der Zeit hat mir die Idee immer besser gefallen. Eine Talkshow, die eigentlich abläuft wie eine Stammtischrunde, das war's! Gemütlich, unterhaltsam und typisch hessisch sollte es sein. Zusammen mit Freunden habe ich mich dann hingesetzt und das erste BEMBEL & GEBABBEL-Konzept geschrieben – da waren viele witzige Ideen dabei, die teilweise bis heute noch Bestandteil der Sendung sind. Aber es gab logischerweise auch eine Menge Quatsch, den wir uns ausgedacht haben, den wir aber nie umgesetzt haben.

Ich war zufrieden und hatte mich auch mit dem Gedanken angefreundet eine eigene Talkshow zu moderieren. Das war etwas, was in Hessen und in der Fernsehlandschaft fehlte – eine hessische »Babbel-Sendung«. Aber das Kind hatte noch keinen Namen. Ich saß also da und schrieb meine Ideen auf. Mir hat der Ausdruck »Gebabbel« immer schon enorm gut gefallen. Und das ist ja auch das, was wir in der Sendung machen wollten. Nichts Überkandideltes, nichts Bedeutendes, einfach Unterhaltung und zwar im doppelten Sinne: Unterhaltend, indem man nett miteinander babbelt. Und die Verbindung zum Bembel kam dann eben durch die Kneipenatmosphäre, die wir kreieren wollten. Außerdem denken viele an Apfelwein und an die typischen blau-grauen Bembel. Also Bembel und Babbeln – das hat total gut gepasst. Und damit stand der Name: BEMBEL & GEBABBEL.

Wir hatten ein fertiges Konzept, nun auch einen Namen und wir hatten alle Lust auf das Projekt. Und das war auch verdammt wichtig, denn die Geschichte von BEMBEL & GEBABBEL ist nicht von Beginn an eine Erfolgsgeschichte.

Unsere monatlichen Sendungen in der Friedberger Warte waren zwar schon anfänglich durchweg ausverkauft, die Klickzahlen der ersten Shows waren allerdings mehr als ernüchternd. Alle unsere Erwartungen wurden enttäuscht. Kaum einer wollte BEMBEL & GEBABBEL sehen. 6.000 Klicks auf die erste Sendung. Das

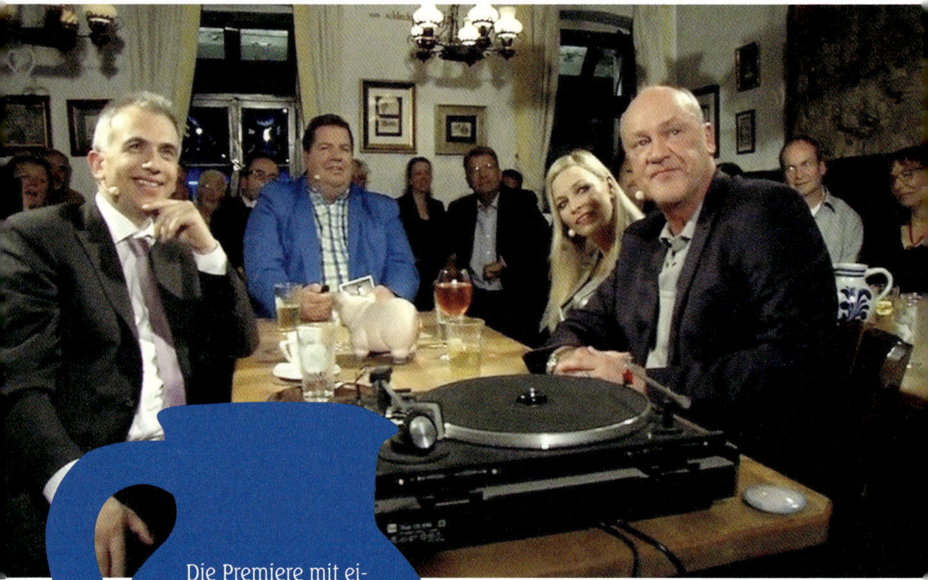

Die Premiere mit einer schlagfertigen Truppe und einem zögerlichen Oberbürgermeister! Bei der ersten Sendung begrüßte Reisig Boxerin Regina Halmich, Comedian »Bodo Bach« und Frankfurts damaligen Stadtchef Peter Feldmann.

war weit unter unseren Erwartungen. Mit nur ein paar Tausend Klicks kann man im Internet kein Geld verdienen. Da legt man drauf, denn so eine aufwendige Produktion kostet erstmal eine ganze Stange Geld. Aber wer mich kennt, weiß, dass ich so schnell die Flinte nicht ins Korn werfe. Natürlich haben wir weitergemacht und haben der Sache noch etwas Zeit gegeben. Das sollte sich auszahlen.

It's Showtime! Unsere erste Sendung

Ich kann mich noch genau an die allererste Sendung erinnern. Am 4. September 2014 war's so weit. Ich, frisch rasiert und im royalblauen Sakko mit Karohemd, und mit am Tisch saßen: Der damalige Frankfurter Oberbürgermeister Peter Feldmann, Robert Treutel, den viele sicher eher unter seinem Künstlernamen »Bodo Bach« kennen und Box-Weltmeisterin Regina Halmich war bei unserer Premiere ebenfalls zu Gast. Und irgendwie war es nicht nur für mich eine ungewohnte Situation. Auch Peter Feldmann bewegte sich auf sichtlich ungewohntem Terrain. Er war damals ziemlich frisch im Amt und ich übertreibe nicht, wenn ich sage, dass er schon vor, aber auch während der Aufzeichnung erstmal unfassbar nervös war. Ich kenne Peter ja schon seit Kindertagen, aber seine derartige Nervosität hat mich überrascht. Ganz am Anfang habe ich ihm eine spaßig gemeinte Frage gestellt, die ihn scheinbar komplett aus der Bahn geworfen hat. Ich wollte wissen, ob ihm seine Medienberater nicht erstmal zu einer kleineren Talkshow geraten hätten und warum er sich direkt zu Beginn seiner Amtszeit schon in so eine bedeutende Talkshow wagt. Dafür gab es Gelächter im Publikum, aber Feldmann war damit komplett überfordert und schon total aus der Spur. Alle Fragen, die nicht so klassisch waren, haben ihn verunsichert. Aber ich vermeide bei BEMBEL & GEBABBEL bewusst diese klassischen Fragen, die meine Gäste zu jeder Tages- und Nachtzeit aus dem Effeff runterbeten können. Denn nur so gelingt es in der Sendung zu zeigen, wer meine Gäste wirklich sind, worüber sie lachen können und ihnen Stories zu entlocken, die sie sonst vielleicht nie erzählt hätten. Für die Standardantworten der Promis könnte man auch eine der anderen unzähligen Talkshows anschauen.

Verhaltener Start – Frankfurts damaliger Oberbürgermeister blühte erst im Laufe der Sendung etwas mehr auf.

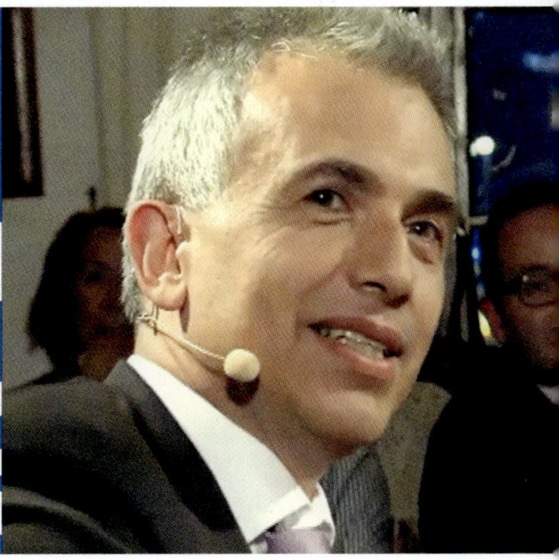

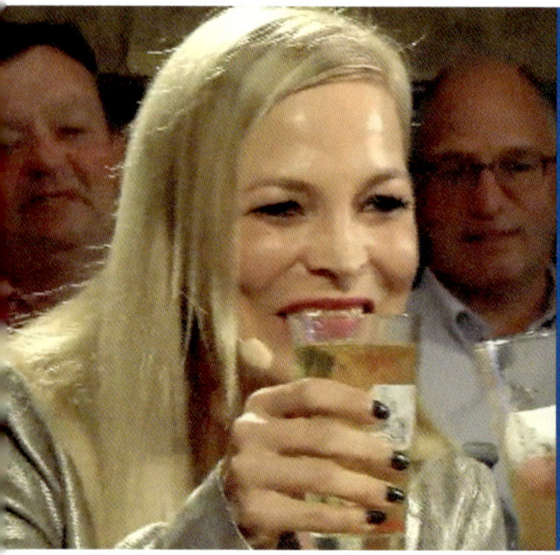

Bei BEMBEL & GEBABBEL hat schon so mancher Promi zum ersten Mal mit dem hessischen Nationalgetränk angestoßen. Ex-Profiboxerin Regina Halmich war die Erste.

Aber zurück zur ersten Sendung. Ich hatte mich direkt ganz gut eingegroovt, bis Feldmann zumindest ein bisschen entspannter und lockerer wurde, dauerte es eine Weile. Es klappte aber – auch dank meinem jahrelangen Freund und Weggefährten Bodo Bach, der mit am Tisch saß und der den Talk stets wieder mit seinen flotten Kommentaren und witzigen Sprüchen auflockern konnte. Auch Box-Weltmeisterin Regina Halmich hat ihren Teil dazu beigetragen, dass die erste Show bis heute unvergessen bleibt. Sie hatte damals in der Sendung ihren ersten Kontakt mit Apfelwein – und ich vermute, es ist bis heute auch ihr einziger geblieben.

Ich werde bis heute immer wieder gefragt, ob ich vor den Sendungen aufgeregt bin oder ob ich Lampenfieber habe. Bis heute kann ich sagen, dass ich noch nie nervös war, egal wer am Talktisch neben mir Platz genommen hat. Und das waren in den letzten zehn Jahren so einige. Obwohl ich vorher noch nie eine eigene Show moderiert hatte, war ich auch vor Sendung eins nicht aufgeregt. Komischerweise ist das bei mir so. Ich bin, um ehrlich zu sein, aber ganz froh darüber. Nervosität und Lampenfieber vor den Auftritten erlebte ich früher hautnah mit. Selbst die vielen großen Künstler, die ich betreut habe, waren vor ihren Shows angespannt und nervös. Die liefen teilweise rum wie ein Tiger in seinem Gehege, wurden total hibbelig oder sind völlig durchgedreht. Selbst Nena mit ihren riesigen Erfolgen hatte vor jedem Auftritt brutales Lampenfieber. Ich kenne das gar nicht. Sobald die Kamera läuft, geht's los und dann mache ich das, was ich kann. Manchmal mache ich es gut, ab und zu sogar sehr gut, aber hin und wieder ist auch Luft nach oben. Aber es ist, wie es ist. Ich kann es ja im Nachhinein sowieso nicht ändern, sondern maximal beim nächsten Mal besser machen.

Bis heute gucke ich deshalb alle Sendungen mindestens einmal von vorne bis hinten durch. Nicht, weil ich mich selbst auf dem Sofa für meine Moderation abfeiern will, sondern weil man immer wieder etwas bemerkt, was man beim nächsten Mal besser machen kann. Ich bin bis heute sehr perfektionistisch veranlagt, habe hohe Ansprüche und da fange ich natürlich bei meiner Leistung an.

Bei der ersten Folge waren es sogar ein paar Kleinigkeiten mehr, die hätten besser laufen können. Es ist eben noch kein Meister vom Himmel gefallen. Aber ich war nicht unzufrieden, vor allem auch weil ich spürte, dass die Leute lachen und das Showkonzept unterhaltsam ist. Trotzdem waren die Anfänge erstmal noch ein bisschen wie eine Abifeier, vor allem wenn man die ersten Folgen mit heute vergleicht.

Probieren geht über Studieren

Zunächst war BEMBEL & GEBABBEL also ein Experiment. Wir haben vieles ausprobiert, um uns zu finden und wir haben geguckt, was nicht nur auf dem Papier eine gute Idee ist, sondern was sich auch so umsetzen lässt, dass es den Leuten gefällt und beim Publikum gut ankommt. Dazu mussten wir ein paar Folgen abwarten und unsere Erfahrungen sammeln. Ein Beispiel dafür war unser Pantomime-Spiel am Ende jeder Sendung. Das machen wir heute nicht mehr, weil sich viele Begriffe einfach nicht gut darstellen lassen. Am Anfang war es zwar lustig, wenn die Gäste erstmal dastehen wie der Ochs vorm Berg und dann hilflos versuchen irgendwas zu machen. Aber dieser Gag ist auch irgendwann auserzählt. Das haben wir gelernt und so dann immer neue Elemente dazu erfunden, die besser an- und rüberkommen.

Insgesamt hat es über ein halbes Jahr gedauert, bis dann auch endlich der erste »Knick« nach oben kam. Aber dann ging's so richtig steil bergauf. Schon als wir die siebte Sendung online gestellt haben, staunten wir alle nicht schlecht.

Ich hatte Theo Zwanziger in der Sendung, der damals noch DFB-Präsident war. Bei mir am Talktisch hat er dann knallhart mit dem Fußballgeschäft abgerech-

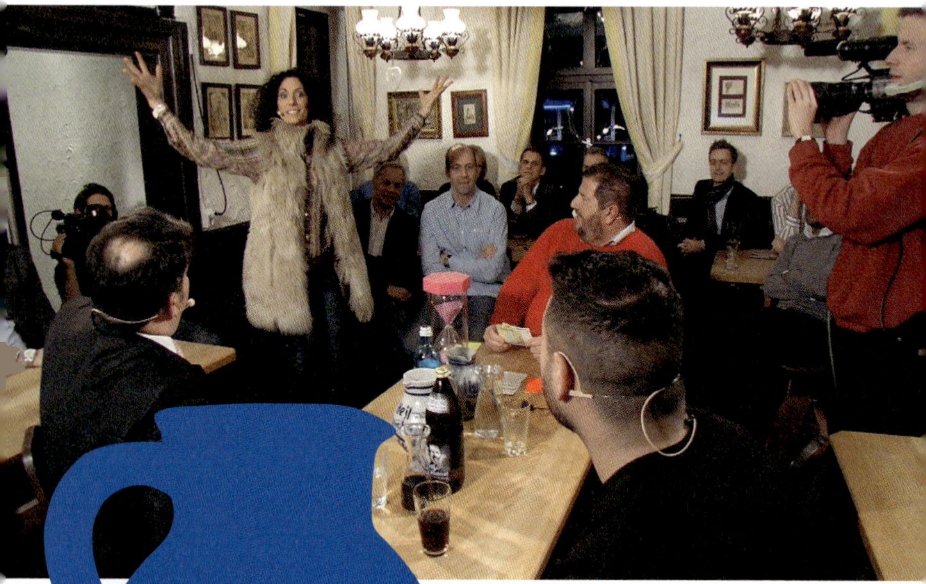

Zum Ende der früheren Sendungen musste jeder Gast einen Begriff pantomimisch darstellen. Das war eine große Gaudi! FFH-Moderatorin Evren Gezer probierte es in der sechsten Folge mit großen Gesten.

net. Das war echt hart, aber gleichzeitig total offen und ehrlich von Zwanziger. Über seinen Nachfolger Wolfgang Niersbach wollte er nicht groß reden. Er sagte nur relativ kurz angebunden, dass die beiden kein Bedürfnis nach gemeinsamen Gesprächen hätten. Aber es kam noch härter. Als das Thema WM-Austragung in Katar aufkam, kochte Zwanziger über. Für ihn war die Fußballweltmeisterschaft im Wüstenstaat die schlimmste Entscheidung, die Funktionäre im Sport jemals getroffen hätten, sagte er in der Sendung. Ich erinnere mich noch gut an Sätze wie »Katar ist das Krebsgeschwür des Fußballs«. Rumms!

Das war eine harte Abrechnung, die auch viele andere Sportmedien in ihrer Berichterstattung aufgriffen und schon war BEMBEL & GEBABBEL in aller Munde. Bei den Klickzahlen ein erster Höhepunkt. Wir knackten die 100.000 Klicks. Das war für uns ein riesiger Quantensprung – ziemlich plötzlich und unerwartet. Aber Zwanzigers deutlicher Rundumschlag hat uns geholfen, bekannter zu werden.

Der Auftritt von Theo Zwanziger sorgte erstmals für Aufruhr bei der Presse. Zwanziger rechnete in der Show ungehalten mit dem Fußballgeschäft ab.

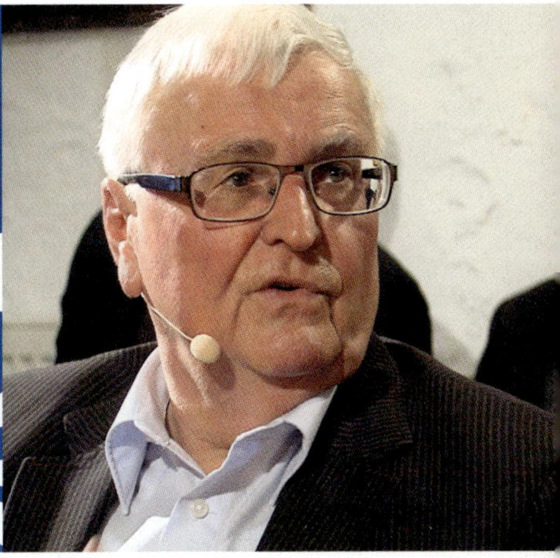

Warum der Ex-DFB-Präsident gerade bei mir in der Sendung so deutlich wurde, ist mir bis heute ein Rätsel. Aber ich bin ihm sehr dankbar dafür.

Der erste Schub

Die neu gewonnenen Zuschauer sind drangeblieben. Auch in den darauffolgenden Sendungen bewegten wir uns kontinuierlich um die 100.000 Streams. Die sahen dann auch ein spannendes Hypnoseexperiment in Folge acht. Ich hatte Hypnotiseur Markus Götz eingeladen und ich wusste, dass der was drauf hat. Ich war schon vor seinem Auftritt in meiner Sendung von seinen Fähigkeiten überzeugt.

Er hat es zwar nicht geschafft, mich zu hypnotisieren, aber dafür hat er FFH-Moderator Johannes Scherer dazu gebracht, auf einer Bühne vor Publikum »Ein bisschen Spaß muss sein« zu singen. Und wer Johannes kennt, weiß: Der kann Schlager absolut nicht ausstehen! Wir haben das damals alles gefilmt und ihm gezeigt. Wahrscheinlich hasst Johannes uns heute noch dafür. Als ich das sah, wusste ich, den will ich auch in der Sendung haben.

Bei BEMBEL & GEBABBEL hypnotisierte Götz dann den Frankfurter Fernsehkoch Mirko Reeh, der in der Sendung unter anderem über sein neues Buch reden wollte, was vor ihm auf dem Tisch lag. Durch die Hypnose schlüpfte der TV-Koch

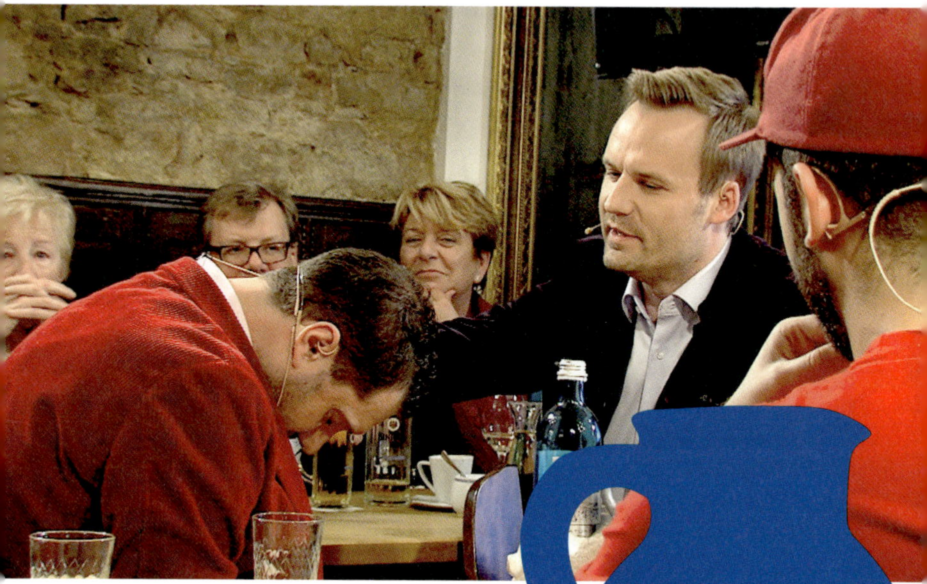

TV-Koch Mirko Reeh ist bis heute der einzige Gast, der in der Sendung eingeschlafen ist. Allerdings nicht weil die Show langweilig war, sondern weil er Hypnotiseur Markus Götz auf die Probe stellte.

aber in eine ganz andere Rolle. Er erkannte sich selbst nicht wieder und stritt ab sein Buch geschrieben zu haben, wegen dem er eigentlich in die Sendung gekommen war. Mirko war komplett neben der Spur und steckte so tief in der Hypnose drin, dass wir ihn dann auch schnell wieder rausholen mussten, bevor es gefährlich geworden wäre. Das hat zum Glück auch gut geklappt und Mirko konnte noch ganz viel über seine Küche, Kochkurse und sein neues Buch erzählen.

Eine meine absoluten Lieblingssendungen kam drei Monate später. In der zwölften Sendung durfte ich den Mann begrüßen, der sonst jede Talkshow ablehnt und auch mir eigentlich wertschätzend abgesagt hatte. SAP-Gründer und Hoffenheim-Mäzen Dietmar Hopp wollte partout an keinen Talktisch. Erst auch nicht an meinen. Irgendwann habe ich Hopp dann aber doch überreden können, wahrscheinlich auch, weil er ein Bewunderer meiner Arbeit damals beim FSV Frankfurt war.

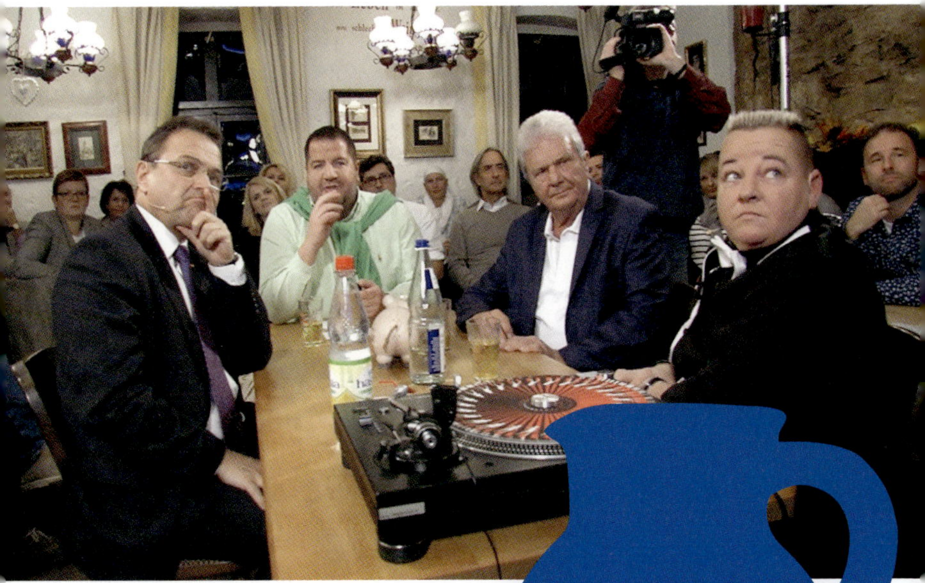

Folge zwölf bleibt in Erinnerung! Nicht nur, weil mit SAP-Gründer und Hoffenheim-Mäzen Dietmar Hopp ein Talkgast in der Show war, der sonst nicht oft vor der Kamera auftritt, sondern auch, weil es bei dieser Sendung mal so richtig um die Wurst ging.

Zusammen mit Ex-Bundesminister Hans-Peter Friedrich und Comedienne Woody Feldmann und mir saß Dietmar Hopp dann in der Friedberger Warte.

Keiner wusste, was passiert. Aber ich hatte über einen alten Kontakt aus Hoffenheim, der früher zusammen mit Hopp Fußball gespielt hat, eine Geschichte gehört, die mich sehr berührt hat. Hopp ist heute einer der reichsten Deutschen, kommt aber ursprünglich aus sehr einfachen Verhältnissen. Als er damals in der A-Jugend in Hoffenheim kickte, hatte er einen Deal mit einem ortsansässigen Metzgermeister. Der Metzger hatte Hopp für jedes geschossene Tor eine Leberwurst-Dose versprochen. Damals in den 50er und 60er Jahren war das noch was Besonderes. Gerade wenn sich die eigene Familie nicht alles problemlos leisten konnte. Diese private Anekdote fand ich so schön, das musste ich irgendwie aufgreifen.

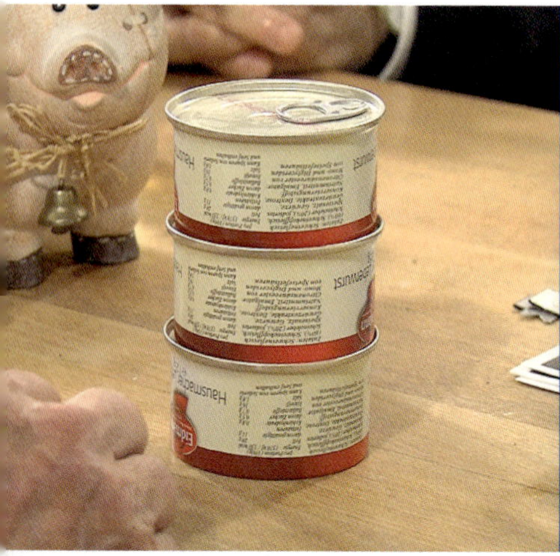

Der »Leberwurst-Dosen-Turm« von Dietmar Hopp wurde in der 12. Folge immer höher.

Also bin ich zu meiner Stamm-Metzgerei gefahren und habe zehn Leberwurst-Dosen gekauft, die ich dann zur Sendung mitbrachte. Wann immer das Publikum bei Hopps Auftritt applaudierte, sollte er eine der Dosen von mir bekommen. Und Hopp freute sich über jede einzelne Dose unglaublich ehrlich. Das war schön anzusehen und hat mir auch großen Spaß bereitet. Denn man muss sich mal vorstellen, der Mann hat Milliarden auf dem Konto und jubelt gerade in einer hessischen Internet-Talkshow über geschenkte Leberwurst-Dosen. Witzig wurde es dann noch als Woody Feldmann sich einschaltete, die die Runde durch ihre flapsige Art aufheiterte und auch gerne Leberwurst-Dosen verdient hätte, wenn die Leute bei ihr klatschen. Natürlich war das aber nur ein Spaß von ihr.

Hopp hatte aber ein Herz für Woody und gab ihr eine seiner Leberwurst-Dosen ab. Eine bezeichnende Geste für den großzügigen Hoffenheim-Macher, der damals einen Großteil seines Vermögens gespendet hatte. Also Hopp war echt top! Das halbe Dutzend BEMBEL & GEBABBEL war damit voll. Die Sendung lief, die Tickets jedes Mal weit im Vorfeld restlos ausverkauft und für viele Leute war unsere Talkshow ein monatliches Highlight. Wenn mir damals einer gesagt hätte, dass das erst der Anfang war, hätte ich das niemals für möglich gehalten. Heute bin ich unglaublich stolz über diese Entwicklung.

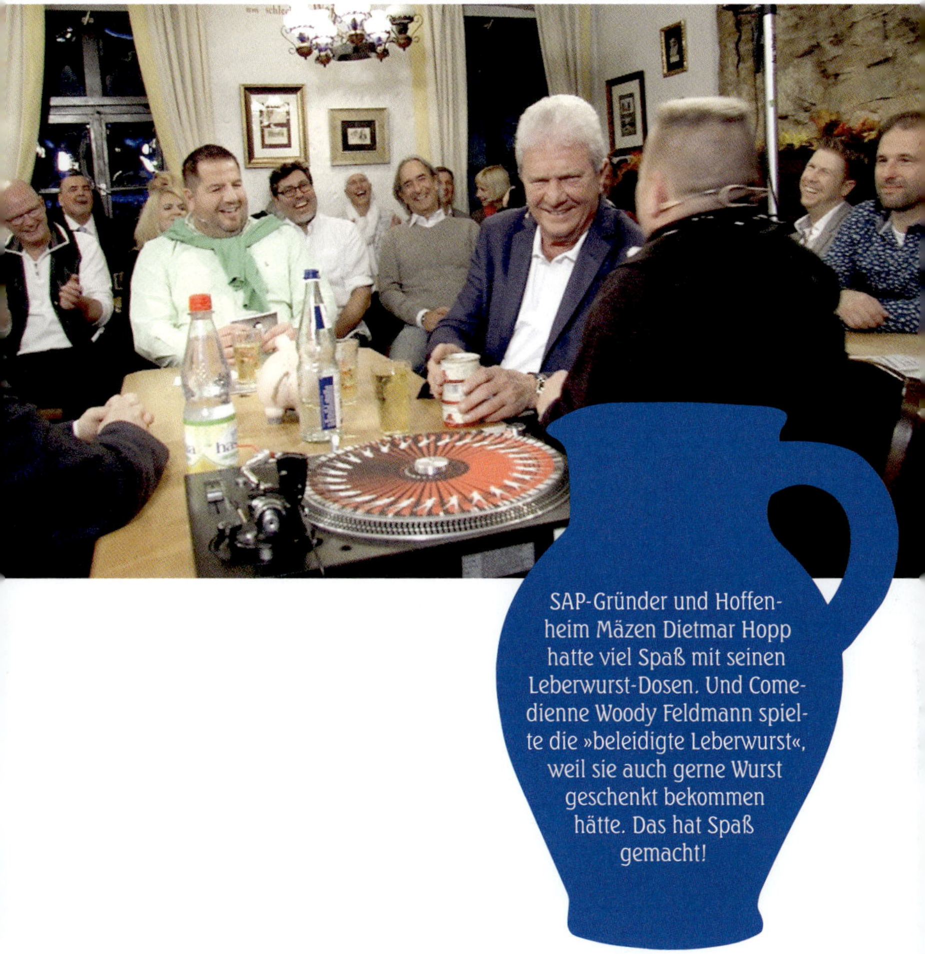

SAP-Gründer und Hoffenheim Mäzen Dietmar Hopp hatte viel Spaß mit seinen Leberwurst-Dosen. Und Comedienne Woody Feldmann spielte die »beleidigte Leberwurst«, weil sie auch gerne Wurst geschenkt bekommen hätte. Das hat Spaß gemacht!

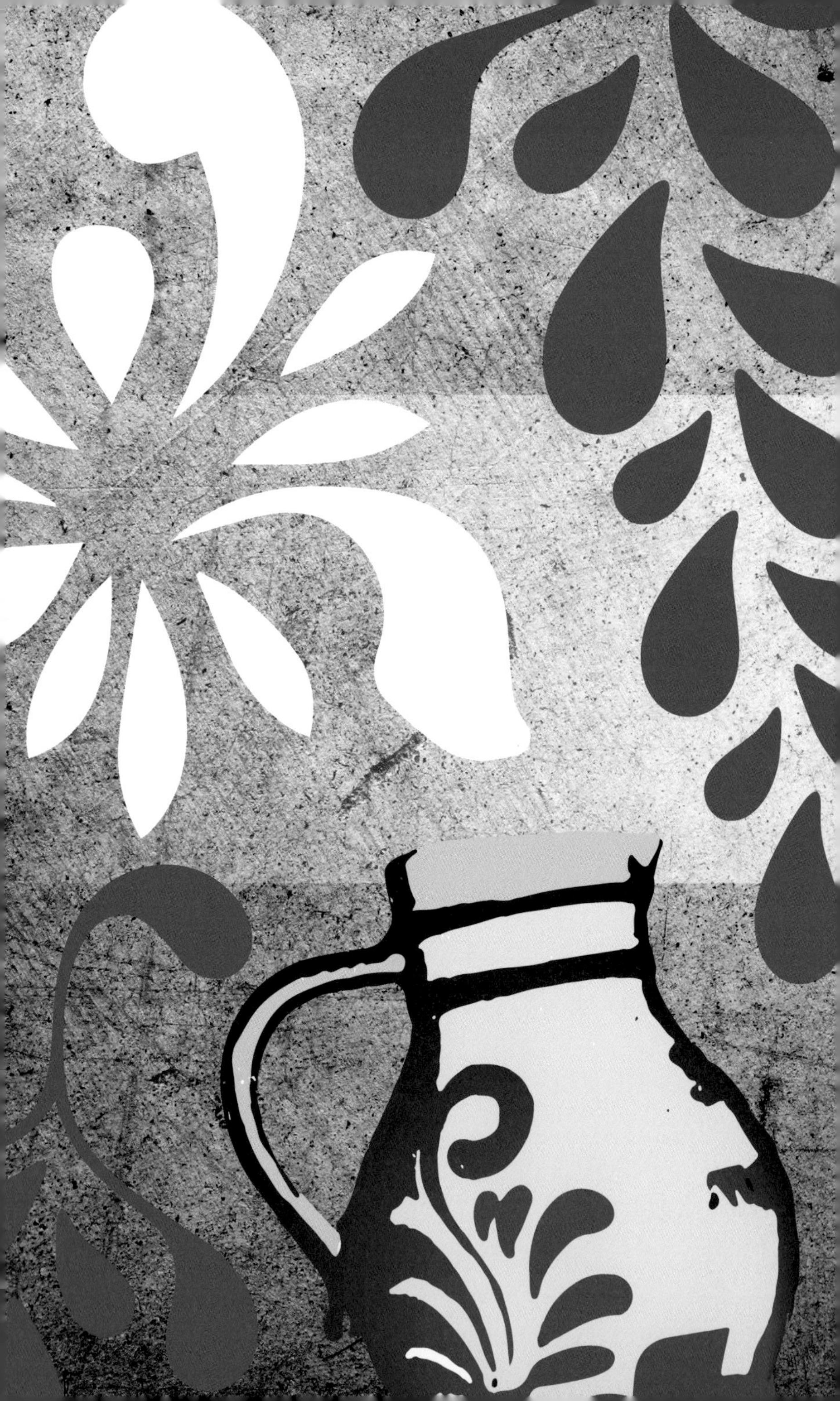

Vier Stühle, ein Tisch und jede Menge Spaß

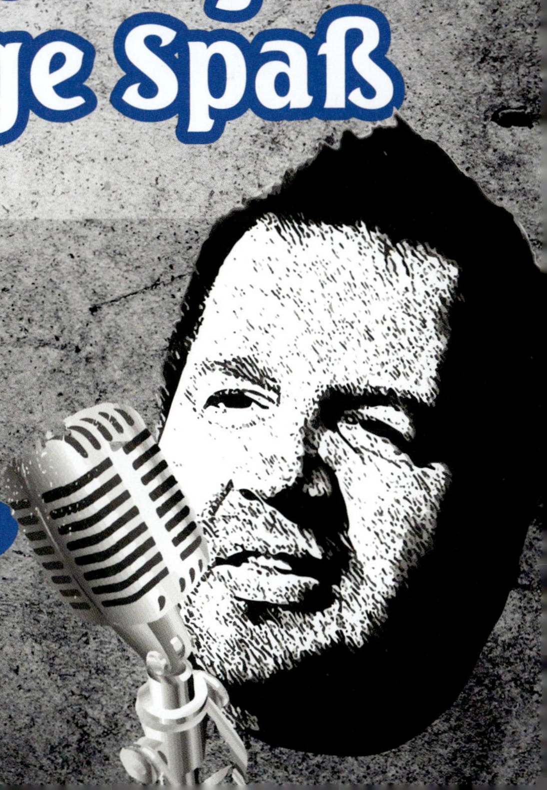

Die etwas andere Talkshow

Das Fernsehen – früher saß noch die komplette Familie vor den Geräten. Das Wohnzimmer war bei vielen ein heiliger Ort und alle freuten sich auf die Highlights der drei Programme, die es vor einer halben Ewigkeit nur gab. Mittlerweile hat sich vieles verändert. Der Trend geht immer weiter weg vom linearen, klassischen Fernsehen hin zu sogenannten »on demand«-Angeboten und Streaminganbietern wie Netflix, Disney+, Amazon Prime Video und wie sie alle heißen. Und auch hinsichtlich der Vielfalt hat sich in den letzten Jahrzehnten viel gewandelt. In der deutschen Fernsehlandschaft gibt es ja mittlerweile nichts, was es nicht gibt. Wobei, so ganz stimmt das nicht. Eine Sendung wie BEMBEL & GEBABBEL gab es vorher nicht.

Das Prinzip von BEMBEL & GEBABBEL ist auch gleichzeitig unser Erfolgsrezept: Wir sitzen mitten in einer gemütlichen, vollbesetzten Kneipe, es wird ringsum gegessen und getrunken und in der Mitte steht unser Stammtisch, an dem jedes Mal aufs Neue wieder spannende Gäste Platz nehmen. Es geht darum in angenehmer Atmosphäre zu babbeln, zu witzeln und auch mal einen lockeren Spruch rauszuhauen.

Natürlich steht und fällt die Sendung mit den Gästen, die wir einladen. Viele meiner Talkgäste kenne ich schon jahrelang, mit vielen bin ich sogar eng befreundet. Daher rührt auch der offizielle BEMBEL & GEBABBEL-Slogan: »Bernd talkt mit Freunden«. Denn selbst wenn ich einen Promi an meinem Tisch bisher nicht so gut kannte, in der Sendung gelingt es mir meistens ein vertrautes und freundschaftliches Verhältnis zu der Runde aufzubauen. Das ist auch der Grund, warum ich zu den allermeisten bis heute einen guten Draht und eine enge Verbindung habe. An unserem Stammtisch entstehen Freundschaften, selbst wenn man eigentlich ganz andere Vorstellungen vom Leben hat. Ein großartiges Beispiel dafür gab es bei der Aufzeichnung zu unserer 13. Sendung. Da sind Reiner Calmund und Thüringens Ministerpräsident Bodo Ramelow aufeinander geprallt. Man muss dazu wissen, dass sich die zwei politisch komplett fern sind. Da liegen Welten zwischen den Ansichten der beiden. Aber in meiner Sendung haben sich die zwei wirklich angefreundet. Ich weiß, dass Calli und Bodo Ramelow bis heute in Kontakt stehen. Es gab aber auch schon das krasse Gegenbeispiel und da denke ich an eine unserer ersten Sendungen. Bei der Aufzeichnung zur fünften Ausgabe, da hat's so richtig geknallt!

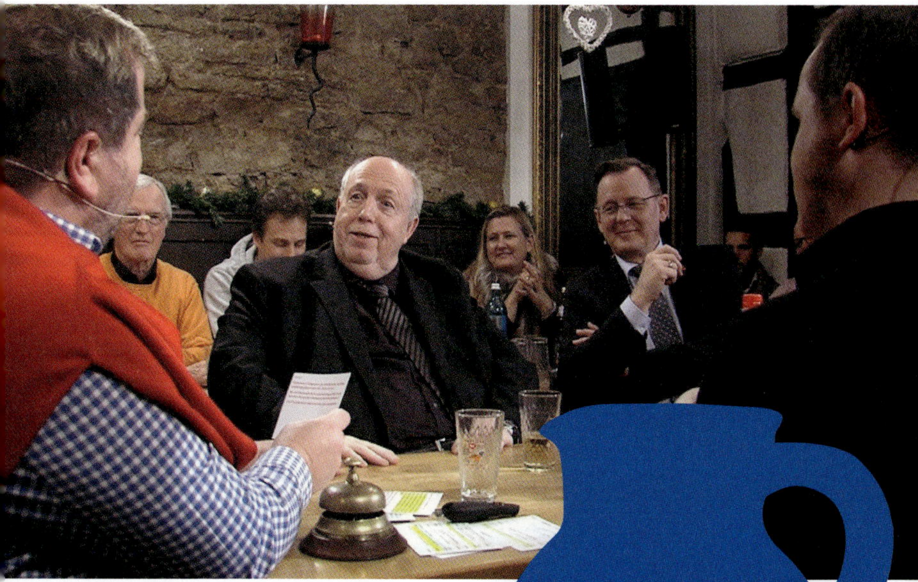

Das war schön anzusehen! Thüringens Ministerpräsident Bodo Ramelow und Fußball-Kultmanager Reiner »Calli« Calmund sind bei BEMBEL & GEBABBEL dicke Freunde geworden.

Tarek Al-Wazir, Grünen-Politiker und damals noch Hessens Wirtschaftsminister, saß Musikproduzent Moses Pelham gegenüber. Und ich war heilfroh, dass wir mit Christopher Posch noch einen Anwalt mit am Tisch hatten. Hier habe ich echt zum ersten Mal gedacht: Jetzt geht's hier gleich so richtig ab. In der Sendung ging es irgendwann um die Versöhnung zwischen Moses Pelham und Sänger Xavier Naidoo. Xavier, der damals in den Schlagzeilen stand, weil er eine Rede vor Reichsbürgern gehalten hatte, wurde dann zum Streitthema. Moses hatte seinen Freund damals in der Show in Schutz genommen, was Tarek Al-Wazir deutlich kritisierte. Und auf einmal ist die Stimmung gekippt.

Moses war einerseits verwundert, warum er danach gefragt wird, was Xavier macht und vor wem er spricht, wollte aber andererseits auch nicht, dass man seinen Freund wegen irgendwelcher Handyvideos verurteilt. Er hat zu mehr Akzeptanz für andere Meinungen aufgerufen und meinte, dass wir anfangen müssen

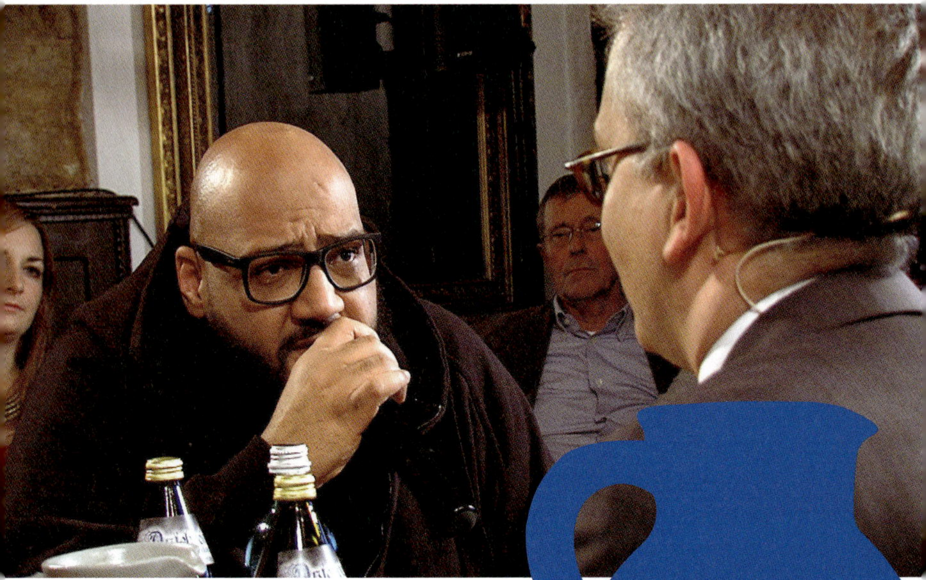

Bei BEMBEL & GEBABBEL ist die Stimmung meistens gut und ausgelassen. Bei der fünften Sendung gab's aber Beef zwischen Rapper und Musikproduzent Moses Pelham und dem damaligen hessischen Wirtschaftsminister Tarek Al-Wazir.

alle pfleglicher miteinander umzugehen. Das war echt ein kritischer Moment. Christopher Posch ist dann zum Glück in bester »Anwaltsmanier« dazwischen gegangen und hat die Diskussion wieder runtergekocht. Die Sendung konnte ganz normal weitergehen. Aber für ein paar Minuten gab es da echt mal so richtig Stress.

Das war jedoch eine der wenigen Ausnahmen. Ansonsten ist die Stimmung immer positiv und die Laune bei allen gut.

Das Showkonzept

Unsere Sendung besteht aus einem Tisch, vier Stühlen und eben jeder Menge Spaß. Ich bereite mich immer gut auf meine Gäste vor und lese mir viel Hintergrundwissen an. Vieles davon brauche ich eigentlich gar nicht in der Sendung, aber es ist gut, wenn

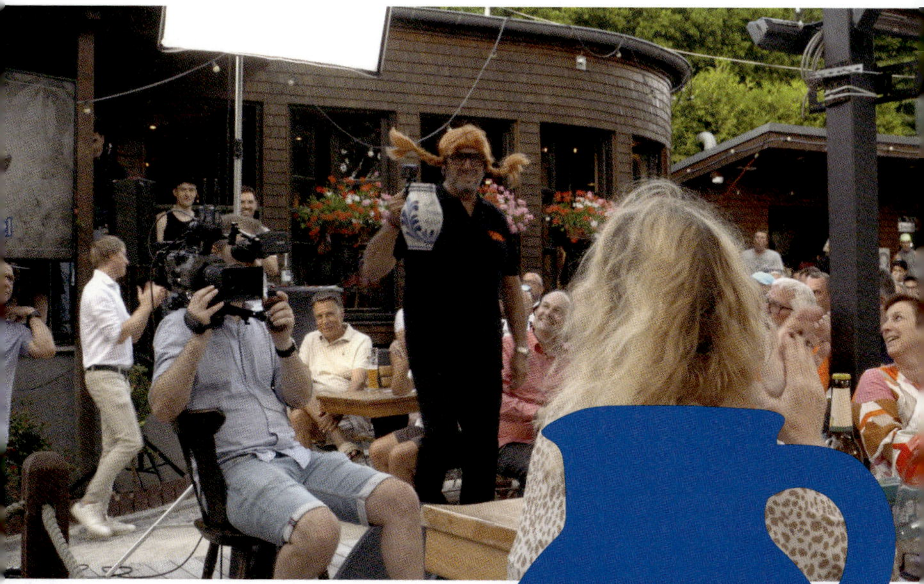

Im Juli 2023 besuchte Pippi-Langstrumpf-Schauspielerin Inger Nilsson die Show. Für die Getränkefrage hatte sich Lohrberg-Schänken-Wirt Christian Dressler etwas ganz Besonderes einfallen lassen und brachte den ersten Bembel mit kultigen Pippi-Langstrumpf-Zöpfchen.

man weiß, mit welchen Themen und über welche Fragen man noch näher an die Person rankommt. Manchmal fällt mir dann so auch ganz spontan ein kleiner Gag zwischendurch ein, der gut zu dem jeweiligen Gast oder zur kompletten Runde passt. BEMBEL & GEBABBEL ist auch viel Improvisation. Natürlich bereite ich mich inhaltlich mit meinem Team auf die Sendungen vor. Wir führen Vorgespräche und recherchieren Fakten. Aber in der Show passieren immer wieder Dinge, die kann man nicht planen. Und genau das ist das Schöne an der Show. Wir gehen ja auch nicht zu unserem Stammtisch und haben schon alle Themen Wort für Wort vorbereitet. Sondern man geht hin, bestellt sich was zu trinken und dann kommt man ins Gespräch. Nichts anderes machen wir seit zehn Jahren bei BEMBEL & GEBABBEL.

Die Gäste sitzen, das Publikum ist bereit und sitzt rings um den Talktisch in der Mitte und ich komme dazu. So startete jede Sendung in den letzten zehn Jahren. Außer beim Besuch des Bundeskanzlers. Da sind Olaf Scholz und ich gemeinsam in die Sendung gekommen. Aber bei dieser Folge war Olaf Scholz auch mein einziger Gast. Auch das war eine absolute Ausnahme. Aber wenn der Kanzler persönlich vorbeikommt, wollte ich mir auch genug Zeit für ihn nehmen. Normalerweise sitzen sonst drei Gäste mit mir in der Runde. Meistens aus ganz unterschiedlichen Bereichen. Das macht Sinn, denn dadurch hat man immer auch ein breites Themenspektrum am Tisch. Wir sprechen über Sport, über Politik oder Wirtschaft, über verschiedenste Kunst- und Unterhaltungsformen und aus genau diesen Bereichen kommen unsere Gäste.

So richtig los geht's dann mit der Getränkefrage. Die meisten entscheiden sich für ein frisch gezapftes Binding-Bier oder natürlich einen Apfelwein. Gehört sich ja auch so in einer Sendung, die BEMBEL & GEBABBEL heißt. Auch wenn wir schon viele Kostverächter von unserem hessischen Nationalgetränk in der Show hatten, probiert wird eigentlich immer. Danach startet der Talk. Ich nehme mir für jeden meiner Gäste gesondert Zeit. Was nicht heißt, dass die anderen dann Sendepause haben – sonst wäre es ja kein echter Stammtisch.

Wir suchen zu jedem Gast im Vorfeld passende Fotos raus, die wir dann in der Sendung zeigen. Das ist der Teil der Show, bei dem die Gäste anhand des Bildes ins Plaudern kommen. Das ist zweifelsohne Recherchearbeit. Mit den Fotos versuchen wir die Gäste ein wenig zu überraschen und Stories aus ihnen herauszukitzeln, die man von dem jeweiligen Talkgast so noch gar nicht kannte.

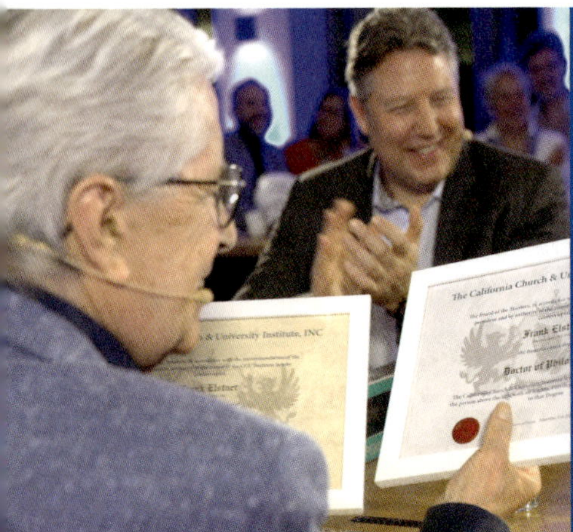

Gekaufte Doktortitel sind heute kein Novum mehr. Für TV-Legende Frank Elstner hatte Reisig in seiner Spezialshow zu Gunsten der Parkinson Stiftung gleich einen gekauften Doktoren- und Professorentitel als Geschenk.

Aufgelockert wird die Sendung dann durch kleine Spielchen, Sendungsrubriken oder Dinge, die ich extra für die Sendung besorge und dann mitbringe. Zum Beispiel habe ich für die Sendung mit Gesundheitsminister Prof. Dr. Karl Lauterbach und dem Neurologen Prof. Dr. Jens Volkmann für Frank Elstner und mich einen Professoren- und Doktortitel auf eBay gekauft, damit wir uns im Kreise der Akademiker nicht verstecken brauchen. Frank Elstner fand die Idee klasse und wollte fortan, dass seine Frau und seine Kinder ihn nur noch mit Prof. Dr. Elstner ansprechen sollten. Ob's seit BEMBEL & GEBABBEL im Hause Elstner so läuft, ist mir nicht bekannt. Aber bei nächster Gelegenheit werde ich beim Professor Doktor TV-Legende mal nachfragen.

Eintracht-Erfolgstrainer Oliver Glasner bekam von uns neben dem BEMBEL & GEBABBEL-Ehrentrainer-Titel auch eine lebenslange Apfelwein-Flatrate. Egal wo auf der Welt er welche Mannschaft trainiert, unser Stöffche wird ihm nicht ausgehen. So wird er sich sicher immer an Frankfurt und den sensationellen Gewinn der Europa League mit der Eintracht erinnern. »Pippi Langstrumpf«-Schauspielerin Inger Nilsson überraschte ich während der 81. Folge mit einem ganz besonders emotionalem Geschenk. Ein bisschen wurde alles wie früher, aber dazu erzähle ich später mehr.

Was für eine Ehre! Bernd Reisig machte Europa-League-Siegertrainer Oliver Glasner zum Frankfurter Ehren-Trainer mit Apfelwein-Flatrate auf Lebzeiten.

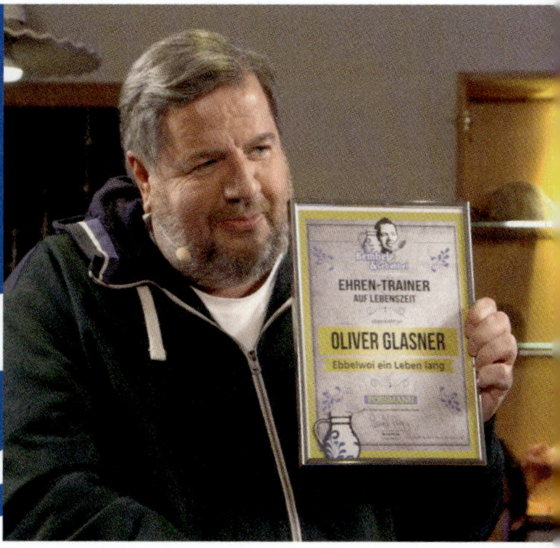

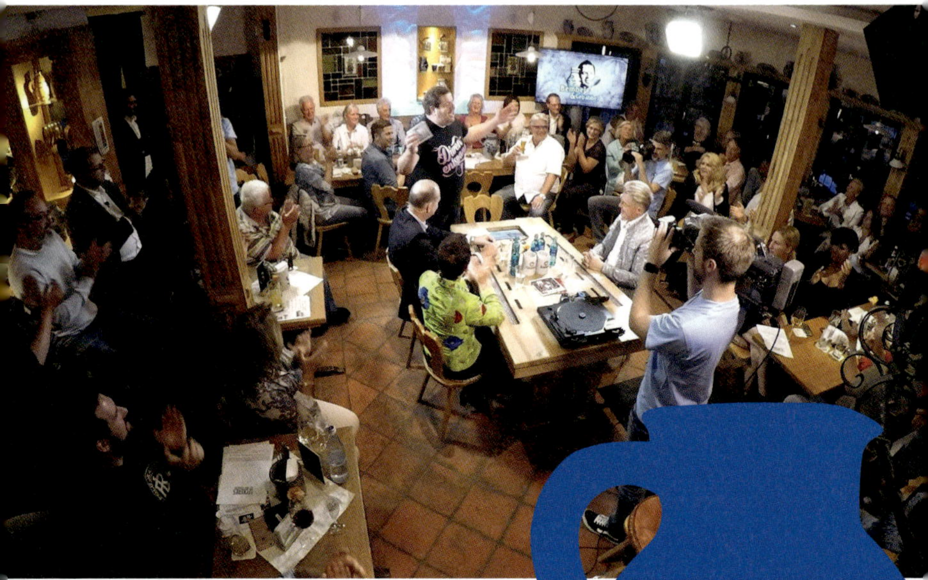

Mehr Platz und im Sommer draußen vor der Frankfurter Skyline – BEMBEL & GEBABBEL hat seit 2017 mit der Lohrberg-Schänke auf dem Frankfurter Hausberg ein neues Zuhause.

Alle an (m)einem Tisch

Eine Besonderheit der Sendung ist auch unser Talktisch. Nicht nur, weil da in den letzten Jahren schon so viele Promi-Gäste dran saßen und auch das ein oder andere Getränk drauf ausgelaufen ist, sondern auch aufgrund seiner vielen speziellen Funktionen. Während der Talktisch anfänglich in der Friedberger Warte eigentlich noch ein ganz normaler Tisch war, ist er heute wesentlicher Bestandteil der Show.

Zum ersten Mal kam der neue Tisch nach der Sommerpause 2017 zum Einsatz. Die Sendung wurde immer erfolgreicher. Die Klickzahlen gingen weiter hoch und mich haben immer mehr Leute angesprochen, dass sie auch mal live im Publikum sitzen wollten. Das Interesse an BEMBEL & GEBABBEL war riesig und wir wollten dem natürlich gerecht werden. Daher haben wir uns entschieden mit der Sendung umzuziehen. Uns war klar, wir wollten das gemütliche Kneipen-Feeling beibehal-

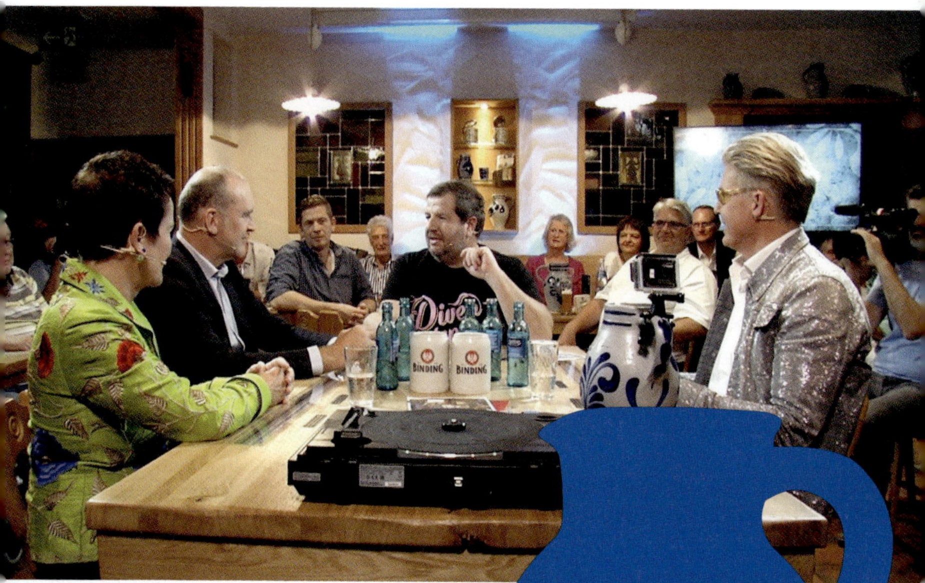

Die erste Sendung aus der Lohrberg-Schänke mit vielen Neuerungen, aber gewohnt guten Gästen. Bei Folge 27 sind Rosemarie Heilig (ehem. Dezernentin in Frankfurt), Markus (NDW-Star) und Jörg Schmadtke (Fußballfunktionär) zu Gast in Bernd Reisigs neuer »gudd Stubb«.

ten, wollten aber gleichzeitig mehr Platz fürs Publikum anbieten. Daraufhin habe ich mich relativ schnell mit Christian Dressler, dem »schönsten Wirt von Frankfurt« und Betreiber der Lohrberg-Schänke auf dem Frankfurter Hausberg getroffen. Christian kannte die Sendung und war sofort bereit, uns seine Gasträume und vor allem für die warmen Monate im Jahr auch seinen großzügigen Biergarten zur Verfügung zu stellen. Für uns war das perfekt. Wir konnten unsere Publikumskapazität vergrößern und bei warmem Wetter auch nach draußen gehen. Von der urigen Kneipe raus unter blauen Himmel mit Blick auf die Frankfurter Skyline. BEMBEL & GEBABBEL hatte ein neues Zuhause gefunden.

Wir zogen also in die Lohrberg-Schänke und brachten zur Aufzeichnung von Sendung 27 erstmals auch einen ganz neuen, modernisierten Tisch mit in die Show. Dieser wurde nach unseren Vorgaben vom Schreiner Andreas Kunz gebaut.

Als erste Gäste in der neuen Location und am neuen Talktisch nahmen die Frankfurter Umweltdezernentin Rosemarie Heilig, FC Köln-Sportchef Jörg Schmadtke und Neue Deutsche Welle Sänger Markus (»Ich will Spaß«) Platz.

Aber was war neu? Auf den ersten Blick war gar nicht so viel anders. Aber unser Talktisch hat es im wahrsten Sinne des Wortes in sich. Während wir zu Anfangszeiten noch eine bunte Discoleuchte auf dem Tisch stehen hatten, die wir angemacht haben, während die Gäste ihre Lieblingssongs auf dem Plattenspieler abspielten, konnte unser Tisch nun effektreich leuchten. Nicht der einzige neue Überraschungseffekt. Es gab jetzt vier runde Knöpfe am Moderationsplatz vor Kopf. Der eine ist für die Beleuchtung. Mit dem anderen starte ich die in den Tisch integrierte Nebelmaschine. Unser Tisch kann rauchen. Auf Knopfdruck qualmt er mehr als Altkanzler Helmut Schmidt. In Kombination mit der eingebauten Discobeleuchtung wirkt der Nebel immer klasse, wenn der Plattenspieler im Einsatz ist und das Publikum zur Musik schunkelt und klatscht. Für viele meiner Gäste war der qualmende Talktisch auch oft genug eine Überraschung und stets wieder ein auflockernder Gag. Die beiden anderen Knöpfe am Pult sind für Soundeffekte, die ich während der Sendung einspielen kann, um die Stimmung aufzulockern oder einen Witz zu unterstreichen. Dafür eignet sich super das bekannte Faschingslied »Ui Jui Jui Au Au Au« von den Mainzer Bänkelsängern. Da ist das Publikum jedes Mal textsicher.

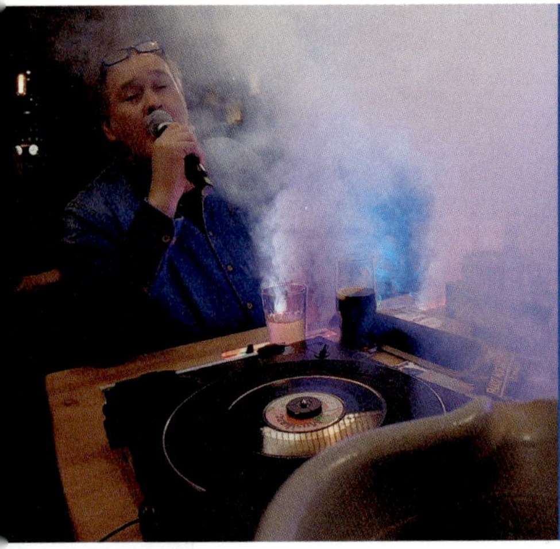

Am Tisch darf nicht geraucht werden – aber wenn der Tisch selbst raucht, ist das natürlich etwas anderes. Reisigs Talktisch schafft Atmosphäre und hat in den letzten Jahren schon einige Talkgäste mit Rauch und Discolicht überrascht.

Der schon angesprochene Plattenspieler und die entsprechenden Schallplatten, die sich unsere Gäste vor der Show aus unserer riesigen Musiksammlung aussuchen, gehören genauso auf den Tisch wie unser Bembel mit der Tischkamera. Das ist ebenfalls ein cooles Detail von BEMBEL & GEBABBEL. Zum einen filmt die an den Bembel angebrachte GoPro-Kamera, wenn der Apfelwein ins Gerippte eingeschenkt wird, sie filmt aber auch die Talkrunde aus nächster Nähe.

Eine weitere Besonderheit des Tisches hat mir als Moderator das Leben enorm erleichtert. Während der kompletten Zeit in der Friedberger Warte habe ich mit Moderationskarten und einer Fernbedienung gearbeitet. Die Kärtchen nutze ich heute noch. Zur Unterstützung arbeiten wir bis heute mit einem Tablet im Tisch. Darauf habe ich meinen Ablaufplan für die Sendung, kann Anweisungen aus der Regie lesen und im besten Fall dann auch umsetzen. Damit hatte dann auch die olle Fernbedienung ausgedient. Die Fotos, die wir von unseren Gästen zeigen, werfen wir auf die rundherum aufgestellten Bildschirme. Auch das konnte ich fortan über das Tablet im neuen Talktisch steuern.

Da hat sich also nochmal einiges geändert. BEMBEL & GEBABBEL war ab September 2017 zwar keine neue Show, aber wir haben vieles modernisiert. Bei einem Auto würde man sagen, man hat es getuned. Bei alten Möbeln würde man von aufpoliert sprechen. Ich würde sagen, wir haben unsere Sendung aufgewertet und durch den Umzug auf den Lohrberg nochmal bekannter gemacht.

In der Lohrberg-Schänke begann also eine neue Ära der inzwischen schon zum Kult gewordenen Sendung. Mit frischem Wind und neuen Ideen starteten wir ins dritte Jahr der Show, an ein paar Stellschrauben haben wir gedreht. Das grundlegende Konzept der Sendung ist allerdings geblieben. Sie ist immer so unterhaltsam wie die Gäste und die Geschichten, die sie uns mitbringen. Und davon sollten noch einige folgen.

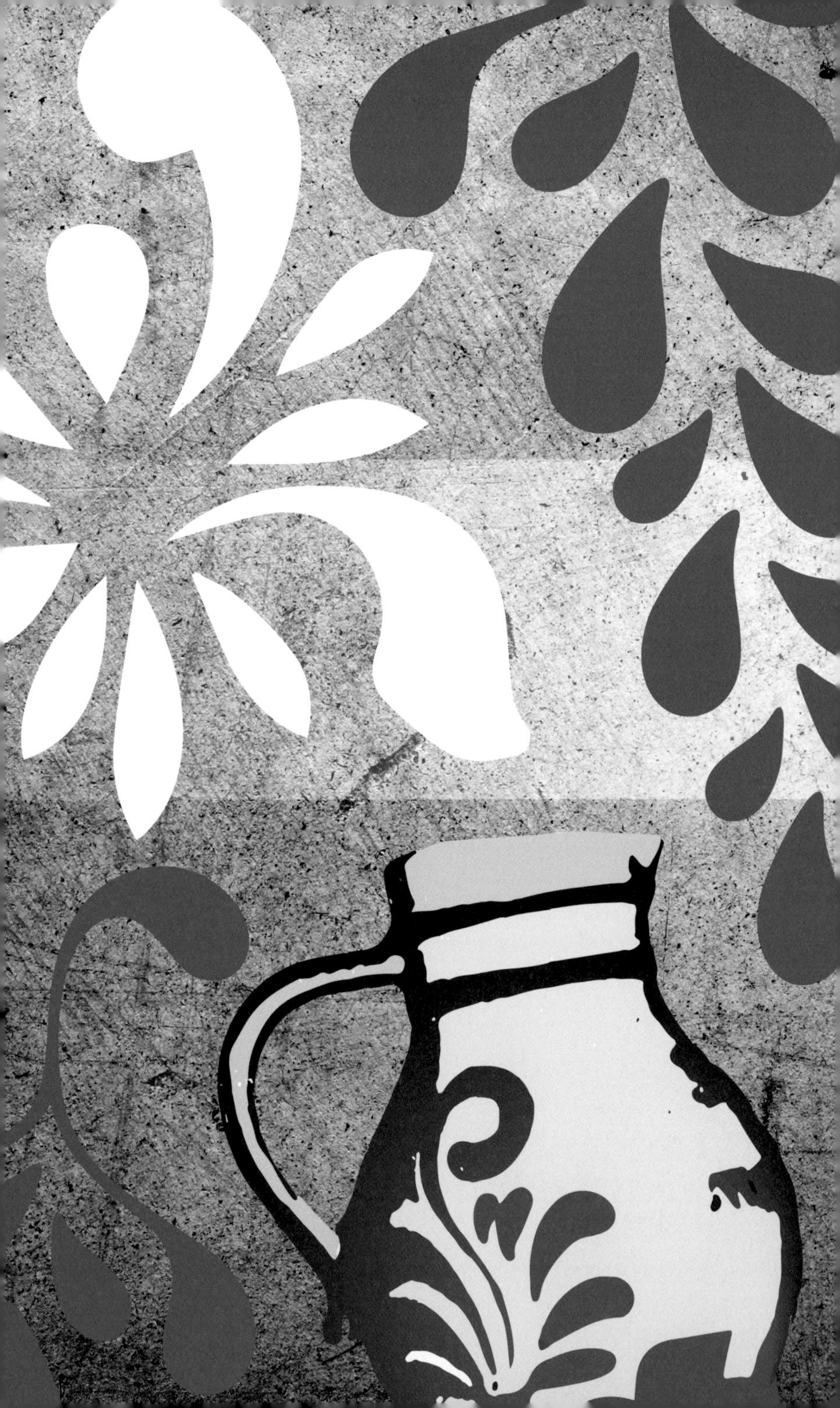

Die Promis und ich

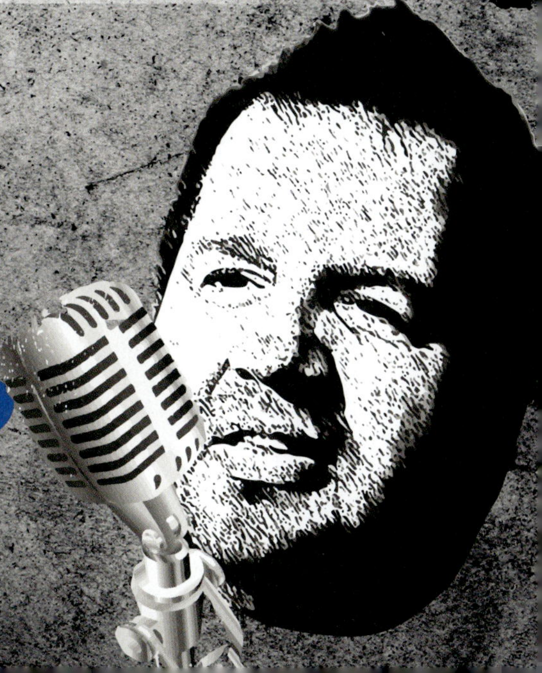

Vom Schaffer zum Macher

Autogramme, Selfies, rote Teppiche mit Blitzlichtgewitter – das alles war noch nie so mein Ding. Inzwischen gehört es aber zu meinem Alltag dazu. Denn schließlich hat sich auch meine Rolle im Laufe der Jahre ziemlich verändert. Vom der Öffentlichkeit relativ unbekannten Medienmanager hin zum Talkshow-Moderator mit Fußballvergangenheit. Während ich früher Künstler wie Nena, Bodo Bach oder Badesalz auf Events und pompöse Abendveranstaltungen begleitet habe, läuft heute mein eigenes E-Mail-Postfach mit Einladungen und Interviewanfragen über. Manchmal könnte ich mich vier- oder sogar sechsteilen, um auf allen Hochzeiten gleichzeitig zu tanzen, und dann denke ich: »Wie schön wär's jetzt einfach, mit einer Chipstüte auf der Couch zu liegen und die Füße hochzulegen?!«

Trotzdem habe ich mich mittlerweile daran gewöhnt, dass sich die Menschen auch für mich interessieren. Es war ja auch ein ganz bewusster Schritt damals raus aus dem Hintergrund und rein in die Öffentlichkeit. Bis ich der »öffentliche Bernd« wurde, der ich heute bin, ist viel passiert.

Geboren wurde ich 1963, als die Ära Adenauer endete und Ludwig Erhard Kanzler wurde. In Frankfurt-Zeilsheim wuchs ich in sehr einfachen Verhältnissen auf, ging zur Schule und begann ganz bodenständig eine Ausbildung zum Maschinenschlosser bei der Bundesbahn. Meine Eltern waren Fabrikarbeiter und lehrten mich schon früh, dass einem die Tauben nicht gebraten in den Hals fliegen. »Bernd, du musst was Anständiges lernen«, hat meine Mutter Herta damals gesagt. Heute weiß ich, dass sie recht hatte und dass mir das Arbeiten in der Werkstatt gut getan hat. Wenn ich an diese Zeit denke, wird mir vor Augen geführt, woher ich komme und dass Erfolg auch immer Ausdruck harter Arbeit ist.

Trotzdem merkte ich schon früh: Da geht noch mehr! Neben dem Drehen, Feilen und Schweißen in der Werkstatt fing ich an erste Konzerte zu organisieren. Neben meiner Lehre ging ich nach Auftritten zu Bands hinter die Bühne und fragte nach, ob sie nicht einen Manager brauchten. Meinen ersten Job fand ich bei »EDV« (Ende der Vernunft), einer Gruppe der Neuen Deutschen Welle. Man könnte sagen: Das war der erste Schritt in eine andere Welt. Musik machte mir schon immer Spaß. Ich selbst treffe zwar keinen einzigen Ton, aber die Musikwelt hat es mir schon früh angetan. Irgendwann war dann der Zeitpunkt gekommen, den Blaumann an den Nagel zu hängen, denn mein Ausflug in die Musikwelt verlangte zu viel Zeit und fing zudem an, immer mehr Früchte zu tragen. Ich war noch sehr jung, komplett unerfahren und managte plötzlich eine gewisse »Nena«, die gerade ihren nationalen Durchbruch feierte und bekanntlich eine Bilderbuchkarriere hinlegte. In der Musik- und Künstlerbranche war ich damit längst kein Unbekannter mehr. Egal ob Plattenbosse, TV-Produzenten oder Showgiganten – eigentlich kannte mich jeder von ihnen. Für die breite Masse war ich aber erstmal weiter ein No-Name. Mit »Bernd Reisig« wussten vorerst nur Insider etwas anzufangen und das war zu damaligen Zeiten auch gut so.

Geändert hat sich mein Status in der Öffentlichkeit dann, als ich in den 90ern beim FSV Frankfurt angefangen habe. Das öffentliche Interesse am Fußball ist unfassbar groß und hört nicht bei der Mannschaft und dem Trainerteam auf. Schnell wurde auch ich zum gefragten Mann vor der Kamera. Journalisten löcherten mich mit ihren Fragen und auch im Supermarkt erkannten mich plötzlich die Fans und sprachen mich an. Und damit ging's los: Der Name »Reisig« tauchte zumindest in Frankfurt, weiten Teilen Hessens und in Fußball-Deutschland immer wieder auf. Ich war plötzlich selbst bekannt wie ein bunter Hund, wurde zu Bällen und Events eingeladen, auf denen ich früher maximal eine Begleitung sein durfte. Schluss mit Ruhe und Chipsfuttern auf dem Sofa! Gut, glücklicherweise finde ich selbst heute ab und zu nochmal eine Gelegenheit, um ein paar salzige Snacks genüsslich zu verdrücken. Schließlich muss ich darauf achten, dass meine Hosen nicht auf einmal viel zu weit sind.

Der Schritt aus dem Hintergrund

In all den Jahren als Künstlermanager, aber auch zu meiner aktiven Zeit beim FSV Frankfurt habe ich viele spannende Persönlichkeiten kennengelernt. Teilweise hat man sich angefreundet und auch privat Zeit miteinander verbracht. Bei vielen war ich froh, wenn man sich dann zufällig auf einem Event oder zu einem Anlass wieder begegnet ist. Mein Netzwerk wurde immer größer und mein Adressbuch im Handy immer voller. Nach fast 30 Jahren im Geschäft habe ich dann ganz bewusst den Stecker gezogen. Ich brauchte weniger Stress und mehr Zeit für all die Dinge, auf die ich Lust hatte. Auch wenn ich 2010 nach meinem Ende beim FSV wieder mehr Ruhe gefunden hatte, bin ich trotzdem nicht von der Bildfläche verschwunden. Mit der

Gründung meiner Stiftung »helfen helfen« und durch BEMBEL & GEBABBEL war ich weiter in der Öffentlichkeit – sogar viel mehr als zuvor. Als Moderator einer Show bist du eine vollständig öffentliche Person. Ich bin in den sozialen Netzwerken aktiv und gebe dort Einblicke in meinen Alltag, aber sage auch meine Meinung – auch wenn die für manche oft unbequem ist.

Als »Mister FSV« bin ich bis heute in den Köpfen der Menschen. Noch heute werde ich oft auf der Straße von Leuten auf den sensationellen Durchmarsch der Mannschaft von der Oberliga in die zweite Fußballbundesliga angesprochen. Das erfüllt mich weiterhin mit großem Stolz und ich kann sagen, der FSV wird immer einen Platz in meinem Herzen haben.

Doch inzwischen kennen mich auch stetig mehr Leute durch BEMBEL & GEBABBEL oder durch die Aktivitäten unserer Stiftung. »Sie sind doch der mit dem Gänseessen für die Obdachlosen im Römer!« Oder: »Ich hab neulich den Kanzler bei Ihnen in der Sendung gesehen.« Sätze wie diese bekomme ich regelmäßig zugerufen und auch das freut mich sehr. Daran merke ich, dass das, was wir machen, bei den Leuten an- und gut rüberkommt.

Natürlich war das was Besonderes, als der Bundeskanzler zu mir in die Sendung nach Frankfurt gekommen ist und plötzlich mitten im Biergarten der Lohrberg-Schänke saß. Daran erinnern sich die Leute. Aber er war ja nur einer von vielen Gästen. In den letzten zehn Jahren hatte ich fast 300 Gäste an meinem Talktisch sitzen. Alles Leute, die ich entweder gut kenne oder die ich extrem interessant und unterhaltsam finde.

Häufig werde ich gefragt: »Wie schaffst du das eigentlich immer solche Hochkaräter in deine Show zu bekommen?« Klar sind wir nicht »Wetten, dass..?«, Markus Lanz oder »stern TV«. Wir haben als Deutschlands unbedeutendste Talkshow angefangen und sind vergleichsweise zu den anderen Sendungen nur eine kleine, aber inzwischen kultige Talkshow im Internet. Aber wir machen vieles anders. Wir machen's auf meine Art: Persönlich und mit Respekt. Ich würde nie einen meiner Gäste vorführen, öffentlich lächerlich machen oder nur für die Klicks bloßstellen. Das wissen unsere Talkgäste und deswegen kommen sie gerne in die Show. Fußballtrainer Ralf Rangnick, der ein sehr guter Freund von mir ist, hat kürzlich bei meinem Oster-Dinner auf Mallorca in einer spontanen Tischrede gesagt: »Bernd, ich finde, du bist wirklich ein ganz besonderer Mensch. Alleine wie respektvoll du mit deinen Gästen umgehst, jeden Einzelnen persönlich vorstellst und dich um alle

Fußballtrainer Ralf Rangnick zählt nicht nur zu den vielen prominenten Talkgästen in Bernd Reisigs Talkshow, sondern gehört auch zu seinen guten Freunden.

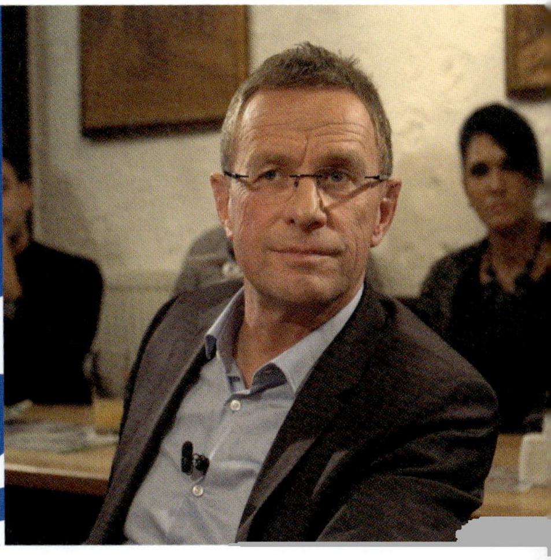

kümmerst – das habe ich so auch noch nirgendwo anders erlebt.« Das hat mich sehr berührt. Denn schließlich hätte er auch nichts sagen müssen, oder auf meine Erfolge als Manager im Sport- und Entertainmentbereich eingehen können. Aber Ralf Rangnick wollte betonen, dass er mich als Menschen schätzt, weil ich jeden immer gleich behandle – egal ob Bundeskanzler, Vorstandschef, Arbeiter oder Obdachloser. Dieses Prinzip ist für mich sehr wichtig. Ich gehe sogar so weit, dass ich sage, unsere Gesellschaft kann nur so funktionieren. Niemand ist etwas Besseres, nur weil die Person Geld hat oder prominent ist. Wir sind alle gleich und jeder Mensch ist gleich viel wert. Mit dieser Einstellung gehe ich seit 61 Jahren durchs Leben und bringe daher auch jedem meiner Gäste stets sehr viel Respekt entgegen – privat oder in der Show.

Ein Netzwerk voller Freunde

Das ist also ein Teil der Antwort auf die Frage, warum wir immer wieder große Namen dazu bewegen in unseren beschaulichen Internettalk zu kommen. Zur Wahrheit gehört aber auch mein großes privates Netzwerk. Auch wenn ich mittlerweile 20 Jahre aus der Musikbranche und über zehn Jahre aus dem Fußballbusiness bin, bin ich nach wie vor extrem gut vernetzt. Da reicht manchmal nur ein An-

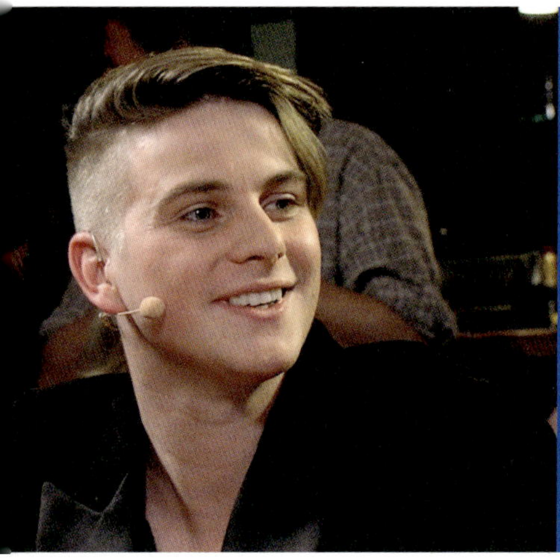

Schlagersänger und Senkrechtstarter Vincent Gross führt das Ranking der BEMBEL & GEBABBEL Besuche an. Als bisher einziger Gast schaffte er es bislang dreimal in die Show. Nach 2020 und 2023 war er auch beim großen BEMBEL & GEBABBEL Schlager-Special 2024 zu Gast im Kulttalk.

ruf oder eine Mail, um einen Gast zu kriegen und einen Termin abzustimmen. Der große Vorteil, dass ich die meisten meiner Gesprächsgäste eben gut kenne oder sogar mit ihnen befreundet bin.

Meine Kontakte sind aber auch oft genug hilfreich, wenn ich eine Person einladen möchte, zu der ich noch keine große Verbindung habe. Vielleicht hat man sich ein- oder zweimal irgendwo getroffen, aber ich bin nicht der Typ, der auf Galas zu anderen rennt und sie in die Sendung einlädt. Da bin ich eher zurückhaltend. Ich kenne die Situation nämlich selbst zu gut – alle wollen auf Events etwas von dir und aus Höflichkeit sagt man Dinge zu oder bittet um eine E-Mail und am Ende geht es dann doch vergessen. Aber in der Szene kennt man immer jemanden, der jemanden kennt und der mir dann weiterhelfen kann. Zum Beispiel bin ich seit einigen Jahren gut mit dem Schweizer Schlagersänger Vincent Gross und seiner Managerin befreundet. Die beiden haben mir irgendwann erzählt, dass sie mit Lucas Cordalis zum Essen verabredet sind. Ich kenne Lucas. Wir haben uns vor Jahren mal getroffen und uns kurz unterhalten. Ich bin mir aber sehr sicher, er würde sich daran nicht mehr erinnern. Deswegen habe ich Vincent gebeten, Lucas zu fragen, ob er auch mal zu mir in die Sendung kommen will. Da weiß ich auch, dass Vincent sicher nur Gutes über BEMBEL & GEBABBEL erzählt. Er ist sogar ein richtiger Fan von unserer Show geworden. Denn als Vincent 2020 bei mir in der Sendung am Tisch saß, war er noch relativ unbekannt, blutjung und unerfahren. Danach ging es bei ihm

Olaf Scholz bei seinem ersten Auftritt bei BEMBEL & GEBABBEL – damals noch als Bundesfinanzminister und Vizekanzler.

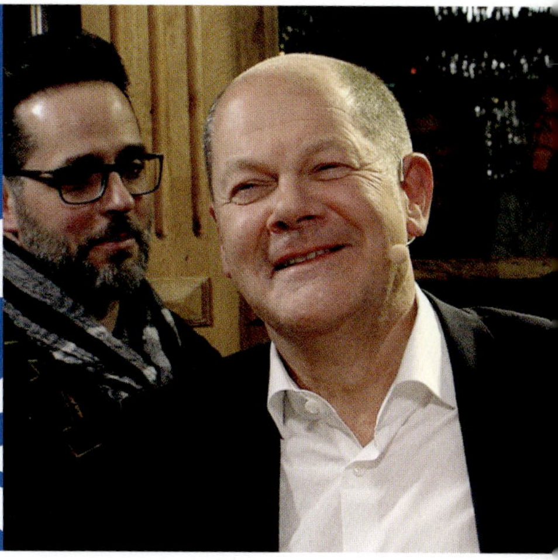

aber steil bergauf. Inzwischen ist Vincent fester Bestandteil der deutschsprachigen Schlagerlandschaft, er spielt auf den großen Bühnen und wird zu vielen Unterhaltungsshows eingeladen. Seine Songs werden millionenfach gestreamt und werden virale Erfolgshits. Ich will mir das jetzt nicht auf die Fahne schreiben, aber in meiner Sendung sind schon viele Karrieren gestartet. Ich scheine offenbar nach wie vor ein gutes Händchen für Talente zu haben. Man kann also sagen: BEMBEL & GEBABBEL war für viele ein echtes Sprungbrett. Sogar für Olaf Scholz, der bei seinem ersten Besuch in der Sendung ja noch als Merkels Vizekanzler am Tisch saß. Wer hätte damals gedacht, dass Scholz gut ein Jahr später zum Bundeskanzler gewählt wird – außer ihm wahrscheinlich keiner.

Bundesarbeitsminister Hubertus Heil hat mir am Rande zur Aufzeichnung sogar erzählt, dass im Kabinett der Bundesregierung hin und wieder über BEMBEL & GEBABBEL geredet wird und viele schon auf meinen Anruf warten. Also Berlin schaut ganz genau zu, was wir hier in Hessen machen.

Aber eine, die habe ich bis heute nicht bekommen: »Kohls Mädchen« – Angela Merkel! Eine Frau, die ich schon immer bewundert habe. Ich habe sie zwar nie gewählt, bin aber begeistert und beeindruckt, mit welcher Ruhe und Gelassenheit diese Frau 16 Jahre unser Land regiert und so manche Krise souverän gemeistert hat. Ich habe Merkel damals schon zu ihrer aktiven Zeit als Kanzlerin einige Male angefragt. Da hat ein Auftritt in der Sendung aber nie hingehauen. Angies Ter-

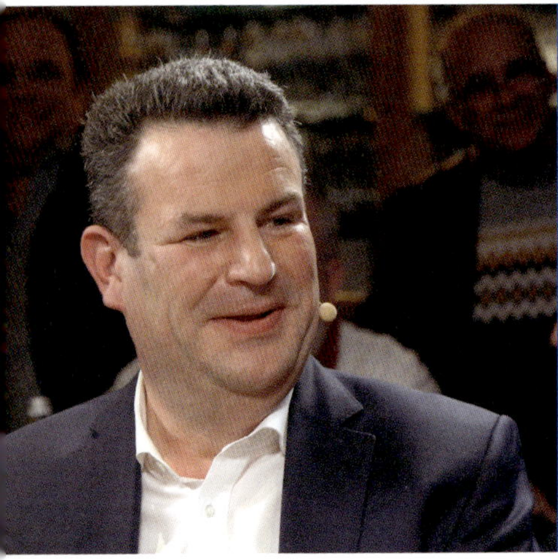

Bundesarbeitsminister Hubertus Heil war 2024 zu Gast in der hessischen Kult-Talkshow. Bei BEMBEL & GEBABBEL kam er nicht nur ins Plaudern, sondern spielte auch mit Bernd Reisig das wackelige Turmbauspiel »Jenga«.

minkalender war jedes Mal zu voll. Nach ihrer politischen Karriere wollte Merkel dann erstmal nicht in die Öffentlichkeit. Sie lebt ja auch total zurückgezogen und man sieht und hört eigentlich nichts von ihr. Deshalb warte ich weiter und frage sie immer wieder an. Der Kontakt ist da und unser Verhältnis ist neutral, aber ganz gut, würde ich sagen. Daher bin ich guter Dinge, sie irgendwann in die Show zu bekommen. Außerdem gibt es einen weiteren Wunsch. Ich würde mich freuen, wenn Angela Merkel einmal bei unserem Weihnachtsgans-Essen für Obdachlose, das wir jährlich mit unserer Stiftung organisieren, dabei wäre und mithilft, unseren bedürftigen Gästen ein Weihnachtsmenü zu servieren. Auch diesen Plan habe ich ihr schon vorgestellt. Sie findet großartig, was wir tun und ist auch davon nicht abgeneigt.

Bis Merkel kommt, gehen uns die Gäste aber ganz sicher nicht aus. Ich versuche, für jede Sendung eine interessante Gästemischung an den Tisch zu bekommen, sodass jeder Talk launisch und unterhaltsam ist. Dafür überrasche ich auch gerne mal bei der Gästeauswahl. Manchmal sitze ich zu Hause im Garten und durchforste das Internet. Da stolpert man über so einiges: Haufenweise dumme Kommentare, jede Menge lustige Videos, aber oft sind auch großartige Talente dabei, die ich dann gerne in der Sendung haben will. Sogenannte Content Creator oder Influencer – das sind die neuen Megastars der jungen Generation. Deutschlands größten und bekanntesten Influencer hatte ich auch bereits bei mir am Tisch: Younes

Er gilt als Deutschlands TikTok-König. Influencer und Content Creator Younes Zarou begeistert mit seinen kreativen Beiträgen in den sozialen Netzwerken Millionen Menschen auf der ganzen Welt.

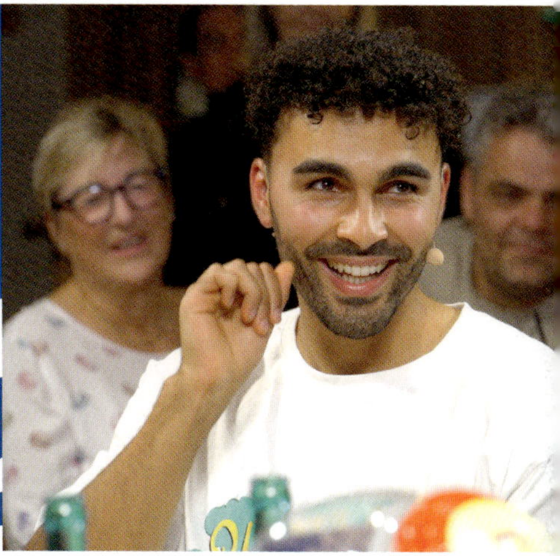

Zarou, ein aufgeweckter, total kreativer, junger Mann mit riesiger Reichweite. Angefangen hat er damals mit einem Wassertropfen auf der Kameralinse. Inzwischen ist Younes Deutschlands TikTok-König mit weit über 55 Millionen Followern. Jeden Monat erreicht er über YouTube, Instagram und TikTok über eine Milliarde Menschen auf der ganzen Welt. Beeindruckend!

Aus dem Netz an meinen Talktisch

Früher waren es verkaufte Platten oder CDs, heute sind Klickzahlen und Follower die Währung der Neuzeit. Daher wollte ich Younes unbedingt kennenlernen, schließlich steht er sinnbildlich für ein ganz neues Zeitalter im Entertainmentbereich. Als ich gelesen hatte, dass sein Erfolg mit einem Handy angefangen hat, das Younes mit Wasser übergossen hatte, dachte ich zunächst an Versicherungsbetrug. Nachdem ich mir dann angeschaut habe, was Younes wirklich macht, wurde mir schnell klar: Das ist moderne Kunst! Mit kurzen, aufwendig produzierten Videoclips und auffälligen Fotos, hinter denen oft tagelange Vorbereitungen stecken, begeistert der Frankfurter Influencer seine Fans. In Folge 85 hat Younes dann erklärt, dass es für ältere Generationen oft gar nicht so leicht nachvollziehbar sei, womit er sein Geld verdient: »Meine Eltern haben das am Anfang überhaupt nicht

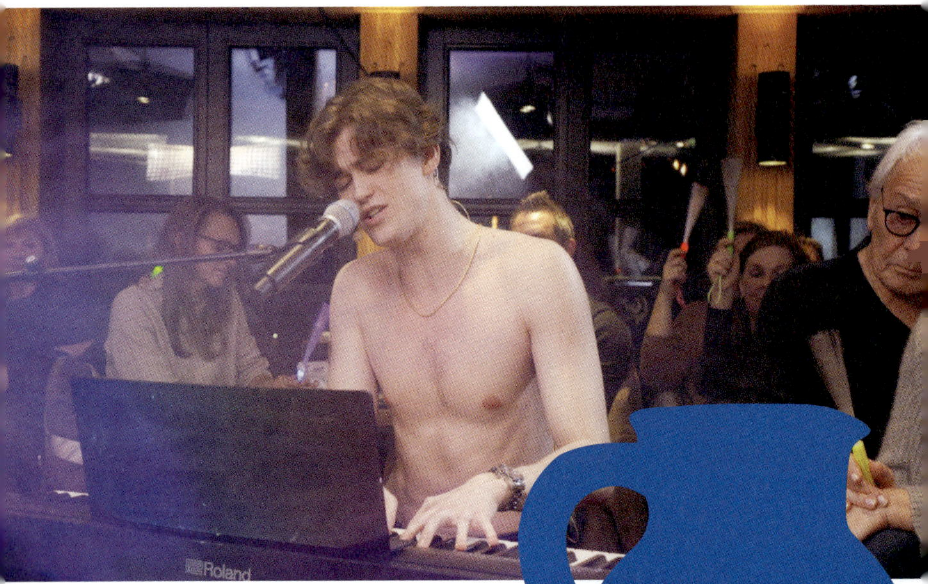

Große Spielfreude! Der äußerst talentierte Pop-Pianist Marvin Rose wurde zum oberkörperfreien Publikumsliebling in Folge 88.

verstanden. Die dachten sich, warum wirft unser Junge jetzt auf einmal so viel Farbe in die Luft? Mein Zimmer war danach auch immer dreckig oder unser Hof. Da waren die jetzt nicht gerade happy. Mittlerweile wissen die, warum ich das gemacht habe und dass ich damit erfolgreich bin«.

Social Media wird auch für mich immer wichtiger. Nicht nur weil mir selbst inzwischen öfter auffällt, dass ich unglaublich viel Zeit auf Facebook, Instagram und Co. verbringe, sondern weil ich im Netz auch Inspirationen für die Sendung bekomme. Die sozialen Netzwerke sind einerseits gefährliche Zeitfresser, aber sie ermöglichen auch, dass jeder aus seinem Kinderzimmer heraus ein großes Publikum erreichen kann. Bei manchen wäre es besser, sie würden es lassen, aber viele haben auch echt was drauf. Zum Beispiel habe ich den mega talentierten Jung-Pianisten Marvin Rose über Social Media entdeckt. Er ist mir sogar aufgefallen, bevor ich den Ton zum Video angemacht habe. Schließlich ist Marvins Markenzeichen, dass er mit freiem Oberkörper am Klavier sitzt und spielt. Beeindruckt von seinem gut trainierten Oberkörper in Kombination mit seiner Musikalität wusste ich: Dieses Ausnahmetalent möchte ich den Leuten bei BEMBEL & GEBABBEL zeigen. Ich habe Marvin dann angeschrieben, ihm von meiner Sendung erzählt und gesagt, dass ich es bemerkenswert finde, was er macht und wie er auftritt. Marvins Zusage für die Aufzeichnung zur 88. Folge ließ nicht lange auf sich warten und so saß der Londoner Pop-Pianist mit seinen zarten 23 Jahren dann gemeinsam mit der früheren TV-Moderatorin und jetzigen Kommunalpolitikerin Christina Ringer, der »Aufklärerin der Nation« Lilo Wanders und mir am Talktisch und schließlich auch halbnackt am Piano im Gastraum der Lohrberg-Schänke.

Nicht nur ich war total begeistert von Marvins Auftritt. Auch das Publikum war komplett von den Socken und forderte sogar nach der Sendung noch eine extra Zugabe. Wie gut, dass ich diesen talentierten Burschen im Netz entdeckt hatte.

Das Internet ist ein grenzenloser Raum, den jeder betreten kann. Die einen surfen nur, andere tun ihre Meinung kund und wieder andere nutzen diesen virtuellen Raum als Bühne für sich und ihre Unterhaltungskunst. Dadurch ist es im Web auch ein bisschen wie im Zirkus: Viel Clownerie, aber es gibt auch immer wieder etwas zum Staunen. Das Netz ist voll mit neuen Talenten und ich freue mich jedes Mal, wenn ich eines davon online entdecke.

Ich habe in all den Jahren schon einiges erlebt und viele Künstler kommen und gehen sehen. Umso schöner ist es, wenn mich Newcomer durch ihr Können noch so sehr überraschen, dass ich sie in die Show einladen möchte.

Wer jetzt aber meint, dass Content Creator und Influencer an meinem monatlichen Stammtisch den Altersschnitt unserer Zuschauer verändern würden, täuscht sich. Anfänglich vermutete ich das auch, um dann eines Besseren belehrt zu werden. Das Sehverhalten der jungen Generation ist heute einfach nicht mehr wie früher. Die jüngere Bevölkerung setzt zwar vermehrt auf digitale Streamingangebote, aber bleibt ungern lange dran. Auch das lässt sich auf die Nutzungsweise von Social Media zurückführen. Dort dauern Clips meistens nur zwischen 15 und 90 Sekunden. Dann schenken die User einem neuen Thema, einem anderen Influencer oder gar einem anderen Medium ihre Aufmerksamkeit.

Selbst als Mega-Influencer Younes Zarou bei uns zu Gast war, haben wir festgestellt, dass die Folge mit ihm ungefähr 50.000 Aufrufe mehr hatte als durchschnitt-

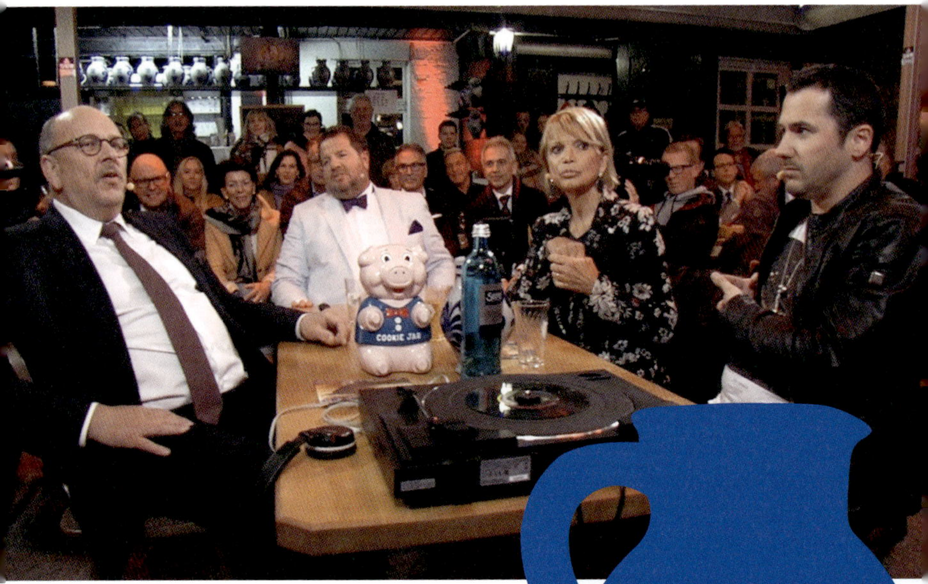

Er bekommt sie alle an (s)einen Talktisch! Bei der 25. Jubiläumsshow war neben dem damaligen hessischen Sozialminister Stefan Grüttner und Comedian Andy Ost auch Filmikone Uschi Glas zu Gast in der Kultsendung...

lich. Das waren aber keine Leute, die dann bei der nächsten Folge wieder reingeschaut haben.

Das dauert den Kids zu lange. Eine Folge unserer Sendung läuft in der Regel etwa anderthalb Stunden. Die Zeit möchte ich mir aber auch nehmen für meine Gäste. Auch das ist eine Frage des Respekts. Viele kommen mehrere Zug- oder Autostunden weit angereist und sollen dann auch die Möglichkeit haben, zu Wort zu kommen. In kurzen zwei Minuten Clips kann nicht viel Inhalt rumkommen.

In den vergangenen zehn Jahren gab es natürlich auch Gäste, da kam inhaltlich trotz normaler Sendungslänge nicht viel rüber. Aber darauf möchte ich gar nicht genauer eingehen und Namen nennen. Denn schließlich haben es die Leute ja gesehen. Aber es gab den einen oder anderen Gast, der vor der Sendung ein bisschen zu tief ins Glas geschaut oder sich andere Substanzen in den Körper gepumpt hat, um die Nervosität und das Lampenfieber zu bekämpfen. In der Rückschau sicher

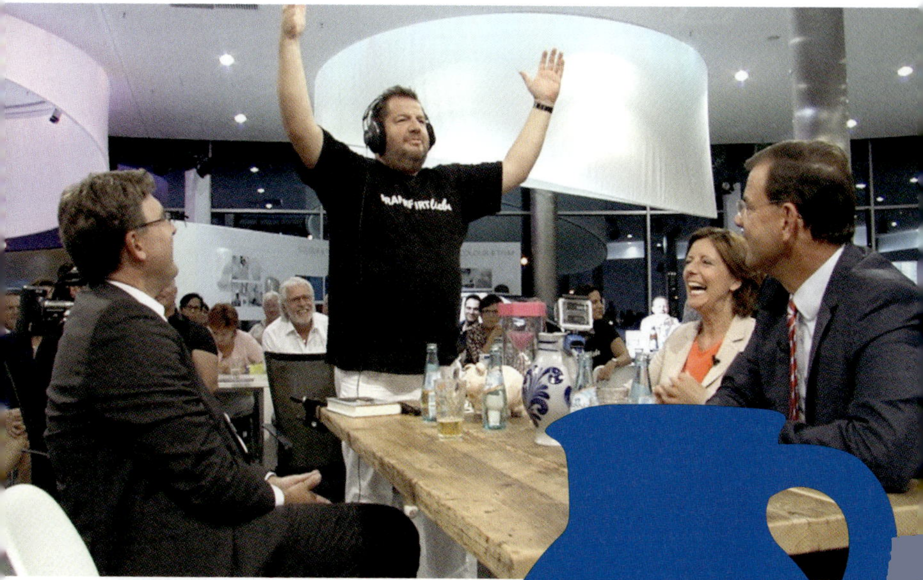

nicht die beste Idee. Trotzdem haue ich niemanden in die Pfanne. Ich halte den Talk dann eher kurz und knapp und gehe schnell zum nächsten Gesprächsgast über.

In Erinnerung bleiben sowieso andere Szenen. Nämlich die Momente, bei denen wir besonders viel Spaß hatten, dann wenn etwas Außergewöhnliches passiert ist oder ein Gast eine fesselnde Geschichte mitgebracht hat.

… Bei der Spezialsendung 2015 zählten beispielsweise Malu Dreyer, die ehemalige Ministerpräsidentin von Rheinland-Pfalz, Eintracht-Vorstandsboss Axel Hellmann und Hyundai Deutschland Chef Markus Schrick zu Reisigs Gästen.

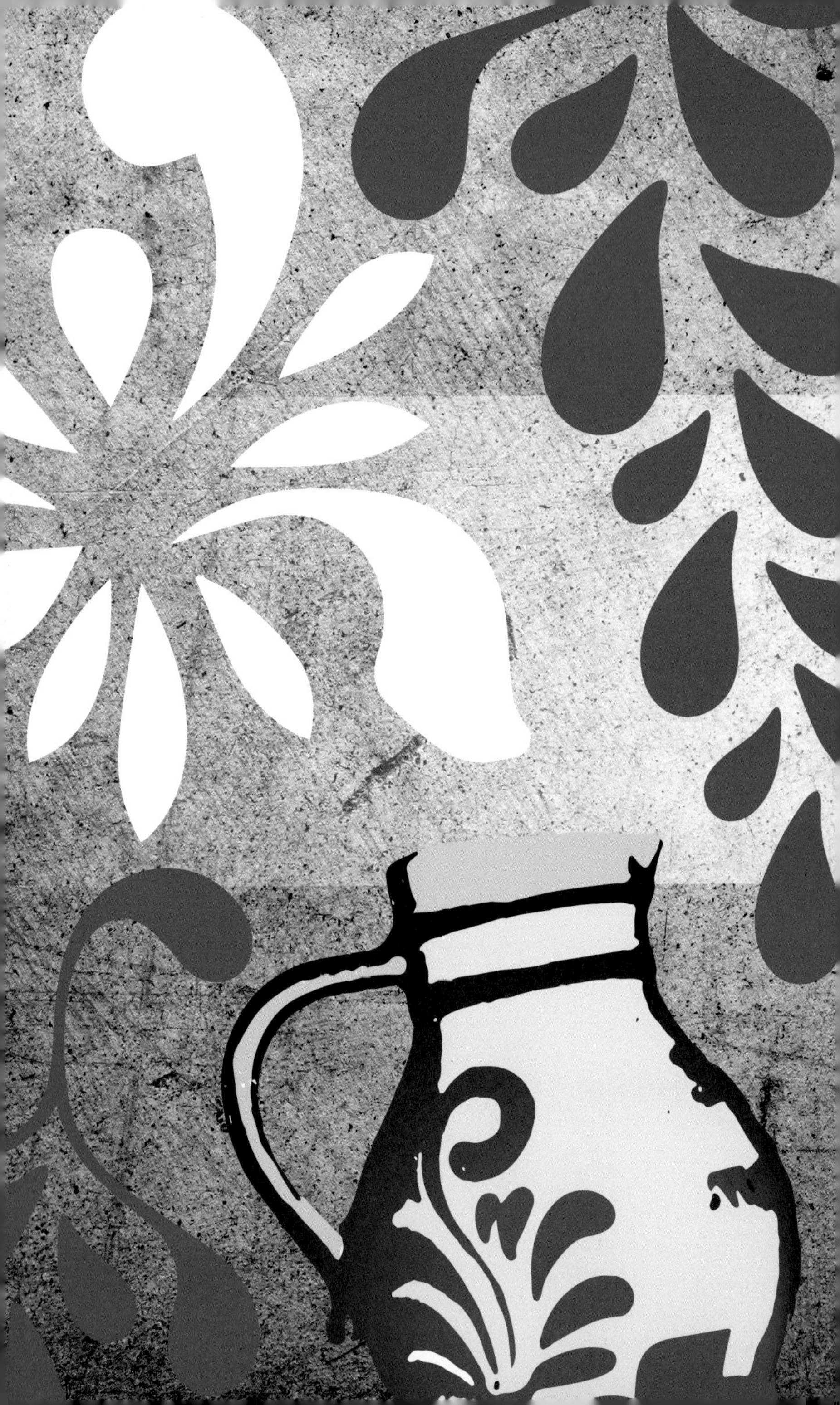

Momente, die in Erinnerung geblieben sind

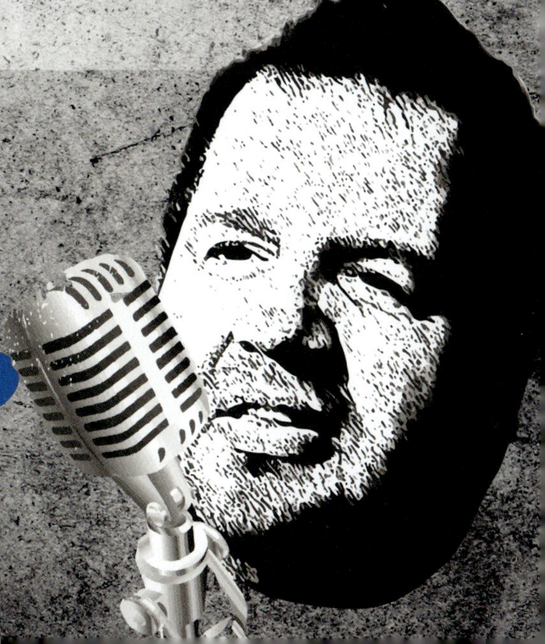

BEMBEL & GEBABBEL on Tour

Seit zehn Jahren läuft sie nun – unsere Sendung. Das sind zehn Jahre voller Stories, Gäste und jeder Menge Herzblut, das wir in die Show gesteckt haben. Dementsprechend gibt es viele Geschichten zu erzählen und zahlreiche Momente, auf die ich gerne zurückblicke.

Eigentlich ist jede Sendung immer etwas Besonderes. Selbst nach zehn Jahren ist die Aufzeichnung der Show jeden Monat ein Termin, auf den ich mich unglaublich freue und zwar nicht nur weil Christian Dressler, der Inhaber der Lohrberg-Schänke, meinen Gästen und mir jeden kulinarischen Wunsch von den Lippen abliest. Also so viel ist klar: In den letzten zehn Jahren ist schon das ein oder andere Schnitzel und literweise Grüne Soße von uns verdrückt worden – durstig oder hungrig musste noch keiner meiner Gäste die Heimreise antreten.

Aber wenn ich sage, ich freue mich auf die Sendung, dann freue ich mich auf unser Showteam, die Talkrunde und natür-

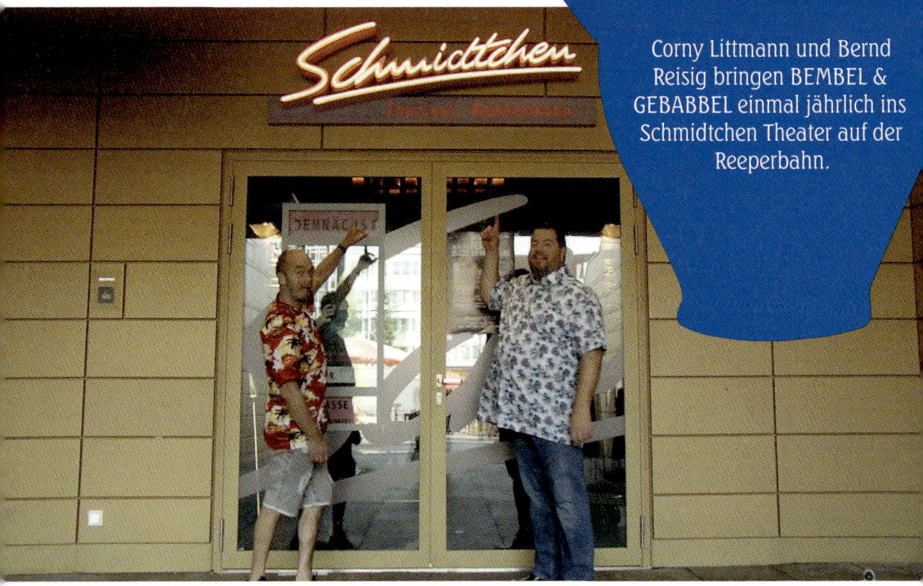

Corny Littmann und Bernd Reisig bringen BEMBEL & GEBABBEL einmal jährlich ins Schmidtchen Theater auf der Reeperbahn.

lich auf die Zuschauer, die seit zehn Jahren kommen, um BEMBEL & GEBABBEL live zu erleben. Jede Folge schreibt ihre eigenen Geschichten und einige davon erzähle ich immer wieder gern.

Da ist zum Beispiel unser jährlicher Ausflug nach Hamburg. Im Sommer 2018 wanderte unsere hessische Kultshow erstmals für eine Spezialfolge in die Hansestadt aus. Die Idee dazu entwickelte ich gemeinsam mit Kiez-Legende Corny Littmann. Wir kennen uns schon eine halbe Ewigkeit. Corny war damals Vereinspräsident beim FC St. Pauli, ich noch beim FSV und so ist man sich öfter mal begegnet. Wir haben uns immer gut verstanden und uns dann mit den Jahren angefreundet.

Da Corny nicht nur Hamburgs ungekrönter Kiez-König ist, sondern auch Theatermacher und -besitzer, kam uns irgendwann die Idee: BEMBEL & GEBABBEL – das geht auch im Norden. Und so kam es, dass wir unsere Show im Sommer 2018 erstmals mitten auf der Hamburger Reeperbahn in Littmanns Theater »Schmidtchen« präsentierten.

Wir packten also unseren kultigen Talktisch, die Bembel und unser restliches Equipment ein und trommelten die Crew zusammen: Sommertrip nach Hamburg war angesagt! Aber nicht nur die Location war neu. Erstmals hatte die Sendung auch zwei Gastgeber. Corny und ich moderierten wie ein eingespieltes Duo und freuten uns zu unserer ersten Spezialsendung aus Hamburg Kevin Kühnert, der da-

Schlagersängerin Mary Roos lacht Tränen beim BEMBEL & GEBABBEL Debüt in der Hansestadt.

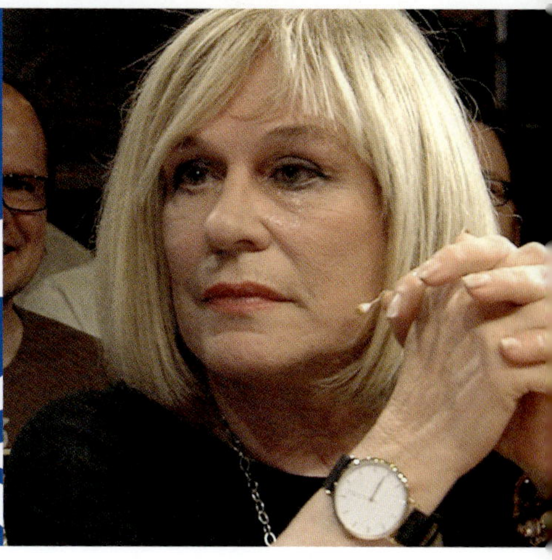

mals noch Bundesvorsitzender der Jusos war, Travestiestar Elke Winter und Schlagersängerin Mary Roos im »Schmidtchen« zu begrüßen.

Was bis dahin niemand ahnen konnte –, es sollte keine 15 Minuten dauern, da flossen bereits die ersten Tränen. Ich hatte für die Sendung Mary Roos' ersten Song rausgesucht, den sie im Alter von gerade mal neun Jahren aufgenommen hatte. Darin singt sie »Ja, die Dicken sind ja so gemütlich«. Ich erzählte, dass ich die Nummer immer auf dem Weg ins Fitnessstudio höre und dann ganz gemütlich sitzen bleibe und weiter Runden drehe. Das trieb der zweifachen ESC-Teilnehmerin vor Lachen die Tränen in die Augen.

In derselben Sendung gab es dann noch eine richtig dicke Überraschung, mit der kein Mensch gerechnet hat: Panikrocker Udo Lindenberg war auf einmal Teil der Show! Klar, Corny und ich wussten Bescheid, aber für alle anderen kam das ziemlich unerwartet. Mitten in der Sendung hatte ich den Talk unterbrochen, um mit meinem Freund Udo ein Ründchen durch seine da-

Kultrocker Udo Lindenberg entführt Bernd Reisig mitten in der Show in seine »Panik City«. Bei einem kleinen Rundgang kommen die beiden Freunde ins Plaudern.

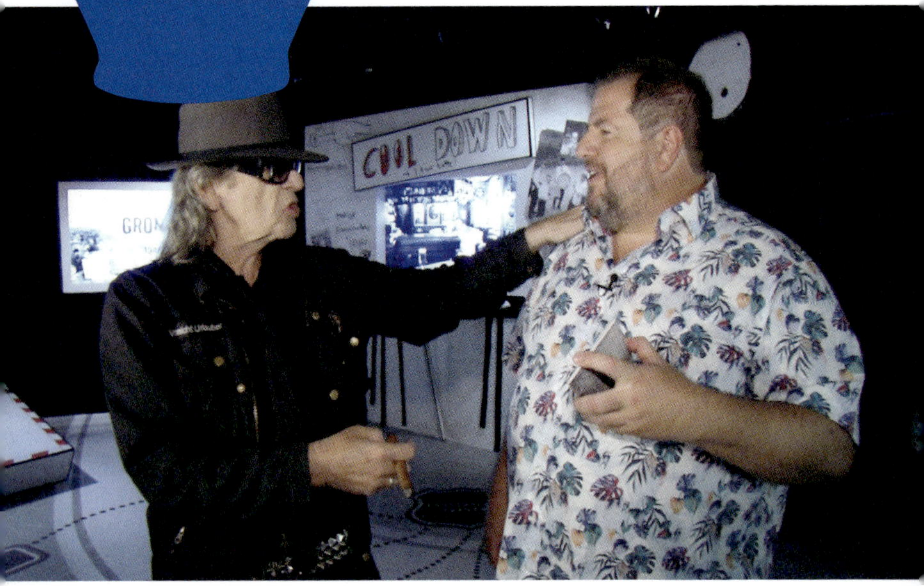

mals ziemlich frisch eröffnete Erlebniswelt »Panik City« auf der Reeperbahn zu drehen. In einem Einspieler zeigten wir dann, wie Udo mich durch die Räume führte und den Zuschauern und mir so einen Einblick in sein Leben gewährte. Dabei plauderten wir in lockerer Atmosphäre über allerlei Persönliches aus dem Leben der kultigen Rocklegende. Udo erzählte von seiner Heimat Gronau und seinem Vater, der gerne Dirigent geworden wäre. Ich habe Udo 1979 das erste Mal kennengelernt. Ich war zarte 16 Jahre alt und Udo spielte spontan bei »Rock gegen Rechts« in Frankfurt auf dem Rebstockgelände. Meine Aufgabe: Ich war dafür zuständig, Udo und seiner Band Getränke zu bringen. Ich kann mich noch gut daran erinnern, denn die Jungs hatten richtig Durst und ich musste ordentlich schleppen.

Selbstverständlich gab es auch diesmal wieder etwas zu trinken. In Udos einzigartiger Likörelle-Bar schenkte ich dem Kultmusiker natürlich einen Apfelwein ein. Ziemlich

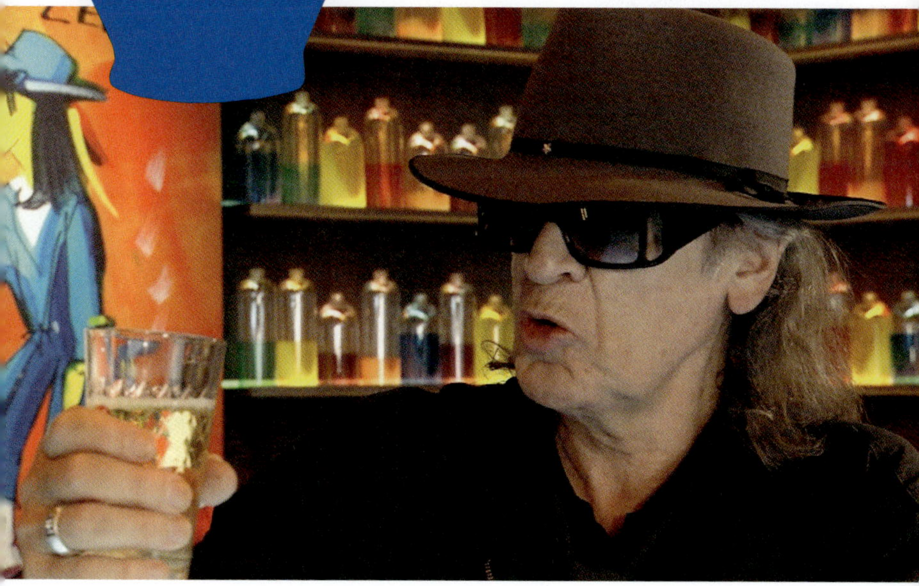

Auch Udo Lindenberg ließ sich ein Glas »Frankfurter Stöffche« schmecken. Im Gegensatz zu den meisten anderen Gästen ließ sich Udo den Apfelwein nicht nur schmecken, sondern gurgelte auch damit. Sein Urteil: »Klappt gut!«

kurios war, als Udo dann plötzlich anfing, mit dem hessischen Stöffchen zu gurgeln. Er war scheinbar auf den Geschmack gekommen! Eine gelungene Überraschung und ein besonderer Moment aus den letzten zehn Jahren. Zumal Udo eigentlich keine Talkshows mehr besucht – eine umso größere Ehre für mich.

Seit Udos Überraschungsauftritt bei BEMBEL & GEBABBEL spricht er auch das Intro, das bei unserer Sommersendung in Hamburg immer zu Beginn zu hören ist. Wobei das keine leichte Geburt war. Allen Nicht-Hessen geht unser Sendungstitel nämlich gar nicht leicht von den Lippen. So musste auch Udo zahlreiche Anläufe und auch noch den einen oder anderen Schluck Apfelwein nehmen, bis aus »Bembele und Gebabbele« oder »Babbel und Gebembel« dann irgendwann endlich »BEMBEL & GEBABBEL« wurde.

So zieht es uns also einmal jährlich auf die sündige Meile in die Hansestadt. Wir fahren gerne hin. Aber wir kommen auch immer wieder gerne zurück in die Lohrberg-Schänke – unsere »gudd Stub«!

10 Jahre voller großartiger Gäste!

Genau dort machte ich im Mai 2018 eine ganz besondere Begegnung. Erstmals hatte ich neben Schauspielerin und Sängerin Dunja Rajter, die durch ihren Auftritt als

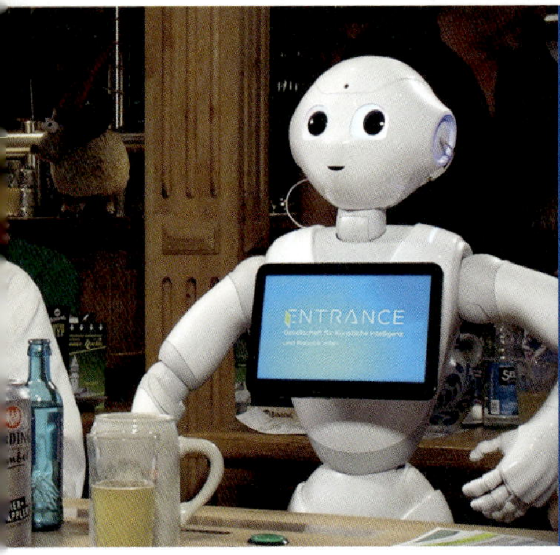

BEMBEL & GEBABBEL ist nicht nur Kult, sondern auch innovativ. Mit dem KI-gesteuerten Roboter »Pepper« war erstmals kein menschlicher Talkgast mit am Tisch.

Belle in Winnetou berühmt wurde und dem damaligen hessischen Finanzminister Thomas Schäfer auch einen Roboter in der Sendung. »Pepper« – der erste humanoide Roboter Europas war ebenfalls mit am Talktisch und stand mir verblüffender Weise Rede und Antwort. Schon damals faszinierend, was mit Technik alles möglich ist. »Pepper« konnte nicht nur sprechen und tanzen, sondern auch anhand des Gesichtsausdrucks das Alter und die Gemütslage einzelner Personen analysieren. Unglaublich! Aber wir haben es in der Sendung ausprobiert und es hat wirklich funktioniert. Allerdings hat der Roboter bereits bei der Getränkefrage schlapp gemacht. Er hat sich zwar gekonnt ein Binding-Bier bestellt, konnte dann aber keinen Schluck davon trinken. Das hatte ich der Technik voraus. Bei mir klappt das immer. Trotzdem stellte der

Roboter »Pepper« talkt mit Bernd Reisig und sorgt für einige Lacher.

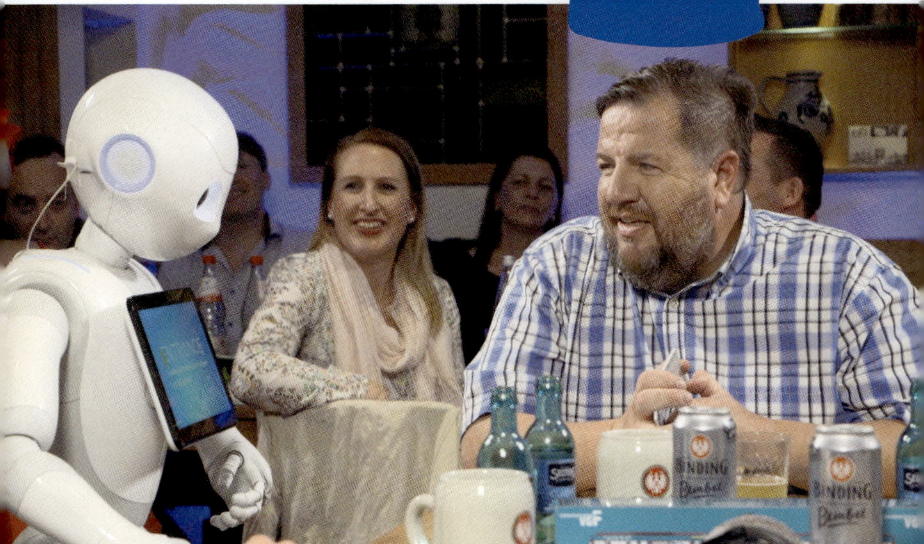

Apparat eindrucksvoll unter Beweis, wozu künstliche Intelligenz schon vor ein paar Jahren im Stande war.

»Pepper« hatte auf jede Frage eine schlagfertige Antwort, sorgte für einige Lacher und konnte sogar beim Fußball mitreden. Eine genaue Prognose, wer das damals bevorstehende DFB-Pokalfinale zwischen Bayern München und Eintracht Frankfurt gewinnt, wollte »Pepper« in der Sendung nicht geben. Er sagte nur, dass er uns jetzt nicht den Abend verderben wolle und deutete damit eine Niederlage der Eintracht im Endspiel im Berliner Olympiastadion an. Dass KI also bei weitem noch nicht alles kann und weiß, haben die Frankfurter Jungs dann eindrucksvoll auf dem Platz bewiesen und den großen FC Bayern mit einem 3:1-Sieg aus dem Stadion geschossen.

Auch nur zwei menschliche Talkgäste gabs bei Folge 56 im Oktober 2020. Aufgrund der raschen Ausbreitung des Coronavirus im Rhein-Main-Gebiet hatte Offenbachs Oberbürgermeister Felix Schwenke kurzfristig entschieden, die Sendung nicht zu besuchen, um gesund zu bleiben und die Stadt durch die Pandemie zu führen. Daher

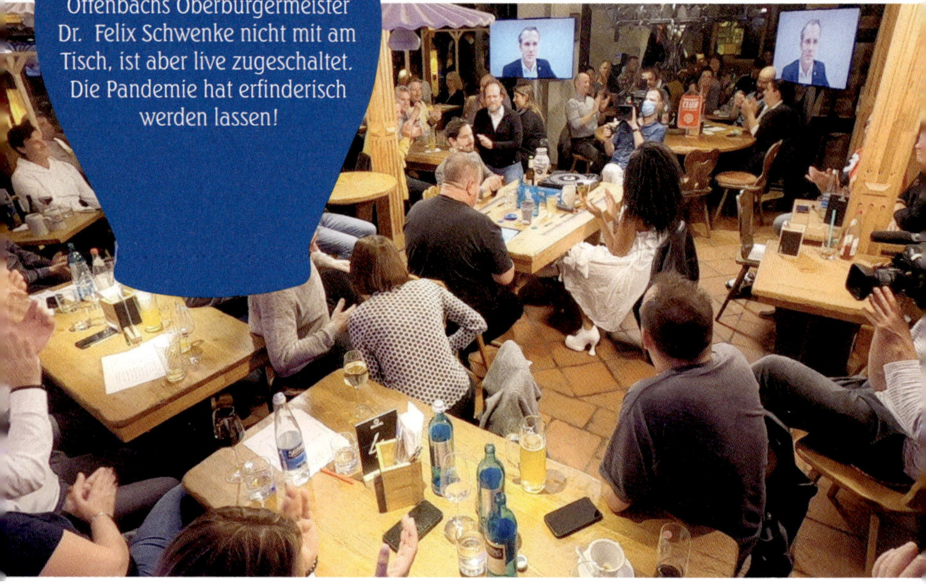

Folge 56: Aufgrund der Coronapandemie sitzt Offenbachs Oberbürgermeister Dr. Felix Schwenke nicht mit am Tisch, ist aber live zugeschaltet. Die Pandemie hat erfinderisch werden lassen!

meldete sich der Stadtchef live aus Offenbach zugeschaltet. Eine ungewohnte Situation für mich am Tisch und bis heute eine absolute Ausnahme. Technisch hat zumindest alles einwandfrei funktioniert. Sogar unser beliebtes Summspiel zum Ende der Sendung haben wir durchführen können. Die Leitung nach Offenbach stand. Auf beiden Seiten lief das Bild und auch der Ton war gut zu hören. Das war ja bei vielen Konferenzen und Videocalls während Corona oftmals anders.

Ein besonders rührender Moment wurde der Gastauftritt von Pippi-Langstrumpf-Schauspielerin Inger Nilsson. Die quirlige Pippi war in meinen Augen die erste emanzipierte Powerfrau, die früher regelmäßig auch bei uns zu Hause über den Bildschirm flimmerte. Pippi Langstrumpf war der Grund, warum ich mir schon als kleiner Bub nie etwas gefallen lassen habe und immer schon ein bisschen frecher war. Sie war eine meiner Kindheitsheldinnen und ich war tierisch stolz, dass wir Inger in die Sendung holen konnten. Sie war für die Sendung extra aus Schweden angereist und zum ersten Mal hat-

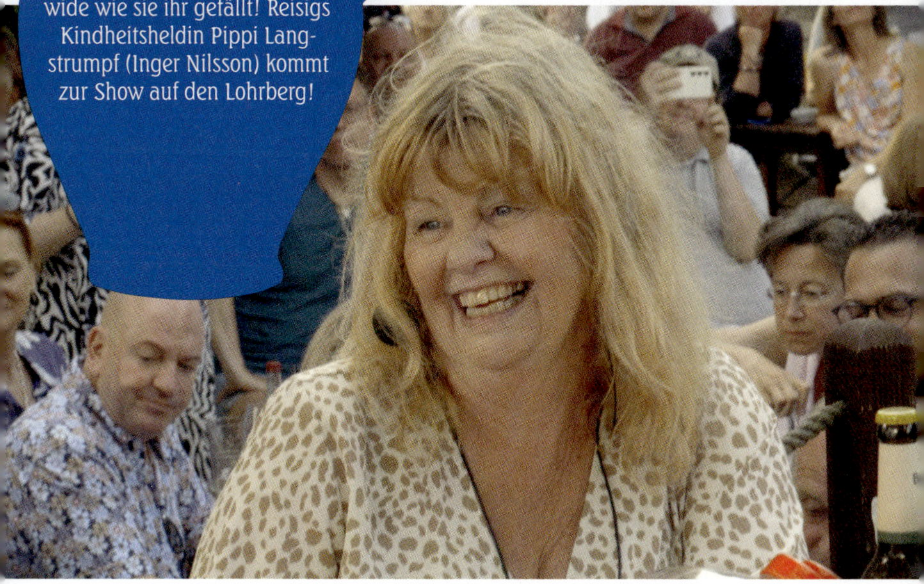

Sie macht sich die Welt, widewide wie sie ihr gefällt! Reisigs Kindheitsheldin Pippi Langstrumpf (Inger Nilsson) kommt zur Show auf den Lohrberg!

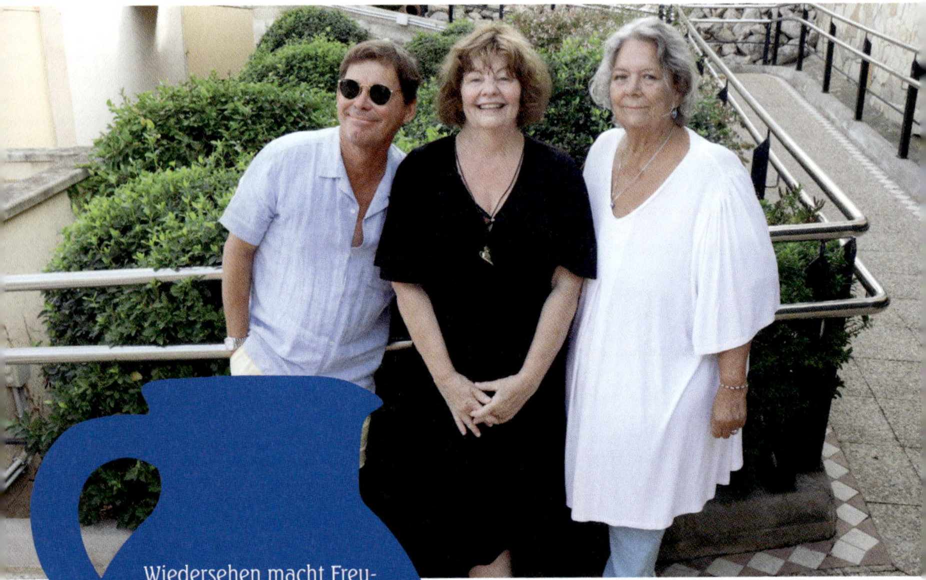

Wiedersehen macht Freude! Die Pippi-Langstrumpf-Kinderstars Pär Sundberg (Tommy), Inger Nilsson (Pippi) und Maria Persson (Annika) haben sich seit Jahren nicht mehr getroffen. Bernd Reisig und BEMBEL & GEBABBEL vereinten die drei auf Mallorca.

te unser Talk »Wetten, dass..?«-Charakter. Nicht nur weil wir die Aufzeichnung auf einen Samstag gelegt hatten, sondern weil wir mit Inger einen internationalen Stargast hatten, der kein Deutsch spricht. Daher haben wir erstmals in der Sendung auch einen Simultanübersetzer gehabt, der Inger meine Fragen auf Schwedisch übermittelte und uns ihre Antworten auf Deutsch übersetzte. Das hat wunderbar funktioniert. Inger erzählte, wie sie Ende der 1960er Jahre in die Rolle der kunterbunten Pippi Langstrumpf schlüpfte. Außerdem berichtete sie, wie der Kontakt zu den anderen Serienstars Tommy und Annika heute ist. Während Inger weiterhin in Schweden lebt, hat es die beiden anderen Protagonisten der Langstrumpf-Abenteuer nach Spanien verschlagen. Pär Sundberg, der damals Tommy verkörperte, lebt inzwischen mit seiner Familie in der spanischen Hafenstadt Alicante. Seine Serienschwester Annika, die im wahren Leben auf den Namen Maria Persson hört, lebt seit vielen Jahren auf Mallorca. Allerdings ist Maria aufgrund mehrerer privater und gesundheitlicher Schicksalsschläge mittlerweile arbeitsunfähig und lebt in relativ armen Verhältnissen. Sie teilt sich eine Zweizimmerwohnung mit ihrem Sohn und dessen Freundin. Daher stünden die drei Kinderstars zwar nach wie vor in Kontakt, würden sich aber nur noch selten sehen. Das wollte ich ändern und ermöglichte den drei ein Wiedersehen auf Mallorca.

Inger konnte das erstmal gar nicht fassen. Ihr stand die Freude ins Gesicht geschrieben. Sie freute sich mit demselben verschmitzten Lächeln wie damals Pippi Langstrumpf. Auch für mich war dieser Moment unglaublich rührend, weil ich mich mit Inger freute und wusste, dass ich den drei damit eine riesige Freude bereiten würde. Genau so kam es auch. Auf Mallorca trafen sich die drei Freunde wieder – Pippi, Tommy und Annika waren wieder vereint und ich konnte mit dabei sein. »Es war unglaublich schön – ungefähr so, als hätten sich alte Schulfreunde nach Jahren wieder getroffen«, sagte mir Inger Nilsson nach unserem gemeinsamen Frühstück. Es wurde viel gelacht und die drei hatten sich nach all den Jahren jede Menge zu erzählen. Wenn ich daran zurückdenke, bekomme ich heute noch Gänsehaut. Wir hatten eine tolle Zeit auf Mallorca und ich bin überglücklich, drei Menschen happy gemacht zu haben, mit denen ich groß geworden bin und die mir in meiner Kindheit so viel Freude geschenkt hatten.

Das war knapp!

Glücklich und erleichtert war ich auch bei der Aufzeichnung zu Folge 79. Allerdings gab es dabei keine herzergreifende Story – ich hätte aber fast einen Herzkasper gekriegt. Diese Ausgabe von BEMBEL & GEBABBEL wäre nämlich fast in die Geschichte eingegangen, als die Sendung, die nicht stattfinden konnte, und zwar weil ich es um ein Haar nicht pünktlich auf den Lohrberg geschafft hätte. Es war wortwörtlich eine Punktlandung, jede Menge Stress und ein absolutes Horrorerlebnis. Ich steckte am Abend vor der Sendung noch in Malaga fest. Mein Flug wurde gecancelt und zu allem Übel hatte mir Julia Nestle in der vorherigen Nacht abgesagt, die ich als Gast für die Show fest eingeplant hatte. Julia hatte eine heftige Grippe erwischt und sie lag völlig flach. Eigentlich hatte ich mir den Abend vor der Show anders vorgestellt – aber hilft ja nix.

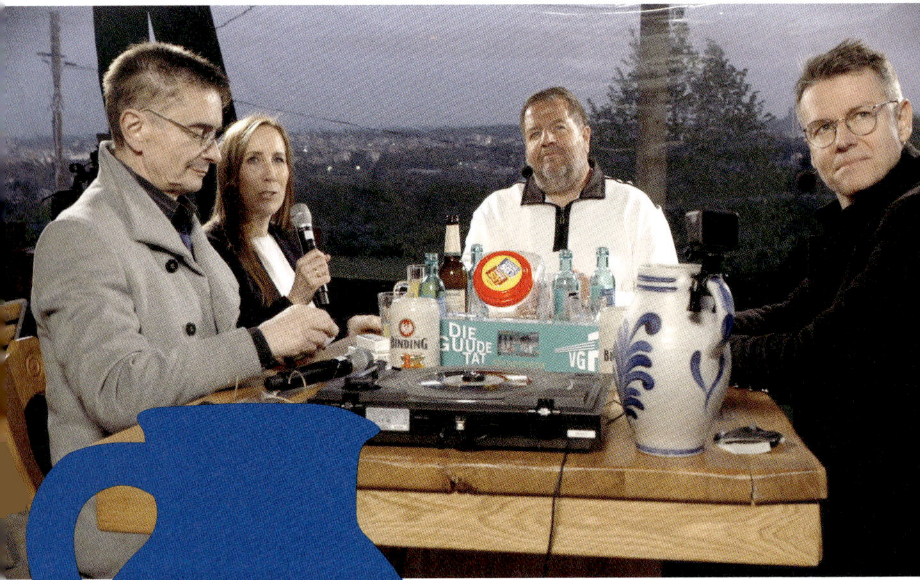

Das war eine Punktlandung! Zur 79. Sendung mit Astrid Wallmann, Mathias Richling und Lars Ruth hätte es Moderator Bernd Reisig fast nicht geschafft.

In der Ruhe liegt die Kraft und ich konnte ja sowieso nix ändern. Also durchforstete ich mein Adressbuch im Handy nach einem passendem Nestle-Ersatz und checkte in das schlechteste Hotel der Welt ein. Das Holiday Inn in Malaga hatte nicht nur schlechte Betten und unterdurchschnittliche Servicekräfte, sondern zu all dem Leid auch so ziemlich das mieseste Internet, mit dem ich je gearbeitet habe. Immerhin: Ersatz war gefunden. Anstelle der FFH-Morningshow-Moderatorin hatte jetzt der Frankfurter Mentalist Lars Ruth spontan zugesagt. Bis um vier Uhr nachts bereitete ich die Sendung und mich auf einen komplett neuen Talkshowgast vor. Zur Erinnerung: Ich hockte immer noch in Malaga fest und abends war Showtime.

Irgendwann saß ich dann im Flieger und konnte über Zürich nach Frankfurt zurückfliegen. Allerdings war nichts wie sonst. Normalerweise konzentriere ich mich am Sendungstag voll auf die Show, lege mich mittags nochmal kurz hin, um dann pünktlich und ausgeruht zur Durchlaufprobe für die Sendung in die Lohrberg-

Schänke zu fahren. Diesmal nix mit Schläfchen und auch nix mit Proben. Meinen Anschlussflug von Zürich nach Frankfurt hatte ich auch noch verpasst. Und als ich dann endlich wieder Frankfurter Boden unter meinen Füßen hatte, ging es für mich vom Flieger direkt ins Auto Richtung Lohrberg.

Als ich gegen 19 Uhr ankam, waren alle Talkgäste schon da, das Publikum saß auch bereits und ich hatte gerade noch Zeit, mir ein bisschen Puder ins Gesicht zu pinseln und mir mein Mikrofon anschließen zu lassen. Dann ging's los und ich begrüßte die Präsidentin des Hessischen Landtags Astrid Wallmann, den Parodist und Kabarettist Mathias Richling und den kurzfristig eingesprungenen Mentalmagier Lars Ruth. Puh! Das war knapp!

Bei Folge 60 im August 2021 war's nicht ganz so dramatisch. Die Sendung stand nicht auf der Kippe, trotzdem wusste ich nicht so genau, wie ich »auftreten« soll. Und zwar im wahrsten Sinne des Wortes.

Nach einem folgenreichen Treppensturz hatte ich mir das Syndesmo-

Bei Folge 60 war Bernd Reisig aufgrund einer Verletzung nicht gut zu Fuß. Mithilfe von vier guttrainierten und eingeölten Jungs schaffte es der angeschlagene Moderator dennoch stilgerecht zum Talktisch.

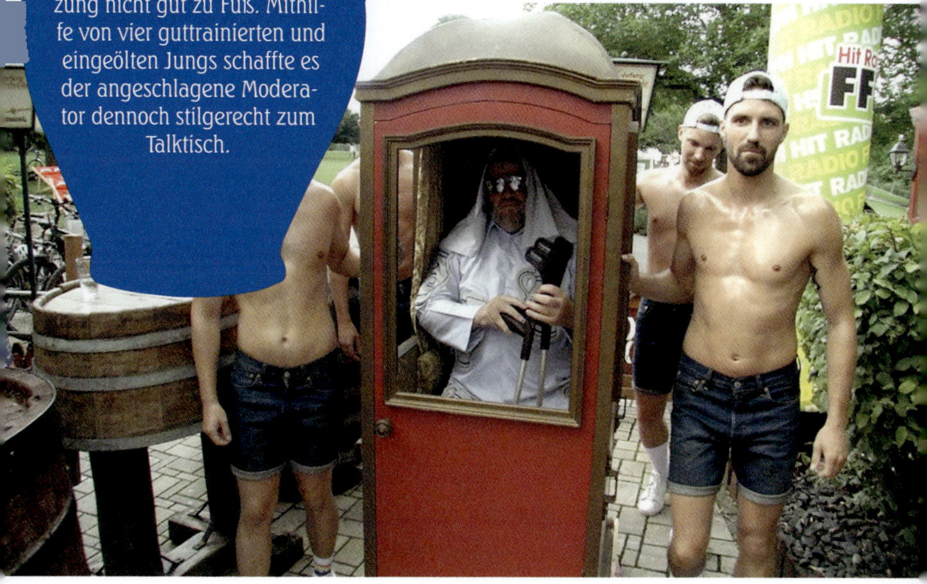

seband gerissen und Laufen war kurz danach nicht gerade vergnügungssteuerpflichtig. Daher kam mir die Idee: »Wenn der dicke Mann seinen Fuß möglichst wenig belasten soll, muss er sich eben zur Bühne tragen lassen«. Für mich wurde daraus einer der schönsten Auftritte innerhalb der letzten zehn Jahre. Für vier muskulöse, oberkörperfreie und eingeölte Männer wurde es harte Arbeit.

Auf einer Sänfte sitzend, trugen mich die durchtrainierten Jungs durchs Publikum bis hin zur Bühne. Das Ganze begleitet unter schallendem Gelächter und tosendem Applaus. Die wenigen letzten Schritte bis zum Talktisch konnte ich dann auf Krücken bewerkstelligen. Ein königlicher Auftritt zustande gekommen durch ein schmerzliches Stolpern und durch meine Klamotte nochmals auf die Spitze getrieben. Ich verkleidete mich als hessischer Scheich – mit Sonnenbrille, Schleier und arabischem Männergewand mit auffälligen Bembel-Aufnähern drauf. Eine Spezialanfertigung extra für mich und diesen pompösen Showauftritt. Vermutlich hat meine Schneiderin für dieses wirkungsvolle Outfit eine Stofffabrik leergekauft, um mich – den XXL-Scheich – passend einzukleiden. Kein Mensch hat sich dabei für meine Fußverletzung interessiert. Das Publikum hatte nur Augen für die beeindruckenden Bauchmuskeln der vier Mucki-Männer und meinen Aufzug.

Am Tisch sitzend, zwickten dann weniger meine gerissenen Bänder, sondern eher der Schleier auf meinem Kopf, sodass ich dann schnell völlig unverschleiert

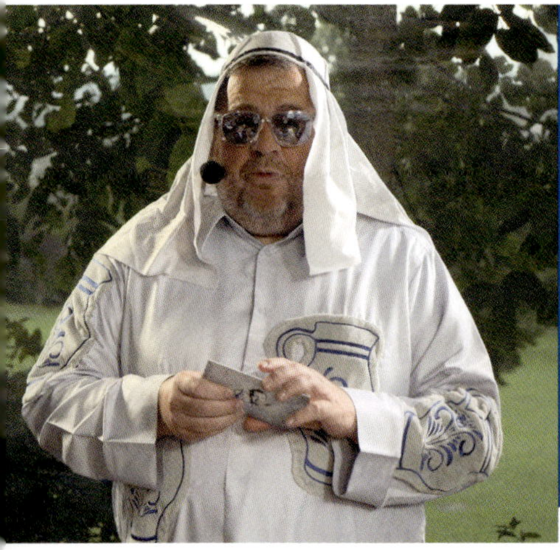

Innerhalb der letzten 10 Jahre gab es schon so einige lustige Kostüme des Moderators. In Folge 60 begrüßte Reisig sein Publikum als »Bembel-Scheich«.

meine Gäste, Hessens damaligen Finanzminister Michael Boddenberg, DSDS-Sternchen Lisa Bund und Eintracht-Sportvorstand Markus Krösche, begrüßte. Für den Moment reichte es mir mit dem schleierhaften Auftritt. Dass zwanzig Folgen später schon der nächste Schleier auf mich wartete, wusste damals noch keiner.

Diese Sendungen waren ein modischer Hingucker!

Sicherlich werden sich aber viele treue BEMBEL & GEBABBEL-Fans daran erinnern. Bei der 80. Folge hüllte ich mich in einen Traum in Weiß und verwandelte mich erstmals in die wunderschöne »Bernadette Reisig«. Entstanden ist diese Idee bereits ein paar Folgen vorher. Bei der 78. Ausgabe war neben TITANIC-Chefredakteurin Julia Mateus und Fußballmanager Andreas Rettig auch die Frankfurter Brautmodenexpertin Meike Buschening-Kaffenberger zu Gast. Meike flimmerte jahrelang bei der VOX-Sendung »Zwischen Tüll und Tränen« über unsere Empfangsgeräte und brachte dabei Brautkleider an die Frau und durch eine Wette nun auch an den Mann. Meike hatte vor vielen Jahren einen eigenen Song aufgenommen, auf den ich bei meiner Sendungsrecherche im Vorfeld gestoßen bin. »Meine weiße Welt«, so hieß die Nummer, die mich gesanglich eher an meinen Keller erinnerte, denn der Song war zugegebenermaßen ziemlich unterirdisch.

Die Frankfurter Brautmode-Ikone Meike Buschening-Kaffenberger griff bei ihrem Auftritt bei BEMBEL & GEBABBEL zum Mikrofon und sang ihren eigenen Lovesong. Das sollte Folgen haben…

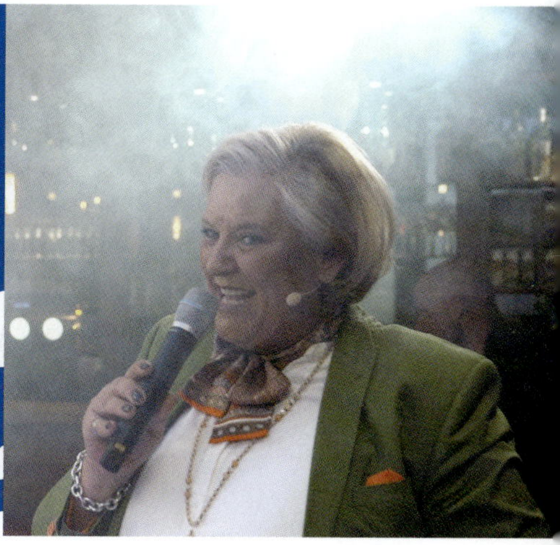

Jedenfalls hatte ich Meike auf ihr Lied angesprochen und ihr versprochen, dass ich eine meiner nächsten Sendungen in einem Brautkleid moderieren würde, wenn sie jetzt ihren Song zum Besten gibt. Eine Sekunde später hatte Meike das Mikrofon in der Hand und fing an zu singen. Damit war klar: Ich muss ins Brautkleid!

Aber passe ich da überhaupt rein? Meike hatte mir versprochen, selbst in meiner Größe das richtige Kleid zu finden. In ihrem Brautladen presste ich mich dann in einen weißen Hochzeitstraum mit Schleier. Meine Verwandlung in Bernadette Reisig war damit aber längst nicht abgeschlossen. Während ich sonst nur wenige Minuten in der Maske verbringe, klebte ich vor Folge 80 förmlich auf dem Stuhl vor dem Schminkspiegel fest. Zwei Stunden später und mit gefühlt mehreren Tonnen Schminke in meinem Gesicht, dick aufgetragen von der deutsch-brasilianischen Drag Queen Kelly Heelton, ist von Bernd nicht mehr viel übrig geblieben. Nun war Showtime! Zeit, meine Wettschulden einzulösen. Nach dem Opening betrat ich elfengleich den Biergarten der Lohrberg-Schänke. Die Menge grölte und jubelte mir zu. Nach außen verkörperte ich die elegante Brautprinzessin Bernadette. Innerlich wusste ich erstmals, wie sich eine Presswurst wohl fühlen muss. An dieser Stelle: Riesengroßen Respekt an alle Bräute, die während ihrer Hochzeit teilweise 16 Stunden in so einem eng zugeschnürten Kleid feststecken, bei dem man sich jeden Atemzug zweimal überlegt. Inzwischen weiß ich, warum man immer

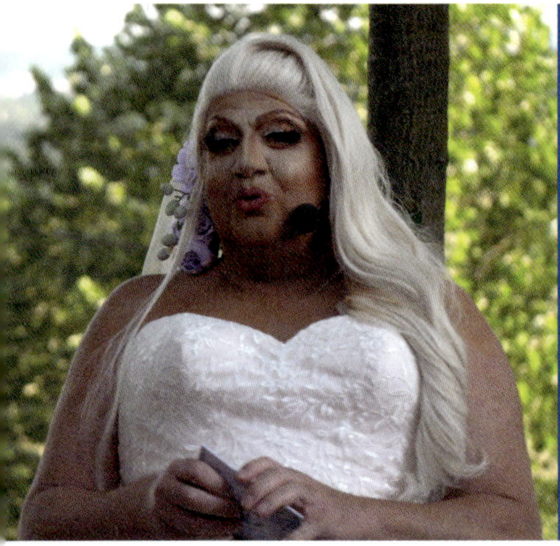

Wettschulden sind Ehrenschulden und manchmal auch echt skurril! Eine verlorene Wette sorgte für den ersten Moderationsauftritt von »Bernadette« Reisig.

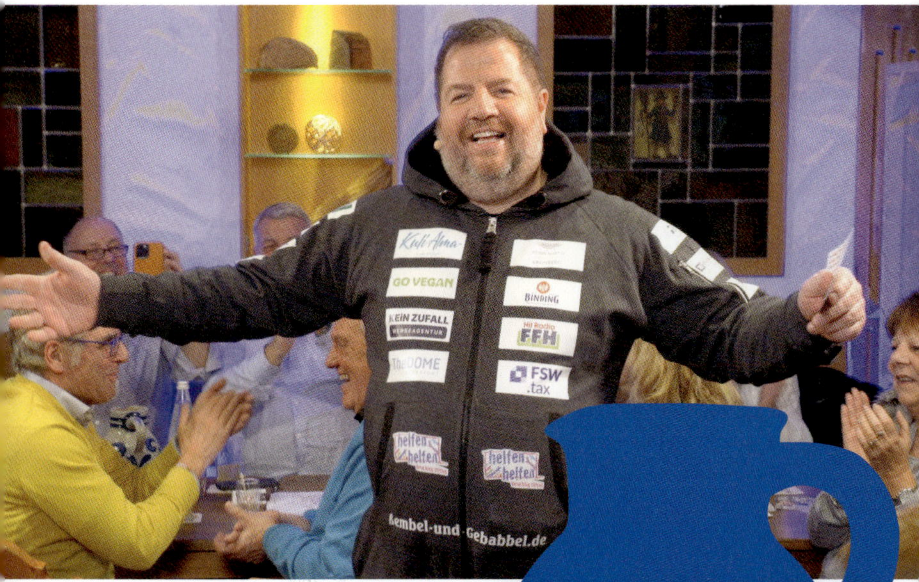

Jetzt verkauft er sogar seinen Körper! Bei der 64. Sendung der Kult-Talkshow begrüßte Bernd Reisig sein Publikum als lebende Litfaßsäule.

sagt, dass man den Hochzeitstag nie vergessen wird. Nicht weil der Start ins Eheleben so viele wunderschöne Erinnerungen hergibt, sondern weil sich jede Braut in so ein hautenges Tüllkleid presst.

Für mich machte dieses Outfit die 80. Ausgabe von BEMBEL & GEBABBEL nicht zum schönsten Tag meines Lebens, aber wahrscheinlich zum speziellsten Auftritt der letzten zehn Jahre. Wirklich lustige Geschichte, aber Brautkleid und ich als Drag Queen: Nie wieder!

Das hier könnte ich mir allerdings öfter vorstellen: Im Dezember 2021 war ich als lebende Litfaßsäule in der Sendung. Auf meinen Hoodie hatte ich mir die Logos von all unseren Partnern aufnähen lassen. Fläche ist und war auch damals mehr als genug vorhanden. Außerdem witzelte ich, dass Corona seine Spuren hinterlassen hätte, ich dringend Geld brauchte und ich daher nun meinen Körper vermarkten würde. Da hat die Kasse geklingelt, sag ich euch!

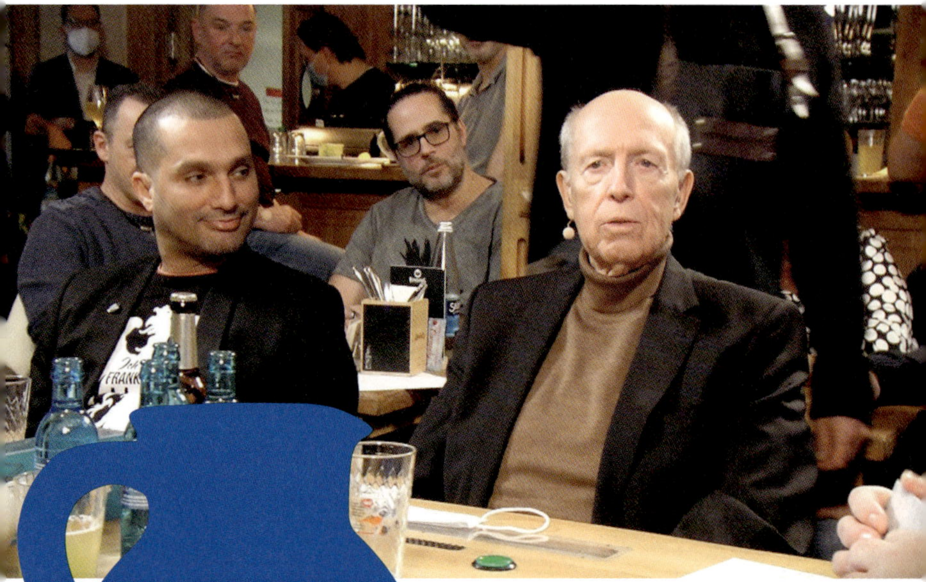

Kaum wiederzuerkennen: Reiner Calmund hatte bei seinem zweiten Auftritt bei BEMBEL & GEBABBEL ordentlich abgespeckt neben Frankfurt-Rapper Hassan Annouri Platz genommen.

In der Sendung waren Frankfurt-Rapper Hassan Annouri, Hessens damalige Justizministerin Eva Kühne-Hörmann und Fußballmanager-Legende Reiner Calmund zu Gast. Calli war allerdings kaum wiederzuerkennen. Er hatte nach seiner Magenverkleinerung rund 90 Kilo abgespeckt. Gut für die Gesundheit, aber natürlich auch weniger Fläche, um sich Werbung auf den Körper zu drucken.

Was meine Kleidung für die Sendung angeht, variiere ich gerne und sorge so jedes Mal für eine kleine Überraschung. »Kommt er diesmal ganz leger mit Kapuzenpulli und Jeans, mit lustigem Sprüche-Shirt oder im feinen Zwirn?« Da hat das Publikum immer etwas zu rätseln. Hin und wieder sorgt meine Klamotte für einen Lacher, manchmal kleide ich mich total normal oder ziehe etwas besonders Schickes an.

Auch als Olaf Scholz kam, musste etwas Besonderes her. Man kann den Bundeskanzler ja nicht im Jogginganzug in Empfang nehmen – selbst in Frankfurt

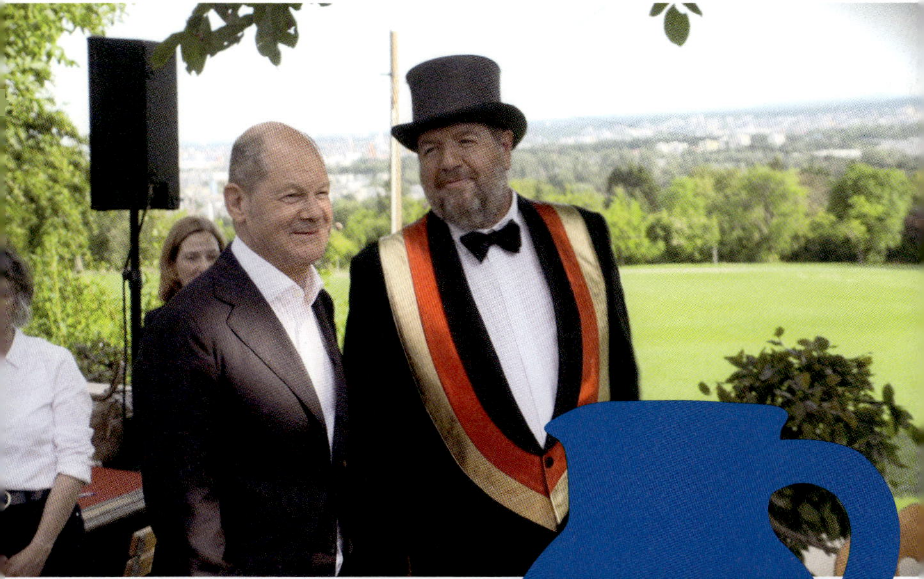

Schwarz-Rot-Gold! Ein besonderes Outfit musste her. Für den Besuch von Bundeskanzler Olaf Scholz bei BEMBEL & GEBABBEL schneiderte Kathleen Krüger vom Hochzeitshaus Frankfurt Reisig einen schicken Smoking in Landesfarben auf den Leib.

nicht. Kathleen Krüger vom Hochzeitshaus Frankfurt ist die Schneiderin meines Vertrauens. Sie ist bei jedem Nadelstich superperfektionistisch, weiß, was bei mir einen schlanken Fuß macht, und kreiert manchmal tagelang meine Outfits. Für den Kanzlerbesuch hat Kathleen mir etwas ganz Besonderes auf den Leib geschneidert. Ich wollte einen staatsmännischen Auftritt hinlegen und Flagge zeigen. Daher hatten wir uns überlegt, einen edlen Smoking mit schwarz-rot-goldenem Revers zu machen. Wahrscheinlich eines meiner absoluten Lieblingsoutfits aus zehn Jahren BEMBEL & GEBABBEL. Immer wenn ich diesen Anzug in meinem Schrank hängen sehe, denke ich an die Sendung zurück. Schade, dass man so eine Garderobe sonst nicht bei vielen Anlässen tragen kann. Doch für nur einmaliges Anziehen war mir dieses Outfit zu teuer. Ich entschied mich, den Scholz-Dress aus der Sendung beim »Ball des Sports« in der Frankfurter Festhalle nochmals zu tragen. Viele Promis wehren sich ja gerade zu ein Out-

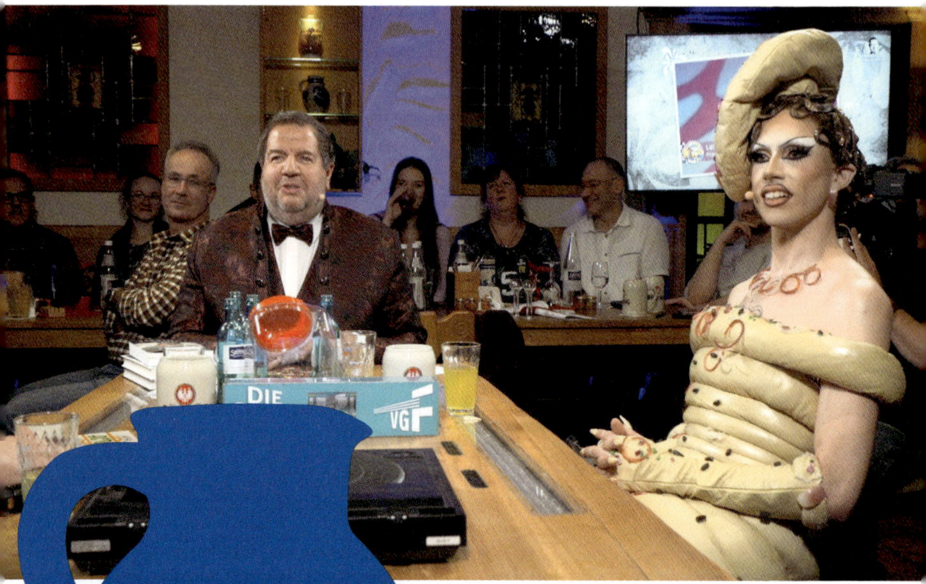

Auch Reisigs Gäste kommen gerne top gestylt in die Sendung. Drag Queen LéLé Cocoon präsentierte sich bei BEMBEL & GEBABBEL als Handkäs mit Musik.

fit ein zweites Mal anzuziehen. Aber auch da ticke ich anders. Die Benefiz-Gala zu Gunsten der deutschen Sporthilfe war für mich der perfekte Anlass, meinen Deutschland-Anzug nochmal zu präsentieren. Schwarz, Rot und Gold sind für mich die Farben unserer Demokratie. Ich bin der Meinung, dass wir diese Farben nicht den Rechtsextremen und Hetzern in unserem Land überlassen sollten. Eigentlich ein guter Grund, diesen Smoking noch viel öfter auszuführen.

Aber nicht nur ich wage mich oft und gerne in auffällige Showoutfits, die in Erinnerung bleiben. Bei der letzten Sendung vor Weihnachten im Jahr 2023 hatte ich mich in einen edlen, weinrot bestickten Smoking mit Fliege und Lackschuhen geworfen, um festlichen Glanz in die Lohrberg-Schänke zu zaubern. Zu diesem Zeitpunkt ahnte ich noch nicht, dass die Frankfurter Drag Queen LéLé Cocoon ebenfalls ein optisches Ausrufezeichen setzen wollte. Allerdings weit weniger weihnachtlich als mein Showoutfit. Lélé überraschte uns mit einem sehr detailreichen Dress, der sie als »Handkäs mit Musik« inszenierte. Ein echter Hingucker und glücklicherweise auch ohne zwiebelige Duftnote!

Hier spielt die Musik!

Livemusik ganz ohne Handkäs gibt es bei uns in der Sendung auch immer wieder. Schlagerlegende Tony Marshall sang beispielsweise »Sierra Madre« am Talktisch, Kerstin Ott performte ihren Song »Regenbogenfarben« beim Hamburg-Special im »Schmidtchen« und Supertalent-Gewinner Michael Hirte begeisterte mit Robbie Williams Song »Angels« auf der Mundharmonika.

Musik war und ist Teil meines Lebens. Ohne Musik wäre ich nicht da, wo ich heute bin. Daher gibt es auch keine Sendung ohne Musik! Und damit ist nicht unser kultiges Summspiel zum Abschluss jeder Folge gemeint. Da stößt so mancher Gesprächsgast eher an die persönlichen musikalischen Grenzen.

Aber alle Gäste dürfen sich einen Wunschhit aus unserer Plattensammlung heraussuchen. Manchen fällt das extrem schwer. Nicht zuletzt durch das Urteil des Bundeskanzlers, der unseren Kulthit-Fundus als »schlechteste Musiksammlung aller Zeiten« bezeichnete, hat unsere Sammlung nicht den besten Ruf. Um ehrlich zu sein, ich finde unser Sammelsurium gar nicht mal so verkehrt und freue mich, dass

Sängerin Kerstin Ott performt im Schmidtchen Theater auf der Reeperbahn ihren Hit »Regenbogenfarben«.

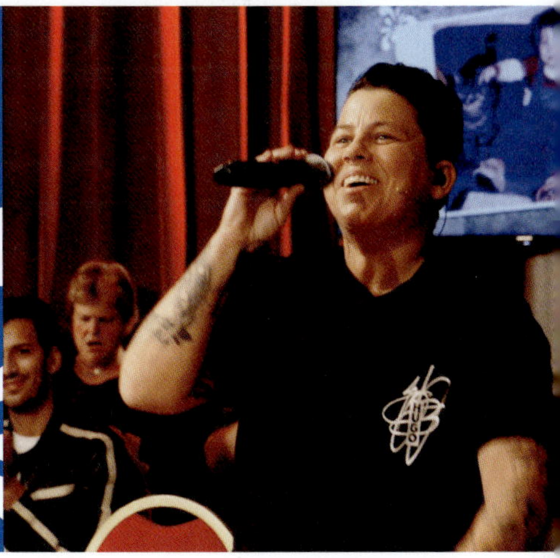

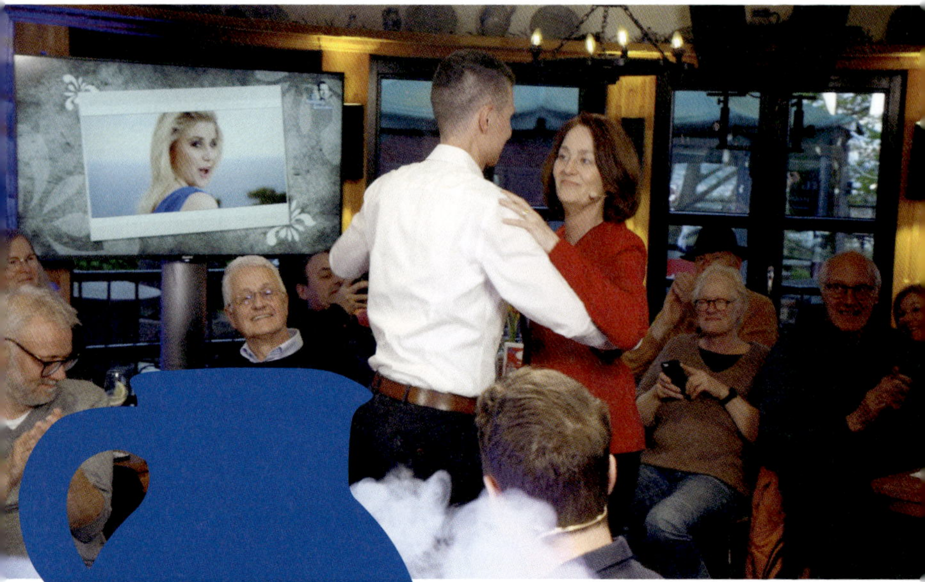

Wir dürfen bitten! Hier tanzt die Vizepräsidentin des Europaparlaments mit einem BEMBEL & GEBABBEL-Zuschauer durch die Lohrberg-Schänke.

es immer wieder auch Fans unserer innerhalb der letzten Jahrzehnte zusammengesammelten Platten gibt. Eine davon ist die Vizepräsidentin des Europaparlaments Katarina Barley, die beim Durchstöbern von unserem Schallpatten-Fundus am liebsten jede Platte gewählt hätte. Kleiner Fun Fact am Rande: Katarina ist wahrscheinlich der größte Fan unserer verrufenen Plattensammlung. Sie war auch bereits das zweite Mal zu Gast in der Sendung, allerdings haben wir ihr bislang kein einziges Mal ihren Musikwunsch erfüllt, da wir bei ihren beiden Auftritten jedes Mal andere Überraschungen vorbereitet hatten. Beispielsweise tanzte Katarina Barley bei ihrem letzten BEMBEL & GEBABBEL Gastspiel mit einem Besucher aus dem Publikum Discofox. Aber ich verspreche hoch und heilig: Sollte sie es ein drittes Mal an unseren Talktisch schaffen, dann erfüllen wir ihr auch ihren Musikwunsch und wenn sie will, darf sie auch dazu tanzen.

Ebenfalls stumm blieb unser Plattenspieler im Juli 2021 bei der Aufzeichnung der 59. Talkausgabe. Mit Franz Lambert war hier eine echte Musiklegende zu Gast.

Stimmungsvoll bringt Star-Organist Franz Lambert bei Folge 59 den Lohrberg zum Kochen. Er erfüllt den Gästen ihre Musikwünsche. Der Plattenspieler hatte an diesem Tag Pause.

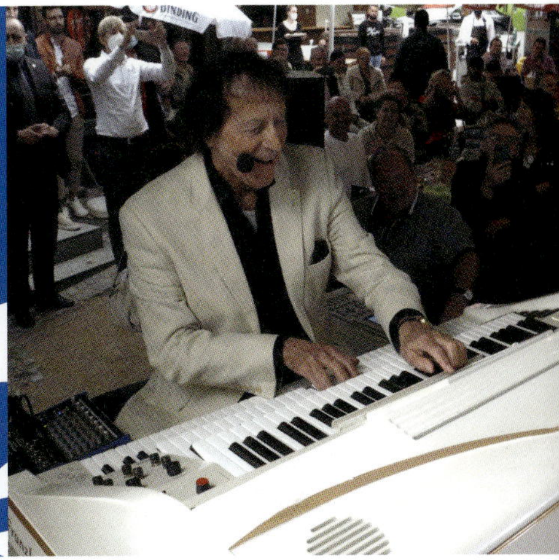

Ob Helmut Schmidt, Siegfried und Roy oder Michail Gorbatschow – die Liste der prominenten Persönlichkeiten, für die Musiker Franz Lambert bereits gespielt hat, ist lang. Und zu jedem hat Lambert eine persönliche Erinnerung, über die der Komponist und Star-Organist in der Sendung berichtete. Was viele nicht wissen: Von Franz Lambert stammt auch die DFB-Pokal- und die FIFA-Hymne, die in den Fußballstadien weltweit beim Einlauf der Mannschaften läuft. 1978 begleitete er sogar die Nationalelf zur WM nach Argentinien und fungierte als musikalischer Seelenmasseur der Mannschaft. Bei so viel Musikkompetenz konnte der Plattenspieler Pause machen. An seiner Orgel spielte Lambert die Wunschhits der Talkgäste und lieferte damit eines der vielen musikalischen Highlights der vergangenen zehn Jahre.

Spektakulärer Auftritt von ganz oben

Den wahrscheinlich spektakulärsten Auftritt in zehn Jahren BEMBEL & GEBABBEL legte der Radio- und TV-Moderator Marcel Wagner hin, der zudem auch als Hubschrauberpilot aktiv ist. Folge 84 im September 2023 startete ich daher nur mit zwei Gästen: Die Tischkicker-Weltmeisterin Maura Porrmann und Sky-Fußballexperte Erik Meijer saßen bei meiner Anmoderation bereits auf ihren Plätzen. Marcel

Was war da denn los? Die Sendung lief bereits, zwei Gäste saßen, aber ein Stuhl am Talktisch war noch unbesetzt. Der dritte Gast, Moderator Marcel Wagner, befand sich noch im Anflug auf den Lohrberg.

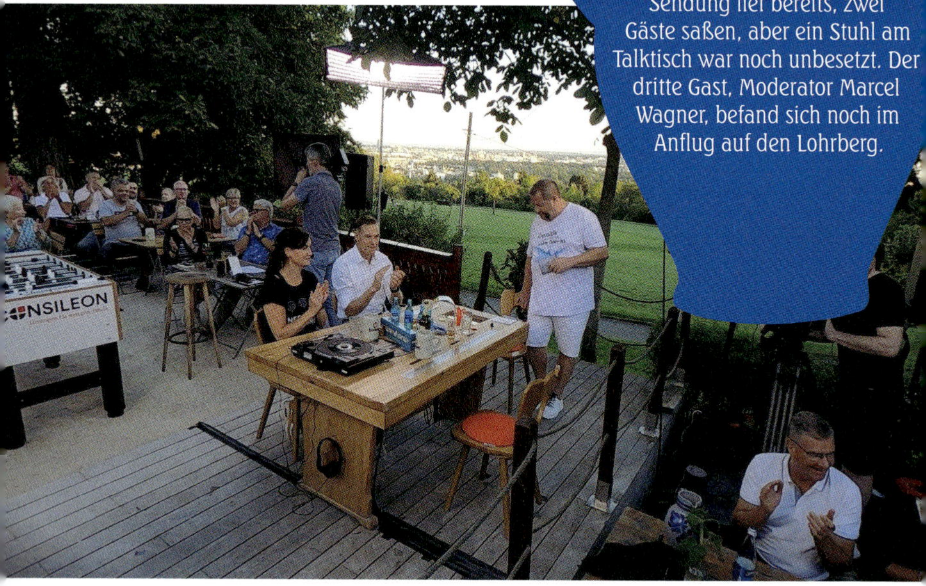

Wagner machte sich aber schon bemerkbar. Man hörte laute Rotorengeräusche eines Hubschraubers, in dessen Cockpit Marcel Wagner die Steuerknüppel in der Hand hielt und zielsicher die große Wiese vor der Lohrberg-Schänke ansteuerte.

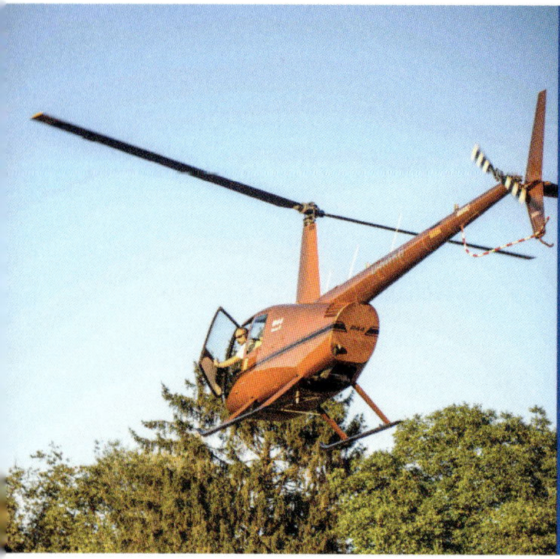

Na, wer kommt denn da geflogen? Dass ein Talkgast zur Show mit dem Helikopter geflogen kommt, gab es in zehn Jahren BEMBEL & GEBABBEL nur einmal. Und es war weder der Kanzler noch Showlegende Frank Elstner.

Spektakulärer Auftritt von Moderator Marcel Wagner. Er kam mit dem Helikopter zu BEMBEL & GEBABBEL auf den Lohrberg geflogen.

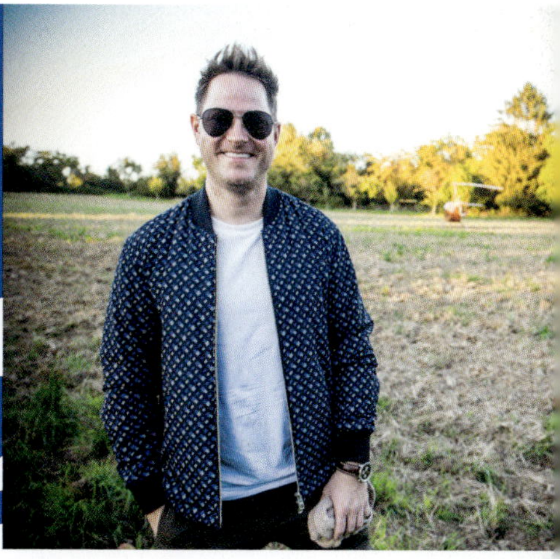

So einen Auftritt hatte in zehn Jahren Sendungsgeschichte noch keiner – nicht mal der Kanzler. Aber Marcel Wagner flog extra mit dem Heli zur Show. Ein großartiger Auftritt und tolle Aufnahmen aus der Luft, während wir schon im Biergarten der Lohrberg-Schänke den ersten Schluck Apfelwein getrunken hatten.

Der Ritterschlag einer Showlegende

Ein besonders schöner Moment, an den ich mich noch lange erinnern werde, ist der Auftritt von TV-Legende Frank Elstner bei unserem BEMBEL & GEBABBEL-Spezial zu Gunsten der Parkinson Stiftung. Angestoßen wurde die Idee von Thomas Keßler, der mit seinem GO!TV Media Production Team seit Jahren unsere Sendung produziert und selbst an Parkinson erkrankt ist.

Derzeit gibt es kein präventives Mittel und keine Möglichkeit, die Krankheit zu heilen. Nachdem uns Thomas seine Idee vorgestellt hatte, waren wir alle im Boot. Klar war, dass wir die Kosten für die komplette Sendungsproduktion so überschaubar wie möglich halten und zusätzlich über die Bernd Reisig Stiftung noch weitere Spenden akquirieren wollten. Jeder Cent sollte an die Parkinson Stiftung gehen, um die Forschung voranzutreiben.

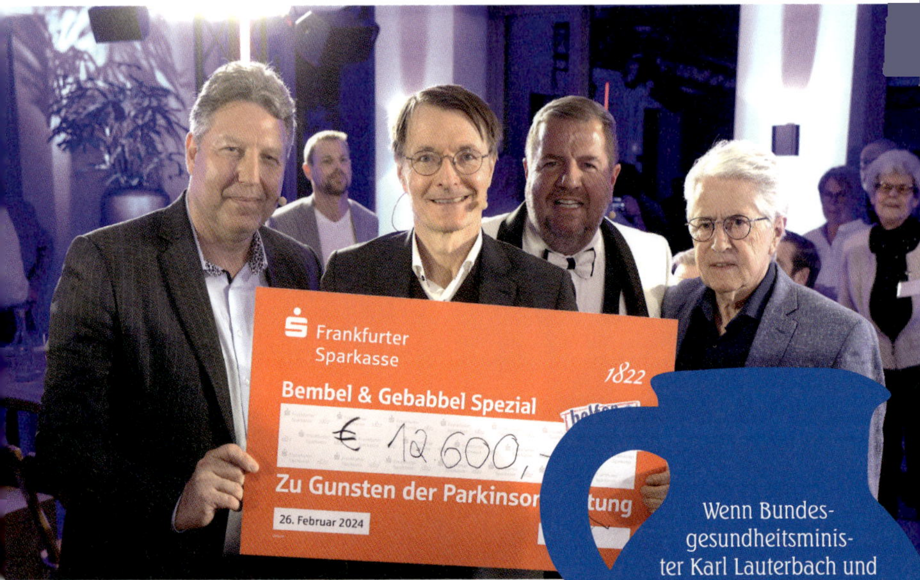

Wenn Bundesgesundheitsminister Karl Lauterbach und TV-Legende Frank Elstner extra vorbeikommen, muss es sich auch lohnen. Bei der Charity-Ausgabe zu Gunsten der Parkinson Stiftung sind 12.600 Euro zusammengekommen. Am Ende präsentierten alle Teilnehmer der Talkrunde den großen Spendenscheck.

Damit hatte Folge 89 ein Thema – eigentlich ein Novum bei BEMBEL & GEBABBEL. Normalerweise ist unsere Show keine Themensendung, sondern ein unterhaltsamer Talk mit und über unsere Gäste. Das sollte auch bei der Spezialsendung so sein. Dennoch hatten wir mit der Krankheit Parkinson ein Überthema, zu dem jeder Talkgast Berührungspunkte hatte.

Am Tisch saßen mit Showmaster Frank Elstner, der seit 2016 mit der Diagnose Parkinson lebt, Arzt und Hirnforscher Prof. Dr. Jens Volkmann, der Gründer der Parkinson-Stiftung, sowie Bundesgesundheitsminister Karl Lauterbach drei echte Hochkaräter. Die Sendung selbst wurde eine Mischung aus interessanten Einblicken im Kampf gegen Parkinson und unterhaltsamen Anekdoten. Unter anderem berichtete Elstner, welche Rolle ein Wettgewinn von 20.000 D-Mark beim Hunderennen in London bei der Erfindung von »Wetten, dass..?« spielte und Karl Lauterbach erinnerte sich an seine erste und einzige Erfahrung mit einem Joint. Am Ende des Abends konnte ich Prof. Dr. Volkmann noch einen Scheck über 12.600 Euro für die Parkinson Stiftung überreichen. Ein tolles Ergebnis für uns und gut angelegtes Geld zur Bekämpfung der Krankheit.

Wie nach jeder Sendung setzte ich mich auch nach dieser Spezialsendung noch mit meinen Gästen zusammen, um eine Kleinigkeit zu essen. Hochzufrieden mit den eingenommenen Spenden des Abends und mit dem Verlauf der Sendung kamen wir backstage ins Plaudern. Auch meinen Talkgästen scheint die Sendung gefallen zu haben. Einem sogar ganz besonders: TV-Legende Frank Elstner schaute mich an. Ich saß ihm gegenüber und hatte gerade die letzte Gabel meines Menüs gegessen. Plötzlich sagte er hochzufrieden: »Ich war ja schon in vielen Shows eingeladen (...), aber diese gehörte zu den Besten. Hier hat alles gestimmt. Tolle Unterhaltung!«

Was eine Ehre! Frank Elstner, einer der größten Entertainer der deutschen Fernsehgeschichte, lobte unsere Show. Was für ein grandioser Ritterschlag und ganz sicher einer der Momente, die mir ewig in Erinnerung bleiben.

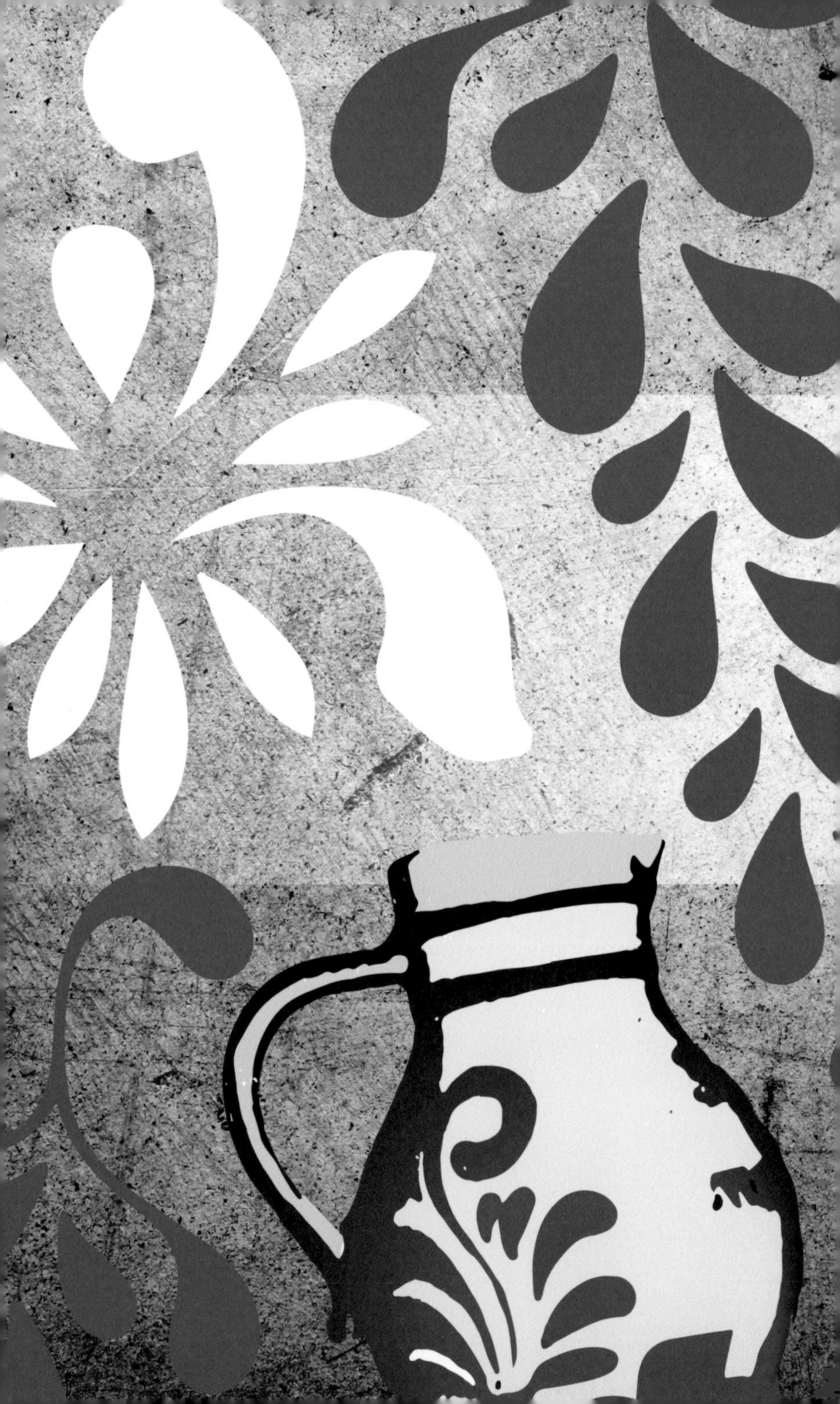

Die lustigsten Pannen und besten Sprüche

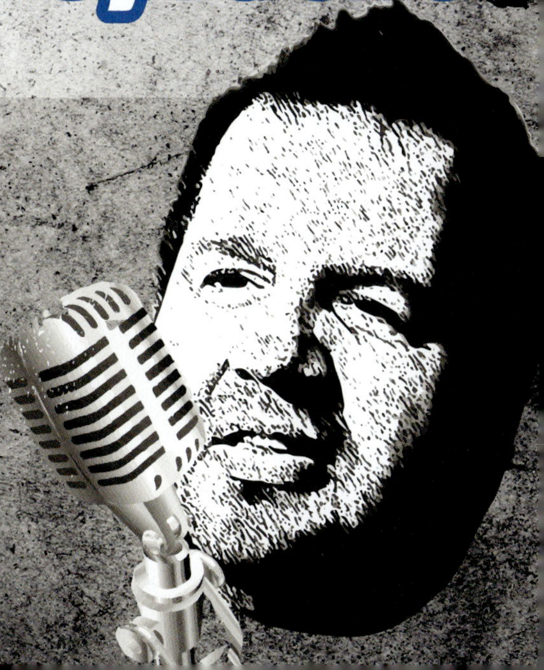

Unterhaltung auf Hessisch

»We love to entertain you!« So lautet einer der bekanntesten Slogans in der deutschen TV-Landschaft. Einer der größten deutschen Privatfernsehsender wirbt seit Jahren auf diese Weise. Auch wir schreiben uns mit BEMBEL & GEBABBEL Unterhaltung ganz groß auf die Flagge und wedeln mit dieser seit zehn Jahren immer wieder kräftig. Wir sind zwar weiterhin die kleine Show aus der urigen, hessischen Kneipe – aber wir haben uns über die Jahre einen guten Namen gemacht. Unsere prominenten Gäste fühlen sich wie zu Hause und unser Publikum liebt unseren Kulttalk. Selbst Showlegende und Entertainmentprofi Frank Elstner ist mittlerweile ein Fan unserer Sendung – und das will was heißen!

Auch wir lieben Unterhaltung und alles, was Spaß macht. Daher gab es seit unserer ersten Sendung im Jahr 2014 viel zu lachen – meistens eingeplant, aber hin und wieder auch nicht ganz freiwillig.

Genau das macht uns aus: Wir sind nicht perfekt, aber wir sind authentisch. Genau aus diesem Grund wird an unserer Sendung auch in der Postproduktion nicht viel herumgeschnitten. Wir zeichnen die Show auf und stellen sie innerhalb einer Woche online zur Verfügung. In diesen sieben Tagen schneiden wir die verschiedenen Kameraperspektiven zusammen, verbessern den Ton und machen unsere Partner in der jeweiligen Folge sichtbar. Gekürzt wird maximal bei den Wunschhits der Gäste oder wenn technisch mal was schief läuft – zum Glück eher die Seltenheit. Versprecher oder andere kleine Pannen gehören dazu und machen unsere Show menschlich und liebenswert.

Gerade als wir nach den ersten drei Jahren unseren Talktisch modernisierten und ich plötzlich vom Platz aus Einspieler und Sounds abspielen konnte, gab es technisch gelegentlich ein paar kleine Reibereien. Aber kein Grund, den Tisch auf den Sperrmüll zu werfen oder alles rauszuschneiden. Wenn ein Knopf mal nicht so will oder was ganz anderes passiert, als das, was man erwartet hätte, dann lache ich drüber, mache einen Spruch und dann geht's weiter. Die neue Technik hat sich schnell eingespielt und inzwischen gehört unser interaktiver Stammtisch zu den Eckpfeilern unserer Show.

Lachen gehört immer dazu!

Folge 18 – damals noch mit altem Tisch – geht in die Geschichte der schönsten Lacher innerhalb unserer Show ein. Für unsere Septemberausgabe im Jahr 2015 sind wir nach der Sommerpause zu einer Spezialsendung in die Hyundai-Zentrale am Offenbacher Kaiserlei-Kreisel gekommen. Ich begrüßte: Eintracht Vorstand Axel Hellmann, die damalige rheinland-pfälzische Landeschefin Malu Dreyer, Schlagerstar Olaf Henning und den damaligen Geschäftsführer von Hyundai Motor Deutschland, Markus Schrick.

Gleich zu Beginn der Sendung legte ich einen besonderen Auftritt hin. Ich kam von oben! Da mir allerdings über Nacht keine Engelsflügel gewachsen sind, hatten wir uns mit einer gigantischen Hebebühne beholfen, die mich von der oberen Etage des Autohauses nach unten manövrierte. Wir konnten das Intro allerdings nicht proben, da kurz vor der Sendung der Motor der Hebebühne streikte. Schließlich hat-

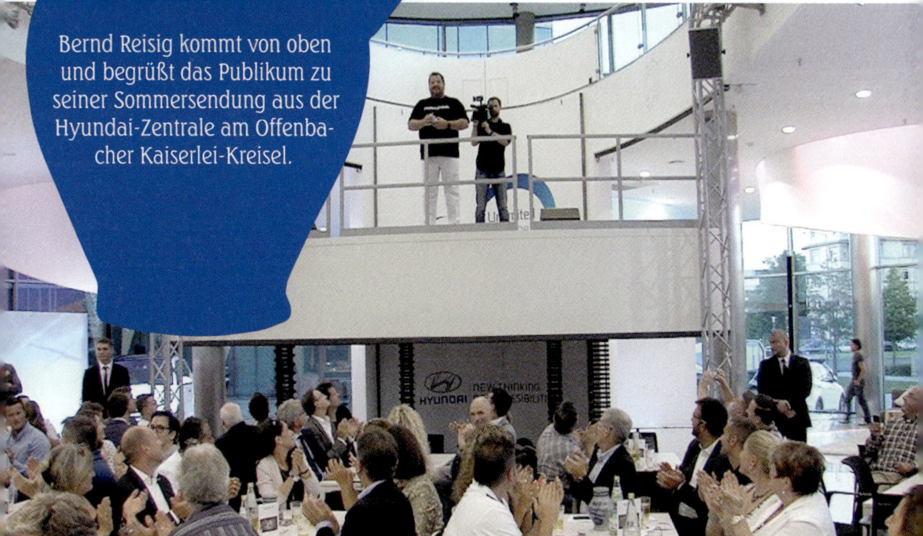

Bernd Reisig kommt von oben und begrüßt das Publikum zu seiner Sommersendung aus der Hyundai-Zentrale am Offenbacher Kaiserlei-Kreisel.

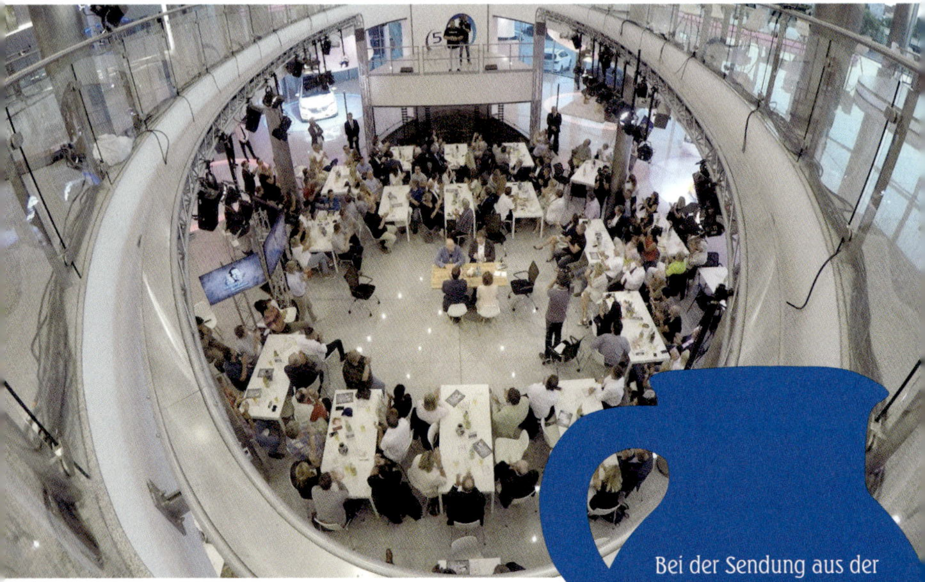

Bei der Sendung aus der Hyundai-Zentrale am Kaiserlei-Kreisel staunten nicht nur die Zuschauer über den Auftritt von oben, sondern auch unserem Kamerateam wurden neue, spektakuläre Blickwinkel ermöglicht.

te ein Monteur das Teil wieder zum Laufen gebracht und mir schließlich ganz entspannt entgegen geworfen: »Das musst du nicht proben – keine Panik. Das ist ein Schwerlastenaufzug. Der ist wie für dich gemacht.« Die Sendung war keine zwei Minuten alt und schon gab es den ersten großen Lacher.

Danach wurde getalkt – über Fußball, über Cowboys und Indianer und über jede Menge Pferdestärke unter der Motorhaube. Malu Dreyer, die ich schon seit vielen Jahren kenne und persönlich sehr schätze, lernten viele in dieser Sendung von einer anderen, privaten Seite kennen. Sie erzählte am Talktisch, dass sie sich jedes Mal bei ihrem Friseur erkundige, welche Themen die Bevölkerung umtreiben und dass sie trotz MS-Erkrankung (Multiple Sklerose) immer das Positive am Leben sieht. Das stellte sie auch in der Sendung mehrfach unter Beweis. Vor allem zum Ende der Sendung, als unser bis heute legendäres »Summspiel« Premiere feierte, blühte Malu völlig auf. Nachdem Axel Hellmann und der Hyundai-Boss schon schräge Töne vor sich

Die damalige rheinland-pfälzische Ministerpräsidentin Malu Dreyer steckte mit ihrem Lachen bei Sendung 18 alle an.

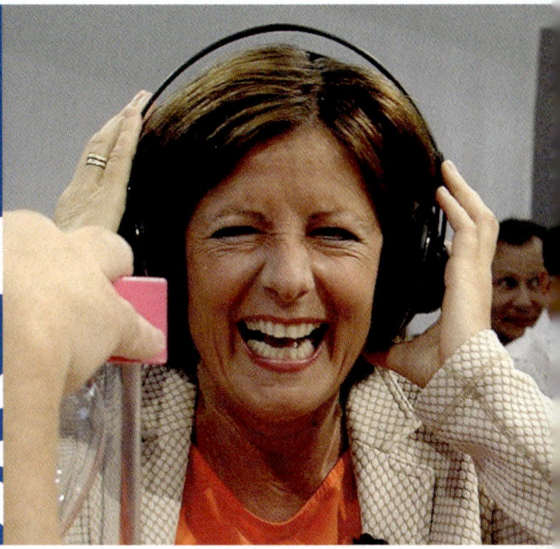

her gesummt hatten, war nun Malu an der Reihe. Die damalige Ministerpräsidentin von Rheinland-Pfalz setzte sich die Kopfhörer auf und lachte immer wieder so herzlich, dass man nur mitkichern konnte. Lady Gagas »Pokerface« sollte Malu zum Besten geben, am Ende hatte es mit Pokerface wenig zu tun, sondern es wurde vielmehr einer der sympathischsten Lachflashs in zehn Jahren BEMBEL & GEBABBEL.

Ein riesengroßer Spaß und allen war klar, das Spiel muss Bestandteil der Sendung bleiben. Und so verschandeln unsere prominenten Gäste bis heute die größten Welthits bis zur Unkenntlichkeit. Wird ein Lied richtig erraten, spende ich jedes Mal 200 Euro für gemeinnützige Aktionen und Projekte. Auch wenn man das vermutlich gar nicht glauben mag: Trotz mangelnder Musikalität ist so schon ordentlich Geld zusammengekommen.

Apropos Musik: In derselben Sendung gab es neben unserem »Summen für den guten Zweck« auch zum allerersten Mal Livemusik bei BEMBEL & GEBABBEL. Ich hatte das deutsche A-cappella-Comedy-Pop-Quartett »Maybebop« eingeladen, die nur mit ihren Stimmen für ordentlich Stimmung sorgten und spontan einen hitverdächtigen Reggae-Song aus den vom Publikum eingeworfenen Begriffen »Flüchtlinge«, »Bahnhofsviertel« und »BEMBEL & GEBABBEL« improvisierten. Völlig unvorhersehbar, wie dieser improvisierte Hit das Publikum beeindruckte.

Nass bis auf die Unterhose!

Nicht vorherzusehen und bis heute unvergessen ist die 60. Ausgabe im Sommer 2021. Die Sendung fand Open Air im Biergarten der Lohrberg-Schänke statt. Bis zu diesem Tag hatten wir immer Glück mit dem Wetter. Aber einmal ist eben immer das erste Mal. Während der Aufzeichnung erwischte uns ein ziemlich starkes Gewitter. Zu Beginn der Sendung regnete es zunächst nur etwas. Ich hatte mir vorher extra die Wettervorhersage angeschaut: Ab 20 Uhr sollten die Regenwolken einen Bogen um den Lohrberg machen. Soweit jedenfalls die Theorie.

Der Regen prasselte immer stärker auf die elektronisch ausfahrbare Überdachung des Biergartens, die eigentlich im Sommer hauptsächlich Schatten spenden sollte. Ich verstand mein eigenes Wort kaum und wusste nicht, wovon ich mehr schockiert war: Von den Wassermassen, die auf uns herunter regne-

Normalerweise wird bei BEMBEL & GEBABBEL Apfelwein oder Binding-Bier getrunken. Für den damaligen hessischen Finanzminister Michael Boddenberg (CDU) machte Reisig eine Ausnahme und servierte ein Kölsch. Sängerin Lisa Bund trank lieber einen Sauergespritzten. Also … Prost!

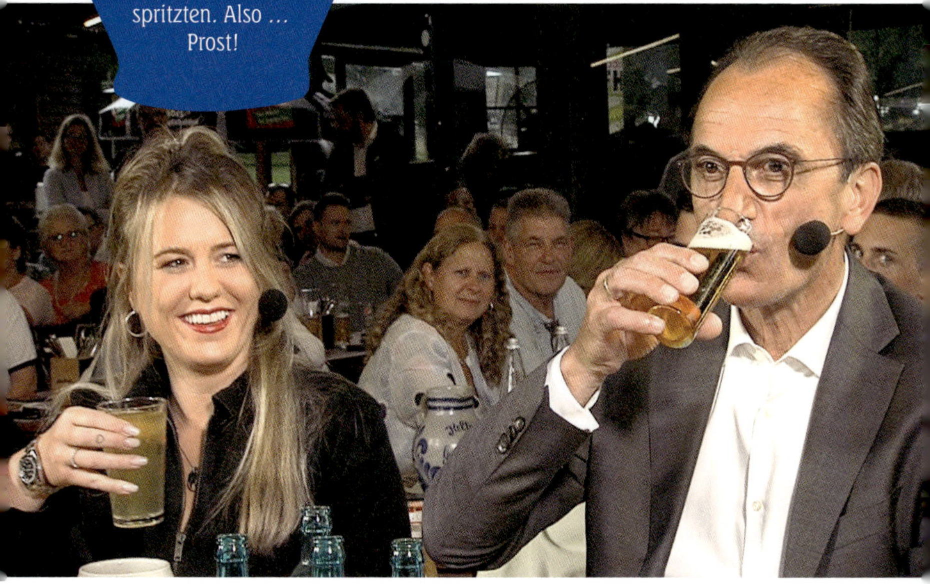

Während Reisig mit Eintracht-Sportvorstand Markus Krösche ins Plaudern kam, kam ordentlich was runter. Zu viel Regen, ein Stromausfall und eine kurzzeitige Sendungsunterbrechung waren die Folgen.

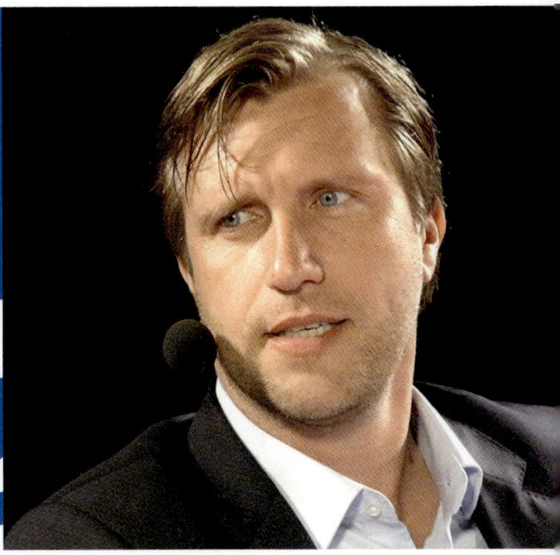

ten oder von unserem damaligen Finanzminister, Michael Boddenberg, der sich scheinbar in den Apfelweinkneipen Sachsenhausens ganz gerne mal ein Kölsch bestellte. Diese Story war mir zu Ohren gekommen und Boddenberg scherzte etwas verlegen, dass das zwar schon einige Jahre her, aber dennoch die Wahrheit sei.

Mitten im Talk mit dem neuen Eintracht-Vorstand Markus Krösche zogen plötzlich stetig weiter dunklere Wolken auf. Der gebürtige Paderborner erzählte gerade offen und ehrlich, dass er sich als Spieler selbst nicht verpflichtet hätte. Gelächter im Publikum – die Stimmung war also nicht eingetrübt. Auf einmal Blitz und Donner! Der viele Regen lief wasserfallartig an den Enden der großen Überdachung herunter. Es wurde schnell so viel, dass sich auf dem Boden Pfützen bildeten, im Publikum wurden Sonnenschirme zu Regenschirmen umfunktioniert. Es ging nicht mehr! Erstmals in zehn Jahren mussten wir unsere Sendung unterbrechen. Auch eine Sicherung hatte es erwischt. Die Beleuchtung am Talktisch ging aus. Es wurde zappenduster und zum ersten Mal machte ich mir ernsthafte Sorgen, ob wir die Sendung überhaupt zu Ende bringen können.

Tatsächlich hatten wir Glück. Nach einigen Minuten war der Strom wieder da und der Regen verschonte uns noch einmal für 25 Minuten. Das reichte gerade so, um die Aufzeichnung zu beenden. Das war eine ziemlich nasse Angelegenheit!

Das wär doch gelacht!

Auch bei einem anderen Zwischenfall hätte ich die Sendung fast abbrechen müssen und wieder war ein Finanzminister mit am Kult-Stammtisch. Diesmal spielte aber nicht das Wetter verrückt, sondern einmal mehr sorgte unser kultiges Summspiel für Heiterkeit. Dr. Thomas Schäfer verantwortete zu Zeiten der Aufzeichnung von Folge 34 im Mai 2018 die Finanzen des Landes Hessen und auch er zog sich gegen Ende der Show die Kopfhörer auf. Wie bei vielen erkannte man anfänglich gar nichts. Keine Melodie, keinen Takt – nichts. Aber der Minister hatte großen Spaß am Gesumme und summte inbrünstig in den schiefsten Tonlagen und mit einem verschmitztem Grinsen auf den Lippen. Er hatte gut lachen – schließlich konnte er sich selbst nicht hören.

Ich fragte das Publikum, ob ein Arzt im Raum sei. Viele hatten Tränen in den Augen, aber niemand hatte nur den Hauch einer Ahnung, was der Minister uns sagen wollte. Es war eine Mischung aus Hundegejaule und kaputten Motorengeräuschen. Irgendwann zog Thomas Schäfer seinen Kopfhörer ab, griff zum Apfelwein und sagte: »Himmel, Herrgott! Howard Carpendale!« Ich konnte nicht mehr. Ich spendete freiwillig die 200 Euro für den guten Zweck. »Hello Again« von Schlagerlegende Howard Carpendale – das konnte niemand erraten. Unter Tränen moderierte ich die Sendung ab, musste immer wieder lachen und sagte zum Schluss:

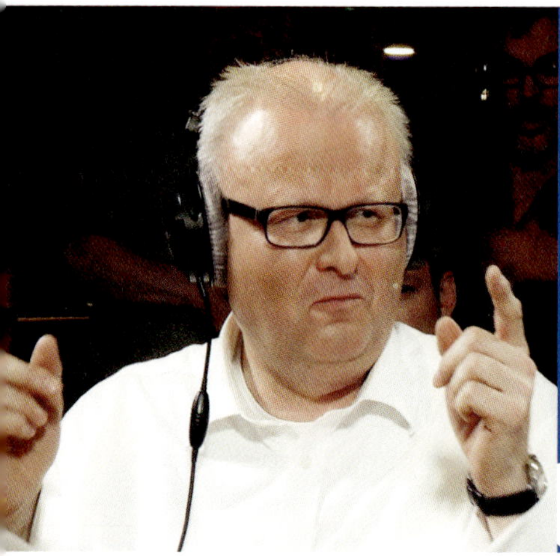

Dr. Thomas Schäfer summt nicht schön – dafür leidenschaftlich. Lustig war's!

Lachflash beim Gastgeber! Nach Schäfers Versuch »Hello Again« zu summen, schossen bei Bernd Reisig die Tränen aus den Augen. Unter Tränen und Dauergelächter konnte er die Sendung gerade so abmoderieren. Das war ein riesengroßer Spaß und einer der lustigsten Momente der letzten zehn Jahre.

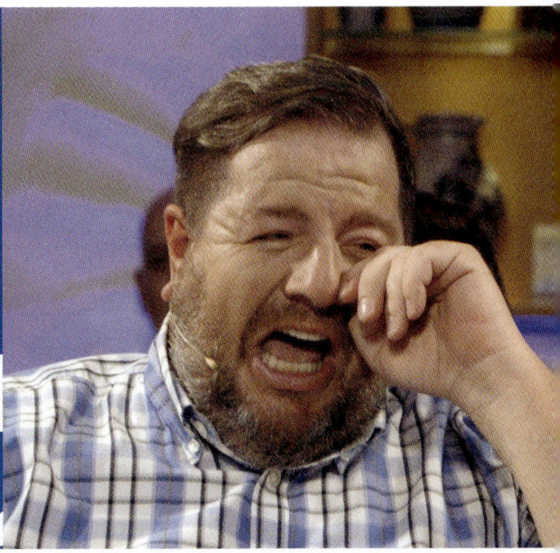

»Eigentlich habe ich es sofort erkannt. Es muss am Publikum gelegen haben. Wir freuen uns jetzt schon auf die nächste Sendung. Es wird garantiert eine große Party und wir laden Thomas Schäfer zum Summen ein!« Leider konnte es dazu nicht mehr kommen, weil dieser liebenswerte Mensch sich im März 2020 das Leben nahm. Ruhe in Frieden, lieber Thomas!

Jede Menge zu lachen hatten wir auch im Sommer 2021. Auch wenn die Pandemie uns weiter stark einschränkte und quasi täglich neue Gesprächsthemen lieferte und Verordnungen abverlangte, hatten wir bei Folge 58 unseren Spaß. Ich hatte mit Drag Queen Kelly Heelton, Käfigkämpfer Michael Smolik und Witzekönig Markus Krebs einmal mehr eine illustre Runde. Ich würde sogar so weit gehen und würde sagen, die Sendung wurde zum reinsten Sprüche- und Gagfeuerwerk vom Ruhrpott-Comedian.

Direkt zu Beginn der Sendung erklärte Markus, dass er neben seiner Wohnung in Duisburg, wo er auch eine eigene Kneipe betreibt, auch eine Bleibe in Merhoog im Landkreis Wesel in Nordrhein-Westfahlen habe. Er erzählte, dass er dort gut zur Ruhe kommen könnte und durch die Nähe zur holländischen Grenze auch einen eigenen Lieferservice für das damals in Deutschland noch »illegale Stöffche« betreibe: »Kifferando«! Die Sendung war keine fünf Minuten alt und Markus war auf Betriebstemperatur – seine erste Rakete war gezündet und damit sein großes Witze-Feuerwerk eröffnet.

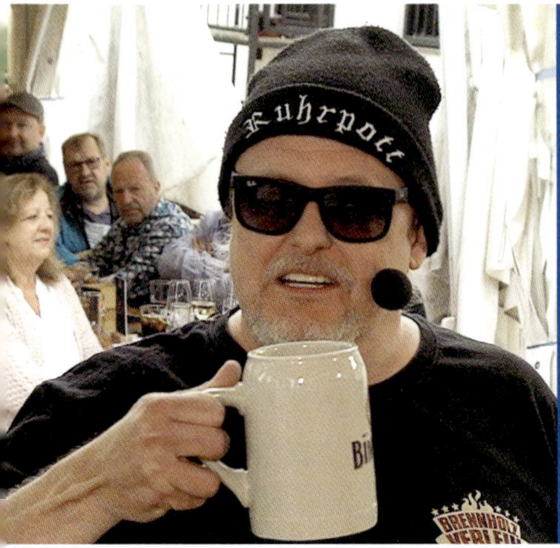

Mit Ruhrpott-Comedian Markus Krebs gab es Training für die Lachmuskeln.

Er erzählte auch, dass er schon in vielen Berufen gearbeitet habe. Unter anderem leitete Markus einen eigenen Baumarkt, ehe dieser Pleite gegangen sei. Markus meinte, er wäre damals nur Leiter geworden, weil alle anderen abgelehnt

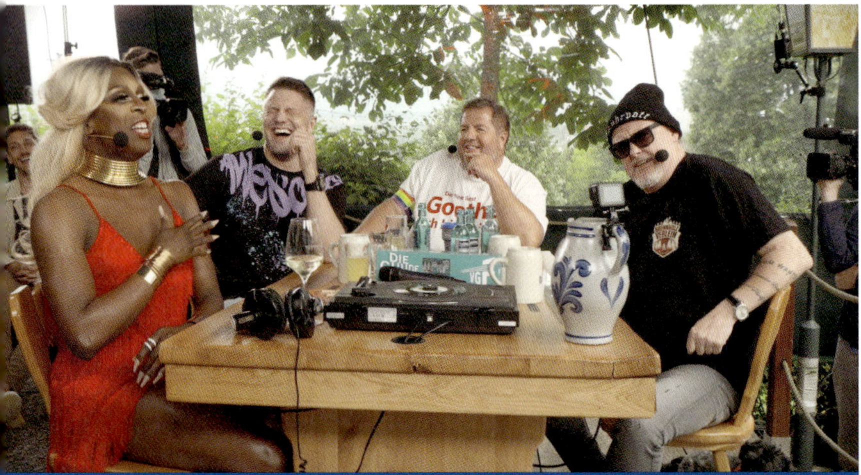

Gute Laune auf dem Lohrberg: Folge 58 mit Kelly Heelton (Drag Queen), Markus Krebs (Comedian) und Michael Smolik (Kickbox-

hätten und bereits vorher wussten, dass der Markt keine große Zukunft mehr habe. Schließlich wurden in diesem Baumarkt jede Menge Späßchen gemacht. Unter anderem gab es immer wieder Durchsagen wie: »›Ein Mitarbeiter bitte zu Kasse vier‹. Das Problem war, wir hatten nur drei Kassen.« Oder dass Markus zu früheren Baumarktzeiten die Idee für einen »Brennholzverleih« gehabt habe. Auch das sorgte für großes Gelächter beim Publikum im Biergarten der Lohrberg-Schänke und hat es schließlich auch in Markus' Stand-up-Programm geschafft.

Dass Markus heute auf den größten Comedy-Bühnen des Landes steht, war jedoch eher ein Zufallsprodukt. Er habe 2009 beim Niederrheinischen Comedypreis mitgemacht, den sein Bruder veranstaltete und bei dem einen Tag vorher ein Teilnehmer absagte. Markus ist dann spontan eingesprungen und hat den Contest gewonnen. Er habe dann zu seiner Mutter gesagt, dass er jetzt professionell Comedy machen wolle. Die auf diese Aussage dann nur entgegnete: »Super, dann können wir dich ja weiter finanziell unterstützen!« Der Humor scheint dem Ruhrpott-Comedian in die Wiege gelegt worden zu sein.

Auch beim Talk mit den anderen Gästen brachte sich Markus immer wieder humorvoll ein. Als Drag Queen Kelly Heelton verriet, dass sie sich für ihre Bühnenauftritte etwa zwei Stunden vorbereite, warf Markus ganz trocken ein, dass er auch ungefähr so lange brauche, um sich aufzubrezeln. Selbstredend gab es für diesen Spruch erneut Applaus und großes Gelächter. Auch bei meinem dritten Gast

Kickbox-Weltmeister und MMA-Kämpfer Michael Smolik hält den Weltrekord für den schnellsten Knockout im Kickboxen.

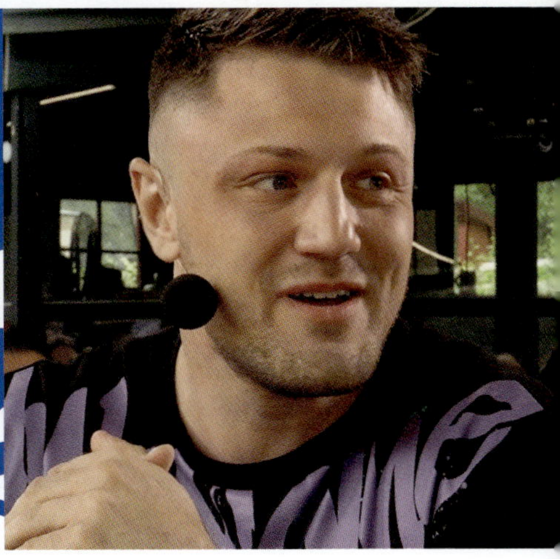

an diesem Abend, Kickbox-Weltmeister und MMA-Kämpfer Michael Smolik, konnte sich die Sprücherakete Markus Krebs nicht zurückhalten. Der Profikämpfer hält den Weltrekord für den schnellsten Knockout im Kickboxen. Gerade mal drei Sekunden dauerte Smoliks legendärer Titelkampf im Jahr 2017. Als ich gerade den Videoeinspieler dazu ankündigen wollte, sagte ich, dass Smolik auch »K.o.-Maschine« bezeichnet wird. Ein gefundenes Fressen für Markus Krebs, der einen großen Schluck Binding-Bier nahm und dazu nur sagte: »So hat mich meine Frau auch mal genannt.« Natürlich erneut ein großer Lacher auf dem Lohrberg.

Blaulicht auf dem Lohrberg

Nur eine Folge später war die Stimmung auf dem Frankfurter Hausberg deutlich aufgeheizter. Mit dem damaligen Bundesgesundheitsminister Jens Spahn war ein Mann zu Gast, der in den letzten Monaten die komplette Bandbreite an Emotionen in der Politik erlebte. Kein anderer Politiker stand während Corona so sehr im Fokus wie Spahn, den viele erst als Krisenmanager feierten und dann wegen seiner Po-

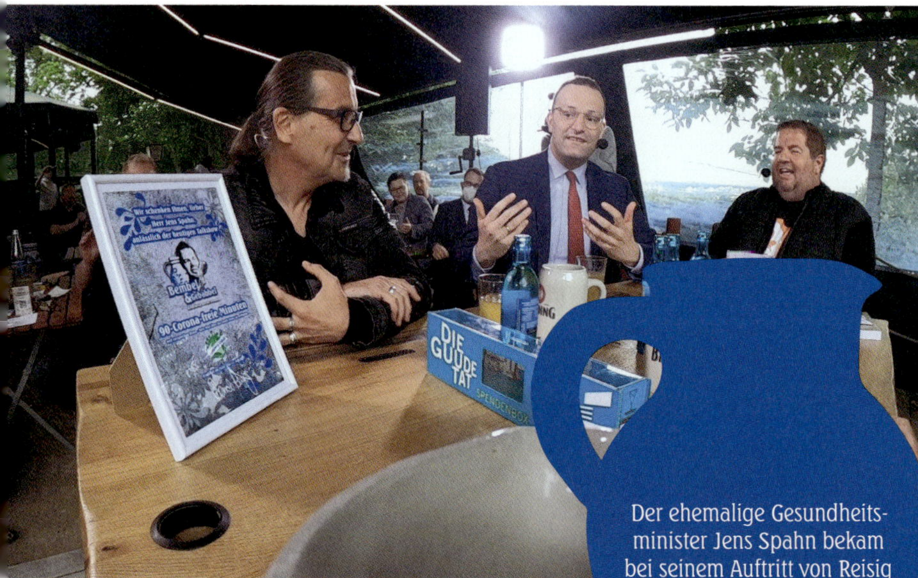

Der ehemalige Gesundheitsminister Jens Spahn bekam bei seinem Auftritt von Reisig 90 coronafreie Minuten geschenkt.

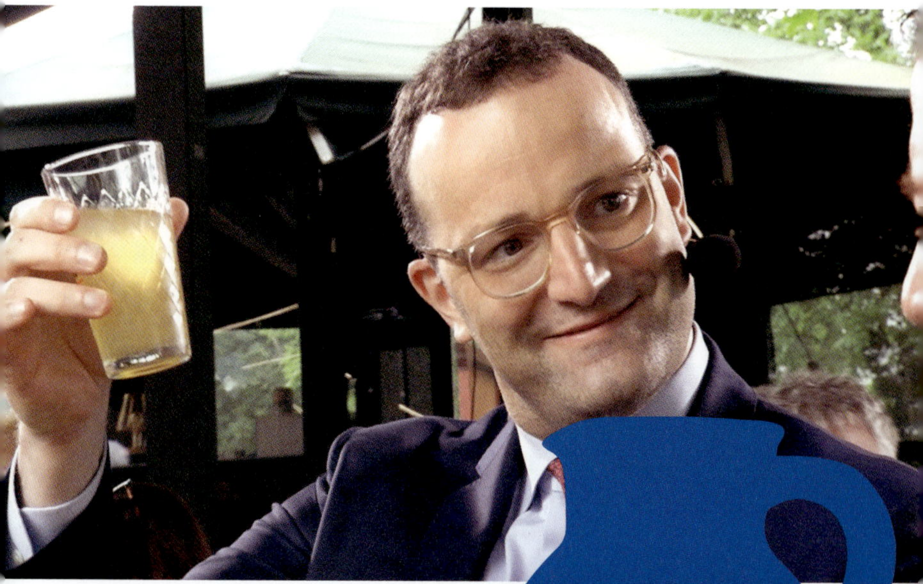

Zum Wohl! Jens Spahn lässt sich das Frankfurter Nationalgetränk schmecken.

litik verspotteten. Auch auf dem Lohrberg war die Anspannung zu spüren. Ein Großaufgebot der Polizei sicherte diesmal den Bundesminister und die Aufzeichnung ab. Schon im Vorfeld gab es viele Vorkehrungsmaßnahmen, um die Sicherheit aller Beteiligten zu gewährleisten.

Auf der großen Wiese vor der Lohrberg-Schänke hatte sich eine kleine Gruppe Demonstranten zusammengefunden, die die Pandemie leugneten und lauthals skandierten: »Spahn muss weg!«

Während draußen die Polizei die Coronaleugner im Zaum hielt, hatten während der Sendung zahlreiche Personenschützer durchweg ein Auge auf den Bundesminister. Allerdings gab es für die Sicherheitskräfte keinerlei Gründe einzuschreiten. Schließlich hatte ich Jens Spahn 90 coronafreie Minuten versprochen und daran hatten wir uns auch gehalten. Anstelle von Maskenpflicht, Lockdowns und anderen pandemiebedingten Maßnahmen thematisierten wir Spahns Herkunft, seinen Berufswunsch Bundeskanzler, der schon in der Abizeitung stand und es ging auch um Schlagerhits unter der Dusche. Bereits zu Beginn der Sendung hatte das Publikum den damaligen Gesundheitsminister unter Beifall empfangen. Ich sagte zu Jens Spahn: »Da muss man extra hier nach Frankfurt reisen, dass die Leute mal wieder klatschen. Wir in Frankfurt sind halt ein liebes Völkchen!«

Spahn sagte, dass sich das Biergarten-Feeling für ihn nach Isolation und Lockdown noch etwas ungewohnt anfühle. Ich versprach ihm, dass sich das nach dem ersten Schluck Apfelwein und nach nur wenigen Minuten in der Sendung direkt ändern werde. Und ich hatte auch das Gefühl, dass sich der damalige Gesundheitsminister total wohlfühlte und für einen kurzen Augenblick den dauerhaften Stress und die Kritik an den umstrittenen Coronamaßnahmen der Bundesregierung vergessen konnte – auch wenn die grölenden Demonstranten ihn immer wieder daran erinnerten. Wiederholt gab es laute Zwischenrufe von außerhalb: »Spahn muss weg!« Ich reagierte cool und gelassen und meinte nur, dass er doch eben erst gekommen sei und dass er frühestens in einer Stunde wieder los müsse. Ich richtete mich nochmal an die Zwischenrufer und bat sie mit einem Augenzwinkern, uns gegen 20 Uhr nochmal daran zu erinnern, dass Spahn weg müsse, dann würde er auch seinen Flieger pünktlich erwischen.

In der Sendung konnten dann alle auch private Details über den damaligen Bundesminister erfahren – unter anderem, dass Jens Spahn auf ziemlich großem Fuß lebt und Schuhgröße 49 trägt. Ich konnte mir schließlich den Gag nicht verkneifen und meinte zu ihm: »Jetzt weiß ich auch, warum Sie in Berlin so ein riesengroßes Haus gekauft haben. Man muss da ja die Schuhe irgendwo unterbringen.« Zur Einordnung: Spahn war damals in die Kritik geraten, weil er sich mitten in der Pandemie gemeinsam mit seinem Ehemann eine großes Luxusvilla im Berliner Stadtteil Dahlem gekauft hatte. Über dieses Thema kamen wir dann auch auf das Thema öffentlicher Diskurs und Shitstorms zu sprechen. Jens Spahn erklärte daraufhin sachlich, dass es immer mehrere Ansichten gäbe und dass das auch gut so sei, alle Meinungen anzuhören und zu respektieren. Er schlussfolgerte aber auch, dass Kritik dann oft nicht im verhältnismäßigen Rahmen komme und auch über Social Media viel Populismus und Hetze betrieben werde und er so manchmal mehrere Shitstorms gleichzeitig aushalten müsse. Ich erzählte dann von meinem ersten Shitstorm, den ich damals kurz zuvor im Netz hatte, weil ich ein Selfie aus meinem privaten Pool gepostet hatte und sich etliche User dann darüber aufregten, wie ich im Schwimmbecken liegen könnte, während es vielen anderen aktuell

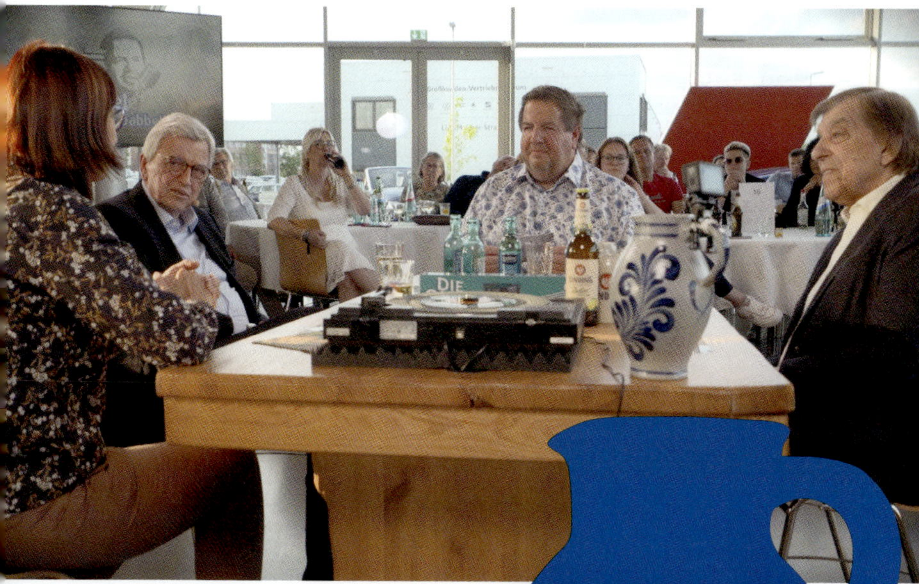

Folge 68 aus dem Autohaus Brass in Dietzenbach mit Hessens damaligen Regierungschef Volker Bouffier, Schlager-Ikone Bata Illic und der DFB-Vizepräsidentin Prof. Dr. Silke Sinning.

so schlecht gehe. Jetzt bin ich nicht gerade dafür bekannt, meinen Mund zu halten. So war's auch damals. Ich hatte geantwortet, ob die Leute glaubten, dass es den Menschen besser gehe, wenn ich aus dem Pool rausgehen würde. Schon war Ruhe!

Nix mit Ruhe

Wir zeichneten die 68. Folge BEMBEL & GEBABBEL diesmal im Autohaus Brass in Dietzenbach auf. Mit dabei waren: Mein langjähriger Freund und Hessens damaliger Regierungschef Volker Bouffier, Schlager-Ikone Bata Illic und die 2022 relativ frischgewählte DFB-Vizepräsidentin Prof. Dr. Silke Sinning.

Den größten Hit von Bata Illic kennt jeder. 1972 stand der in Belgrad geborene Schlagersänger mit »Michaela« über 30 Wochen auf Platz eins der deutschen Charts. Bei unserer Maifolge BEMBEL & GEBABBEL verriet der Wahl-Münchener

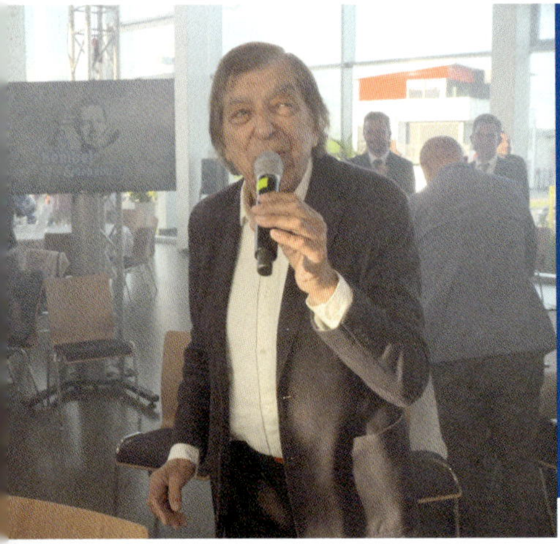

Schlagersänger Bata Illic singt bei BEMBEL & GEBABBEL seinen größten Hit »Michaela«.

die kuriose Entstehungsgeschichte des Songs, der eigentlich »Manuela« heißen sollte und den Illic gar nicht singen wollte. In der Sendung hatte er aber große Lust auf seinen größten musikalischen Erfolg. Das Publikum stand und klatschte im Takt und Bata Illic schaffte es, dass Volker Bouffier, seine Frau Ursula, die hinter Volker im Publikum saß, Silke Sinning und schließlich auch ich »Michaela« ins Mikrofon sangen. Ein stimmungsvoller Auftritt und ein bei weitem nicht eingerosteter Bata Illic, der uns alle zum Mitsingen bewegte. Dass Bata uns allen das Mikro vor die Nase hielt, war übrigens nicht abgesprochen. Aber bei »Michaela« gibt es eben kein Halten mehr und bei uns läuft ja eigentlich nie etwas nach Plan.

Wir sind nicht planlos aber spontan!

Genau das ist BEMBEL & GEBABBEL. Wir haben zwar einen Regie- und Ablaufplan. Was am Ende in der Sendung passiert und was vielleicht auch nicht, entscheide ich allerdings spontan beim Talk mit den Gästen am Tisch. Zu Vorbereitungszwecken führen wir mit allen Gästen immer ein Vorgespräch und planen welche Themen man ansprechen könnte. Oft haben auch viele Gäste einen Wunsch – zum Beispiel wenn sie ein neues Buch geschrieben haben, demnächst auf Tour gehen oder etwas zu vermarkten haben. Klar findet das dann auch in der Sendung Erwähnung.

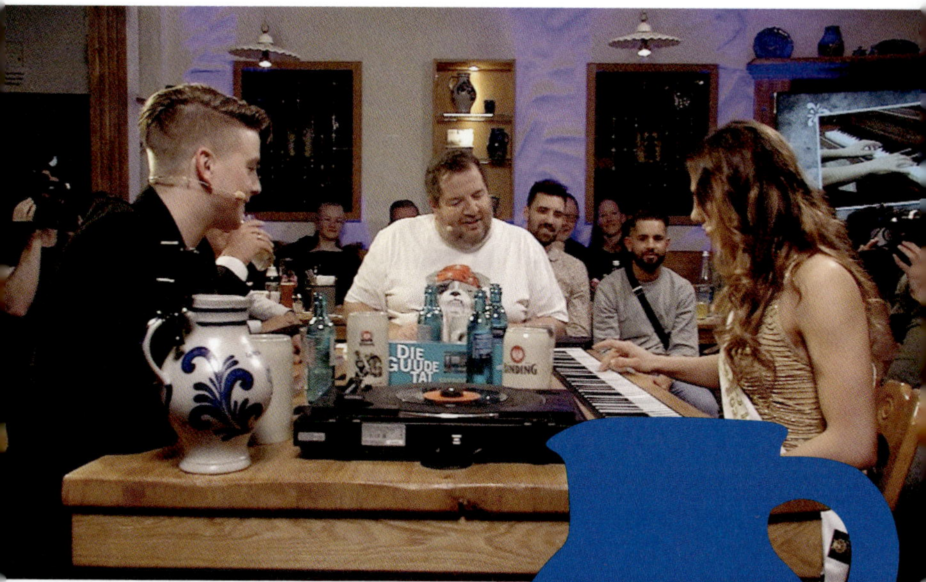

Hau in die Tasten Susi! Reisig überraschte Miss Hessen, Susi Seel, mit einem portablen Piano zum Ausrollen. An Noten hatte allerdings keiner gedacht.

Welche Themen es vom Vorgespräch in die Sendung schaffen, entscheidet sich oft erst am Sendungstag am Talktisch. Während meiner Vorbereitung zur 51. Sendung recherchierte ich zu meinen Gästen: Schlagersänger Vincent Gross, Olaf Scholz, der damals noch Vizekanzler war, und zu Susanne Seel, die 2020 als frischgebackene Miss Hessen mit am Tisch Platz nahm. Über Susi hatte ich gelesen, dass sie viele Hobbies und Talente hat. Eines davon war Klavierspielen. Damit wollte ich sie überraschen und ein bisschen aus der Reserve locken. Da wir in der Lohrberg-Schänke allerdings nicht jedes Mal ein Klavier stehen haben, bestellte ich im Internet ein sogenanntes Roll-up-Klavier. Sozusagen eine ausrollbare Klaviertastatur, mit der man überall in die Tasten hauen konnte. Leider konnte Susanne trotz Klavierunterricht nicht ohne Noten spielen und so blieb mein extra für die Show angeschafftes Roll-up-Klavier stumm. Schlecht angelegtes Geld, dachte ich. Glücklicherweise hatte ich gut drei Jahre später mit FFH-Moderatorin Julia Nestle

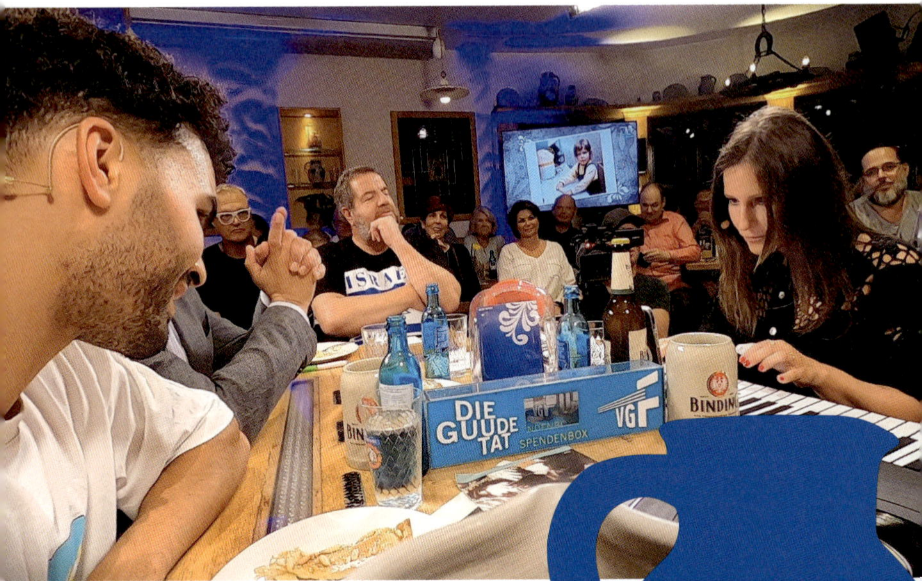

Zweiter Anlauf: FFH-Moderatorin Julia Nestle klimperte trotz Pflaster am Finger ein wenig auf dem ausrollbaren Piano herum. Außerdem hatte sie Kuchen für die Stammtischrunde mit Younes Zarou und Roman Poseck dabei, mit dem sie zugegebenermaßen mehr punkten konnte.

ebenfalls eine Klavierspielerin am Tisch. Auch ihr rollte ich den schwarz-weißen Tastenteppich aus und Julia stimmte »Alle meine Entchen« und Beethovens »Für Elise« an. Allerdings war das Tastengefühl dann doch ein anderes wie bei einem echten Klavier. Julia entschuldigte sich und hoffte, dass ihr Vater, der damals die teuren Klavierstunden bezahlt hatte, die Sendung nicht verfolgt. Allerdings leistete sich die sympathische FFH-Moderatorin einen ganz anderen Fehler.

Die Getränkefrage

Bei der Getränkefrage zu Beginn der Show fragte sie zunächst zögerlich, ob man hier wirklich alles bestellen könne. Großzügig wie wir sind, lesen wir unseren Gästen jeden Getränkewunsch von den Augen ab. Es gab auch Sendungen, da wurde

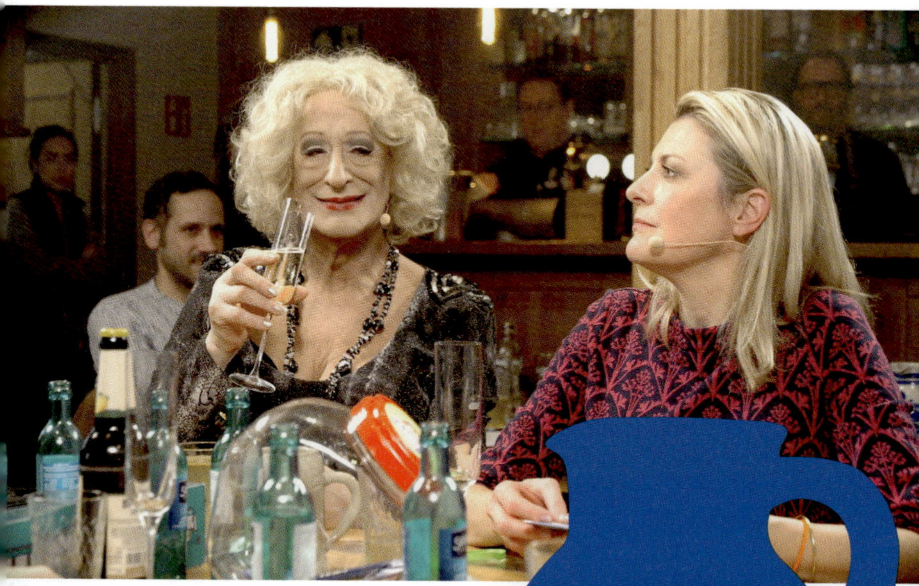

Cheers! Für die »Aufklärerin der Nation«, Lilo Wanders, gab's bei BEMBEL & GEBABBEL Champagner. Auch die Moderatorin und Frankfurter Stadtverordnete Christina Ringer bekam ein Schlückchen ab.

am Stammtisch edler Champagner getrunken. Lilo Wanders erzählte bei Folge 88 im Februar 2024, dass sie in ihren Anfangsjahren immer Sekt und Champagner während den Sendungen getrunken habe. »Allerdings nur 1 oder 2 ... Flaschen«, scherzte die einstige Aufklärerin der Nation. Sie räumte in diesem Atemzug auch mit dem Gerücht auf, dass sie bei jeder Show hackevoll gewesen wäre. Sie sei ein Medienprofi und wollte zu ihrem Jubiläum eine Schlagzeile in jeder Dorfzeitung. Daher habe sie das damals so gesagt, habe dann aber auch irgendwann gar nichts mehr getrunken. BEMBEL & GEBABBEL war damit seit Ewigkeiten die erste Sendung, in der Lilo wieder mit einem edlen Tropfen zuprosten konnte.

Also selbst Champagner machen wir möglich. Doch zurück zur Getränkebestellung von Julia Nestle, der ich sagte, sie könne alles haben, was sie möchte. Dann kam der Getränke-Fauxpas: Julia bestellte tatsächlich einen »Süßgespritzten« (Apfelwein mit Zitronenlimonade). Auch wenn der echte Hesse so etwas gar nicht

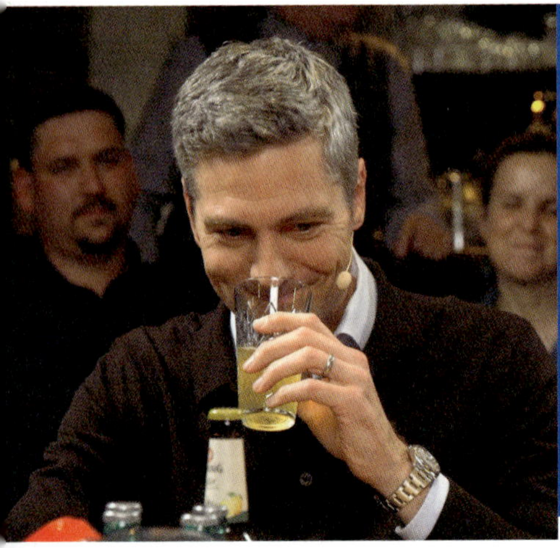

Vorsichtige Geruchsprobe – bei Tagesthemen-Moderator Ingo Zamperoni wurden beim Apfelweintrinken Erinnerungen an alte Zeiten wach.

gerne hört. Schließlich bleibt durch die süße Limo geschmacklich nicht mehr viel von unserem leckeren Nationalgetränk übrig. Aber wer könnte diese Bestellung der extrem sympathischen FFH-Moderatorin verübeln?

Der Apfelwein hat schon für den einen oder anderen Lacher in der Sendung gesorgt. Vor allem wenn meine Gäste nicht in Hessen beheimatet sind und mit unserer hiesigen Apfelweinkultur nicht ganz so vertraut sind. Daher versuche ich zwar alle meine Gäste an unser traditionelles Stöffche heranzuführen, weise aber auch gerne darauf hin, dass nicht jeder Magen dafür gemacht ist. Tagesthemen-Moderator Ingo Zamperoni wusste in Folge 91 ganz genau, wovon ich spreche. Er kommt zwar ursprünglich aus der hessischen Landeshauptstadt, ist aber nicht der größte Apfelweinfan. Direkt zu Beginn der Sendung erzählte Ingo, dass er früher auf dem Frankfurter Museumsuferfest öfter unangenehme Erfahrungen mit dem hessischen Nationalgetränk machte und seither seinen Magen schone. In Hessens kultigster Talkshow ging es aber auch für Mr. Tagesthemen nicht ohne einen kleinen Schluck Äppler im Gerippten. Vielleicht sei es ja damals auch nur der Kartoffelsalat gewesen, scherzte der Mann aus den Nachrichten und prostete mir zu.

Ich erklärte Ingo, dass das bei Allergikern ja oft auch so gemacht werde. Bei der Immunisierung bekommt man in geringen Dosen gespritzt, worauf der Körper allergisch reagiert. Der Mensch ist eben ein Gewohnheitstier und auch wenn der Weg

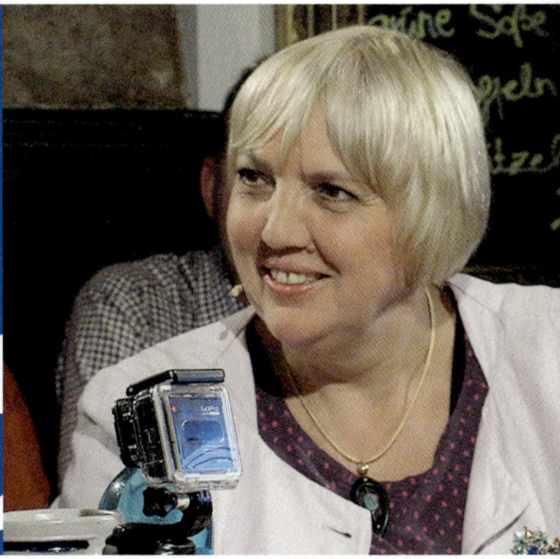

Claudia Roth bewies Mut und probierte in der Sendung erstmals Apfelwein pur. So was kann schon mal in die Hose gehen …

zu den Toiletten vom Talktisch nicht allzu weit gewesen wäre, Ingo Zamperoni hat den Apfelwein gut vertragen.

Das war durchaus auch schon mal anders! Ich erinnere mich noch an eine unserer ersten Sendungen: Im Mai 2015, damals noch in der Friedberger Warte, zeichneten wir unsere neunte BEMBEL & GEBABBEL-Folge auf. Zu Gast waren der renommierte Publizist Dr. Hugo Müller-Vogg, Eintracht-Rekordspieler Charly Körbel und meine Freundin Claudia Roth von den Grünen. Claudia war damals noch Vizepräsidentin des Bundestags, im Kabinett Scholz ist sie mittlerweile Staatsministerin für Kultur und wahrscheinlich auch jetzt noch keine große Apfelweintrinkerin. Bei Show neun gabs für Claudia aber dennoch Apfelwein zum Probieren. Sogar pur! Das war zumindest Claudias Plan, bis ich sie davor warnte, dass ihre Heimfahrt so zu einer sehr langen werden könnte. Aber auch mit Wasser gespritzt schien der Apfelwein seine Durchschlagskraft entwickelt zu haben. Es war nämlich schon locker anderthalb Stunden nach der Show, da klingelte plötzlich mein Handy.

Claudia Roth meldete sich von der Heimfahrt. »Das Zeug wirkt«, sagte Claudia, die sich inzwischen auf einer Autobahn-Raststätte eingefunden hatte und erneut an unseren Talk und ihre Begegnung mit Apfelwein zurückdenken musste.

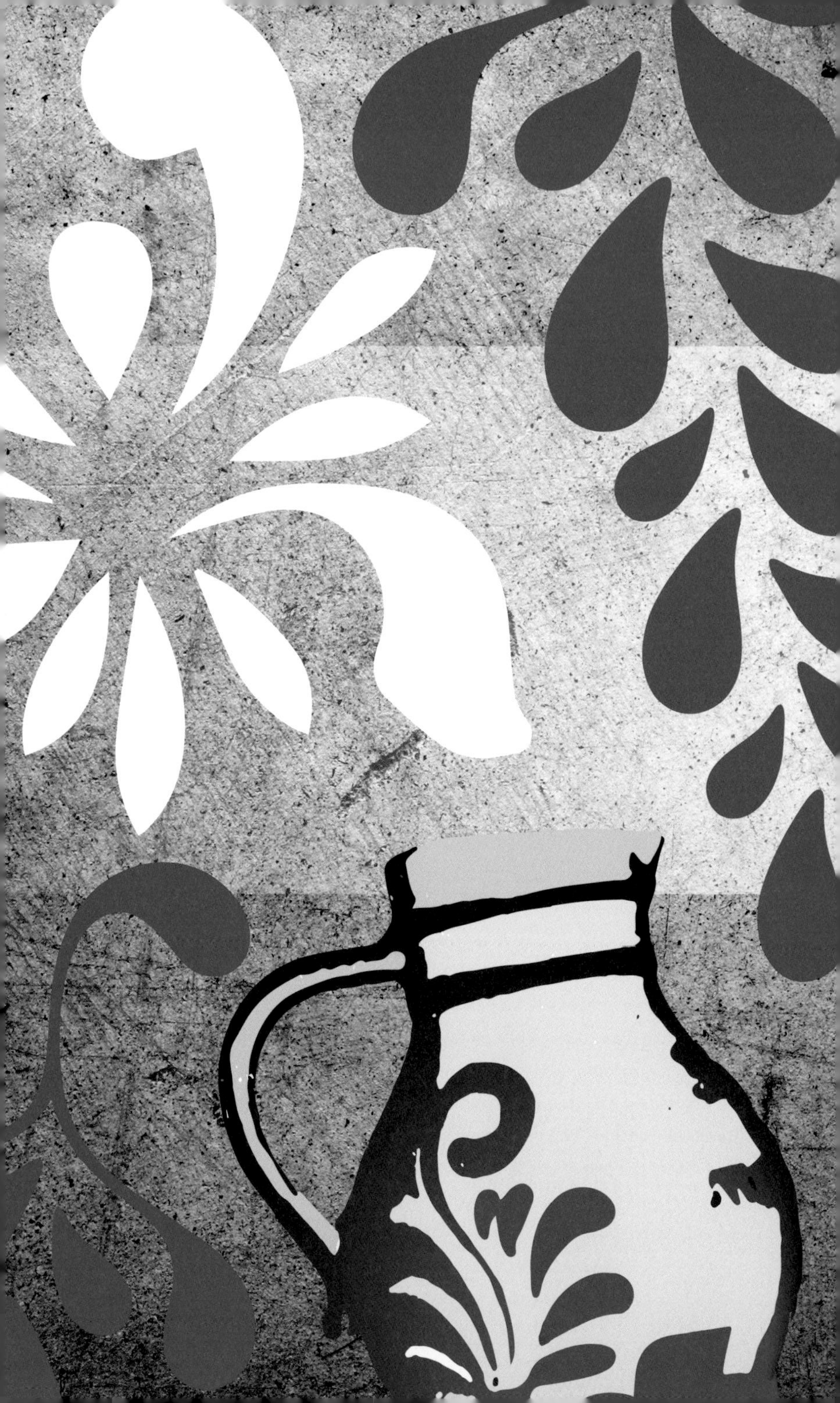

Der Kanzler kommt – und alle drehen durch

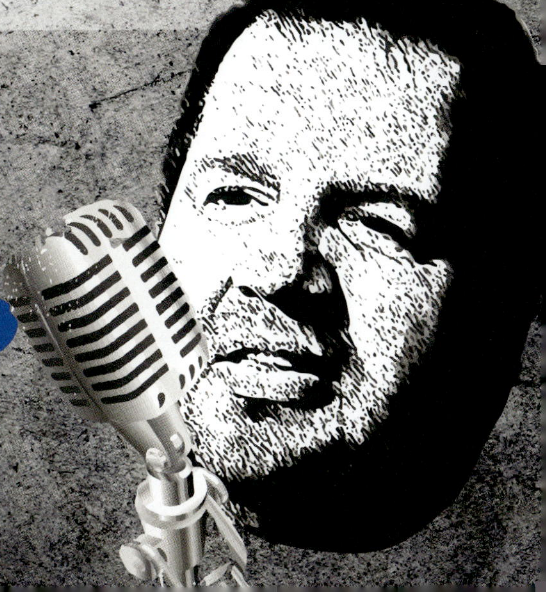

Sowas passiert nicht alle Tage!

»In Hessen ist Bemerkenswertes zu beobachten: Der Bundeskanzler macht sich locker. Jedenfalls bis zur Scholz'schen Schmerzgrenze«, schrieb der »stern« im Rahmen der Berichterstattung über den Besuch des Bundeskanzlers in meiner Sendung im August 2023. Es ist bis heute die mit Abstand meistgeklickte Folge in zehn Jahren BEMBEL & GEBABBEL und egal wo ich bin, sprechen mich die Leute auf den Auftritt des Kanzlers in der Lohrberg-Schänke an. Meistens fragen sie, wie ich das geschafft habe, Olaf Scholz an meinen Talktisch zu bekommen oder sie erzählen mir, dass sie den Kanzler so noch nie erlebt hätten wie in meiner Sendung. Aber eins nach dem anderen. Die Geschichte beginnt nämlich an einem ganz anderen Tisch – am Geburtstagstisch von Thorsten Schäfer-Gümbel.

Bis 2019 war Thorsten Landesvorsitzender der hessischen SPD und saß für die Sozis im Landtag in Wiesbaden. Er war auch bereits Gast in meiner Sendung. Bei einer der ersten Aufzeichnungen gemeinsam mit Comedian Aurora DeMeehl und Ex-DFB-Präsident Theo Zwanziger war auch Thorsten zu Gast an meinem Stammtisch.

Nun saß ich an seinem Tisch. Zu seinem Geburtstag hatte Thorsten, der aufgrund seines langen Namens auch gerne einfach mal »TSG« gerufen wird, jede Menge bekannte Gesichter, Genossen und private Freunde eingeladen. Auch Olaf

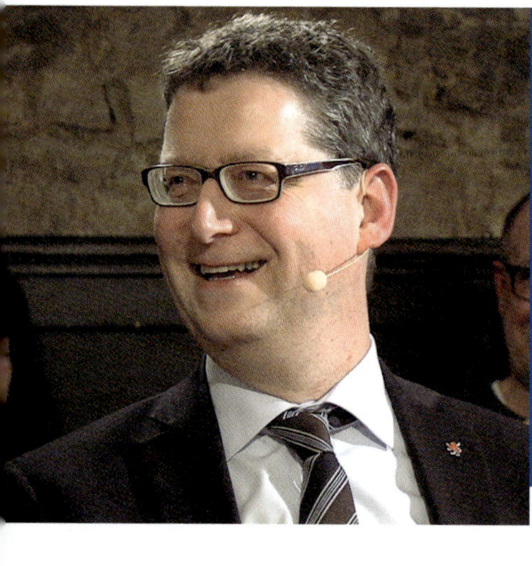

Thorsten Schäfer-Gümbel zu Gast in der siebten Sendung von BEMBEL & GEBABBEL damals noch in der Friedberger Warte.

Scholz hatte eine Einladung und zufälligerweise saßen wir am selben Tisch und haben uns über den kompletten Abend gut unterhalten. Auch Malu Dreyer saß mit uns in der Runde und schwärmte immer wieder von ihrem Auftritt bei BEMBEL & GEBABBEL. Olaf Scholz kannte das Format bis dato nicht. Und zu diesem Zeitpunkt wusste auch noch keiner, dass Scholz ein paar Jahre später als Bundeskanzler Teil der Sendung wird. »Gibt's doch gar nicht«, sagte Malu immer wieder, die ganz verwundert darüber war, dass Scholz zuvor noch nie von BEMBEL & GEBABBEL gehört hatte, da in den vergangenen Jahren bereits einige politische Hochkaräter in der Talkrunde Platz genommen hätten. Malu hat Scholz dann den ganzen Abend bearbeitet, ihm mehrmals erzählt, wie wohl sie sich fühlte und wie viel Spaß sie bei uns in der Sendung hatte. Einen besseren Job hätten wir nicht machen können: Malu Dreyer war eine super Gästemanagerin für BEMBEL & GEBABBEL. Schließlich hatte ich am Ende des Abends die Zusage: Olaf Scholz kommt nach Frankfurt und in meine Show – allerdings war er damals noch Finanzminister und Vizekanzler unter Merkel.

Ein Mann – ein Wort

Olaf Scholz hielt sein Versprechen und kam zur 51. Ausgabe unserer Sendung im Februar 2020. Schon damals zeigte er sich extrem locker und humorvoll im Talk. Er erzählte von seiner Abneigung zu den amtsbedingten Eröffnungstänzen, die er für besondere Anlässe im heimischen Wohnzimmer einstudiert hatte. Er legte mir aber auch die Hand auf die Schulter, als ich ankündigte, dass wir uns als ärmste Talksendung Deutschlands keine teuren Showacts leisten können, sich dafür aber jeder Gast eine Schallplatte aus unserer Sammlung aussuchen dürfe. »Ich weine ein bisschen mit«, sagte Scholz mit einem Augenzwinkern. Niemand ahnte zu diesem Zeitpunkt, dass unsere kultige BEMBEL & GEBABBEL-Schallplattensammlung gut drei Jahre später noch für einen großen Lacher sorgen wird.

Bei seinem ersten Besuch in der Sendung hatten wir keinerlei Probleme einen Termin zu finden. Wir haben unsere Sendung ja in der Regel fest terminiert. Immer am ersten Dienstag im Monat gibt's BEMBEL & GEBABBEL. Daher konnte Scholz relativ unkompliziert checken, welcher Termin passt. Als er dann als Kanzler wiederkommen sollte und wollte, war die Terminfindung nicht ganz so einfach.

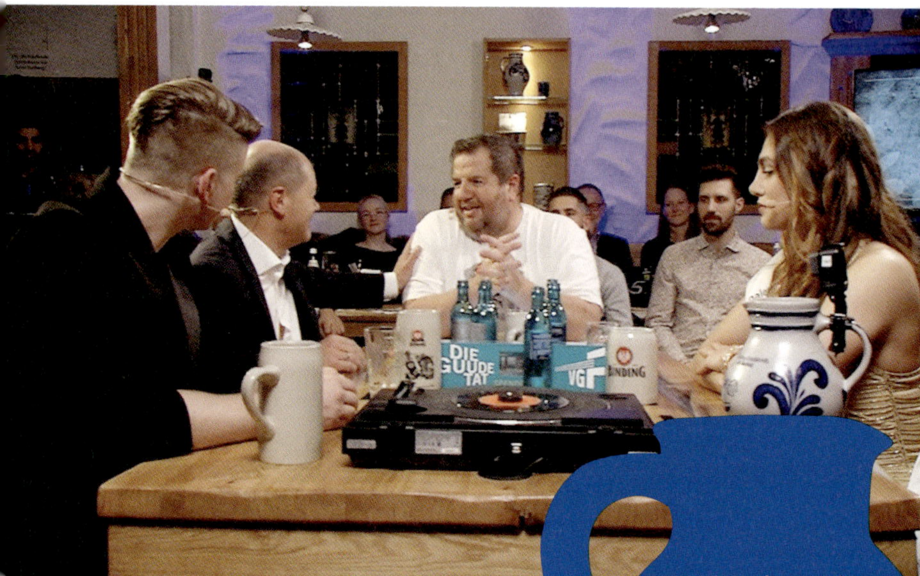

»Wir sind Deutschlands ärmste Talkshow und können uns keine Live-Showacts leisten«, sagte Reisig. Tröstende Worte und Beistand gab's vom damaligen Vizekanzler Olaf Scholz, der mit Schlagersänger Vincent Gross und »Miss Deutschland« Susi Seel am Talktisch Platz nahm.

Eigentlich gab es genau einen einzigen Termin, an dem Scholz in die Sendung kommen konnte: Ein Freitag im August 2023. Dann lag's an uns: friss oder stirb. Hopp oder top. Aber ich musste gar nicht lange überlegen. Natürlich haben wir dann unsere eigenen Terminkalender umgeschmissen und alles so umgelegt, dass wir den Bundeskanzler empfangen konnten. Aber welche Gäste holt man sich noch dazu, wenn der Kanzler kommt? Diese Frage hatte ich kurz im Kopf. Allerdings habe ich mich schnell dazu entschieden, dass wenn Olaf Scholz kommt, es sicher so viel zu bereden gibt, dass zwei weitere Talkgäste zu viel wären und eigentlich sowieso jeder nur hören will, was der Kanzler zu sagen hat. Daher war schnell klar, wir senden erstmals an einem Freitag und zum ersten Mal auch nur mit einem Talkgast. Für mich auch im Nachhinein die absolut richtige Entscheidung.

Die Rahmenbedingungen waren also geklärt. Aber darf man den Bundeskanzler wirklich alles fragen? Diese Frage höre ich auch oft. Die Antwort ist: »Ja.« Die

Der Kanzler war in Plauderlaune und zeigte sich bei BEMBEL & GEBABBEL von einer ganz anderen Seite.

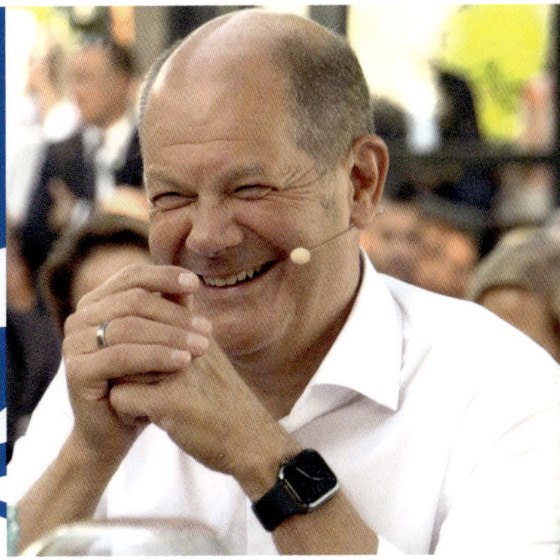

inhaltliche Vorbereitung auf die Sendung war für mich total entspannt. Es gab keinerlei Regeln oder Vorgaben, was wir machen dürfen und welche Fragen wir unterlassen müssen. Da hatte in den letzten zehn Jahren der ein oder andere Promigast deutlich größere Allüren als unser Regierungschef. Weil ich Olaf Scholz persönlich kenne, hatte ich auch sofort Ideen, wie wir die Sendung inhaltlich gestalten können und welche Themen wir im Talk besprechen würden. Auch beim Kanzler wollte ich keinen knallharten Polit-Talk fahren, sondern wie in all meinen anderen Sendungen zuvor war mir auch beim Bundeskanzler wichtig, Olaf Scholz als Menschen zu zeigen. So wie ihn viele vorher wahrscheinlich noch nie wahrgenommen hatten.

Auch in meinem Freundeskreis gab es im Vorfeld der Sendung Bedenken, dass der Kanzler viel zu trocken und humorlos für BEMBEL & GEBABBEL sei. Aber Olaf Scholz ist das komplette Gegenteil, auch wenn er diese Seite oftmals nicht von sich preisgibt. Deshalb war das die Aufgabe: Ich musste mir etwas überlegen, wie ich aus Scholz mehr Olaf und weniger Bundeskanzler herauskitzeln kann, und das ist mir ganz gut gelungen, glaube ich. In der Sendung war Scholz total schlagfertig, sehr witzig und viele haben gesagt, dass das ein ganz anderer Olaf Scholz gewesen sei, wie man ihn normalerweise von Interviews oder Pressestatements der Bundesregierung kennt.

Viel zu tun, wenn der Kanzler kommt!

Also inhaltlich hatten wir Narrenfreiheit. Trotzdem kein Grund die Füße hochzulegen, denn wenn der Kanzler kommt, drehen alle durch. Die Medien, die Fans unserer Sendung und auch das Bundeskriminalamt wurde hellhörig. Scholz ist der mächtigste Mann unseres Landes und der hat nicht nur Freunde. Dazu sagte der Kanzler übrigens in der Sendung auch etwas Spannendes. Nämlich, dass das auch völlig normal und komplett richtig sei. Schließlich lebe unsere Demokratie von Meinungsvielfalt, dem Diskurs und dem Recht anderer Meinung sein zu dürfen. Demokratie stehe aber auch für Respekt und Toleranz. Man habe die Berechtigung, anderer Meinung zu sein, dürfe aber nie respektlos oder gar übergriffig werden. Ich sehe das im Übrigen ganz genau so. Zu oft wird der Aspekt der Meinungsfreiheit von denjenigen missbraucht, die unsere Demokratie aktiv anfeinden und Meinungsvielfalt kategorisch ablehnen. Eben diejenigen, die lauthals nur die eigene Meinung respektieren, sich auf keinerlei Diskussion einlassen und für die fundierte Argumente nicht zählen. Es galt, den Bundeskanzler vor diesen Menschen zu schützen, und das erforderte einiges an Vorarbeit.

Dass diese Schutzmaßnahmen keinesfalls unnötig sind, zeigen leider viel zu oft Ereignisse aus der Vergangenheit. Hierbei reichen die Beispiele vom Attentat auf John F. Kennedy, bei dem der damalige US-Präsident 1963 in Dallas ums Leben kam, über den Angriff einer Gruppe von Reichsbürger, die 2020 den Reichstag stürmten, um unsere Regierung zu stürzen, den Mord am Kasseler Regierungspräsidenten Walter Lübcke oder die Schüsse, die zuletzt auf den slowakischen Premierminister Robert Fico fielen. Politiker sind stets wieder unglaublichen Aggressionen ausgesetzt und daher achtet das BKA bei solchen volksnahen, harmlos scheinenden Terminen besonders darauf, dass alles sicher ist und nichts passiert. Die einen sagen: »übervorsichtig«. Ich sage – mit Blick auf die vielen Angriffe auf politische Amtsinhaber: leider völlig angemessen.

Das ist übrigens bei Fußballspielen, Weihnachtsmärkten oder immer dann, wenn Staatsmänner oder hochrangige Persönlichkeiten zusammenkommen, auch der Fall. Bereits im Vorfeld wird sichergestellt, dass das Gefahrenrisiko für alle so gering wie möglich bleibt. Auch für uns gab es viele Dinge zu beachten, aber diesen hohen Arbeitsaufwand haben wir sehr gerne in Kauf genommen, schließlich wollten wir eine Gefährdung in jedem Fall ausschließen und es den Einsatzkräften so einfach wie möglich machen. Daher haben wir alle nötigen Sicherheitsmaßnahmen wochenlang vorbereitet und penibel dokumentiert. Es war schon ein kleiner Staatsakt, weil das Drumherum diesmal viel aufwendiger war als jede meiner Sendungen zuvor. Aber es hatte sich nun mal der Bundeskanzler angekündigt, und da ist es vollkommen angemessen, dass unsere Vorbereitung nicht damit getan war, einen Bembel mit Apfelwein zu füllen.

Safety first!

Die Besucher mussten sich diesmal strenger ausweisen, gewisse Gegenstände waren an diesem Tag in der Lohrberg-Schänke strengstens verboten und es wurde über mehrere Stunden alles abgesucht, damit auch wirklich alles sicher ist. Ich würde sogar so weit gehen, dass der Biergarten auf dem Frankfurter Hausberg an diesem Tag zu den sichersten Orten im ganzen Rhein-Main-Gebiet zählte. Kurz vor der Sendung wurde das komplette Areal weiträumig abgesucht, im Gastraum der Lohrberg-Schänke schnüffelten speziell ausgebildete Spürhunde nach Sprengstoff, jeder Bembel wurde umgedreht, um jede mögliche Gefahr auszuschließen und statt normalem Besteck gab es an jenem Freitagabend ausschließlich Messer und Gabeln aus Holz. Personenschützer positionierten sich undercover im Publikum und Scharfschützen sicherten die Szenerie vom Dach der Lohrberg-Schänke aus ab. Es musste alles tausendprozentig sicher sein – und das war es auch.

Trotzdem zeigte sich Olaf Scholz nach seiner Ankunft etwas ängstlich. Eine Gefahr sah der Kanzler nämlich in der Sendung auf sich zukommen: Mögliche Fragen zum Thema Fußball! Aufgrund meiner Vergangenheit beim FSV und meinem weiterhin großen Interesse am Fußballgeschäft fragte mich Scholz, ob ich ihn in der Show etwas zum Thema »Fußball« fragen werde. Ich konnte ihn allerdings beruhigen und ihm versichern, dass nicht über Fußball gesprochen werde. Ich glaube, ihm ist dann ein großer Stein vom Herzen gefallen. Fußball ist zwar Volkssport Nummer eins, scheint aber nicht die absolute Kernkompetenz unseres Bundeskanzlers zu sein. Eine Tatsache, die ich, nebenbei erwähnt, sehr sympathisch finde. Viel zu oft zeigen sich Staatsoberhäupter im Fußballstadion und wirken dabei völlig unbeholfen und fehl am Platz. Über die Tickets hätten sich echte Fans sicher mehr gefreut.

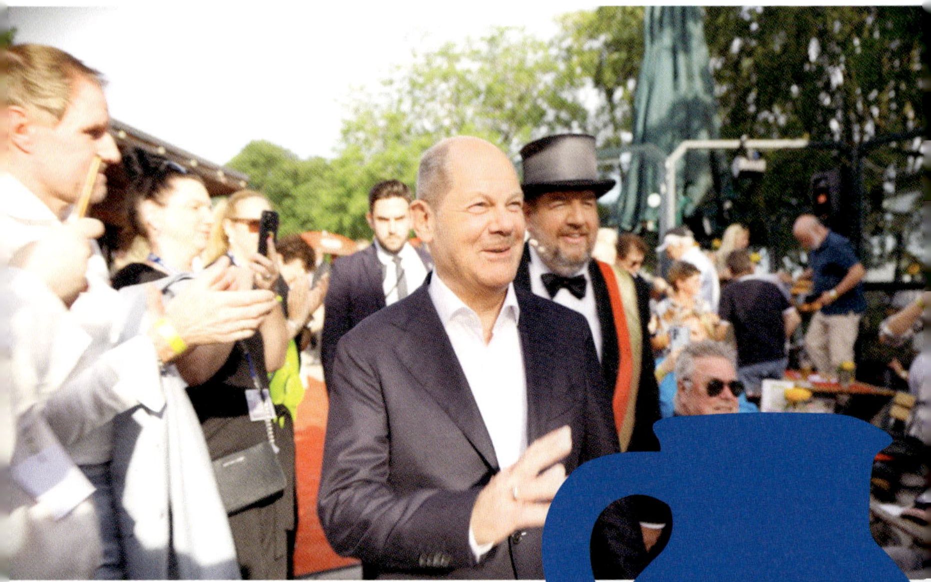

Der Biergarten der Lohrberg-Schänke war komplett ausverkauft. Unter großem Applaus liefen Moderator Bernd Reisig und Bundeskanzler Olaf Scholz durch das Publikum an den Talktisch.

Herzlich Willkommen, Olaf!

Tickets gab es für unsere Kanzler-Sendung erwartungsgemäß keine mehr. Schon nach wenigen Minuten waren wir restlos ausverkauft und alle Plätze im Außenbereich der Lohrberg-Schänke belegt. Nur zwei Plätze waren noch unbesetzt. Die beiden Stühle um den Talktisch, der in der Mitte des Biergartens auf einem kleinen Podest aufgebaut war.

Es war ein sonniger Freitagabend im Hochsommer. Der Kanzler hatte gutes Wetter mitgebracht. Das Intro der Sendung lief bereits. Diesmal hatten wir uns etwas Besonderes einfallen lassen. Mein guter Freund Johannes Scherer, der zu Beginn jeder anderen Sendung mal als Fußballkaiser Franz Beckenbauer, mal als »Mutter der Nation« Inge Meisel zu hören ist, hat uns auch das Intro zum Kanzler-Talk geliefert. »Ihn nennt man den Sozialdemokraten der Herzen. Er diskutiert leidenschaftlich über Politik, kämpft dabei hartnäckig für die Demokratie, für Vielfalt, für Offenheit und nimmt nie ein Blatt vor den Mund.

Der andere ist Bundeskanzler,« schallte es über den Lohrberg. Gelächter im Publikum. Olaf Scholz und ich standen währenddessen am Seiteneingang der Lohrberg-Schänke. Wie vor allen meinen anderen Sendungen war ich auch diesmal null Komma null nervös. Selbst wenn ich diesmal hätte nervös sein müssen, schließlich war ja der Bundeskanzler extra in meine Show gekommen, hätte ich gar nicht die Zeit dafür gehabt. Bis zur letzten Sekunde vor der Sendung waren wir im Dauerstress. Das Publikum hatte davon nichts mitbekommen und bereits vor Showbeginn munter Apfelwein getrunken und Grüne Soße, Schnitzel und Handkäs mit hölzernem Besteck reingeschaufelt. Dann war es so weit, unter dem Applaus des Publikums, begleitet von Rio Reisers Kulthit »König von Deutschland«, marschierten Scholz und ich in meinem extra angefertigten schwarz, rot, goldenem Demokratie-Dress zum Talktisch.

Auch das Medienaufkommen war extrem hoch. Alle haben sich gefragt: »Wie? Der Kanzler kommt zu BEMBEL & GEBABBEL?« Das ging bereits vor der Sendung überall durch die Presse und war eine größere Meldung – nicht nur in und um Frankfurt. Wir hatten an dem Abend über 30 akkreditierte Journalisten vor Ort, die Fotos schossen, eifrig Zitate des Kanzlers mitschrieben und keine Bewegung von Olaf Scholz unbemerkt ließen. Alle Kameras und Augen waren auf uns gerichtet. Alle schien zu interessieren, was Deutschlands Regierungschef in unserer Unterhaltungssendung zu sagen hatte. Für alle im Team und natürlich auch für mich war das ein ganz besonderer Tag. Das große Interesse, das herrliche Wetter und Olaf Scholz, der uns die Ehre als Gast erwiesen hatte – das haben wir schon sehr genießen können.

Auch wenn man von außen eine kleinere Menschengruppe gegen den Auftritt des Kanzlers demonstrieren hörte, war die Stimmung von der ersten Sekunde an gut. Trotzdem schienen nicht alle mit dem Auftritt von Olaf Scholz einverstanden gewesen zu sein. Selbst ich hatte im Vorfeld Beschwerden per E-Mail oder über unsere sozialen Netzwerke erhalten. »Herr Reisig, wie können Sie so einen Mann einladen?«, fragten mich ein paar Menschen unter dem scheinbaren Deckmantel der Anonymität im Internet. Da antwortet man am besten gar nichts, wobei mir das bei solchen hirnrissigen Aussagen immer extrem schwerfällt. Schließlich ist Olaf Scholz unser demokratisch gewählter Bundeskanzler, und ich bin der Meinung, wir sollten das hierzulande wieder lernen zu akzeptieren. Selbst wenn man Olaf Scholz nicht gewählt hat oder nicht hinter seiner Politik steht, ist ein respektvoller Um-

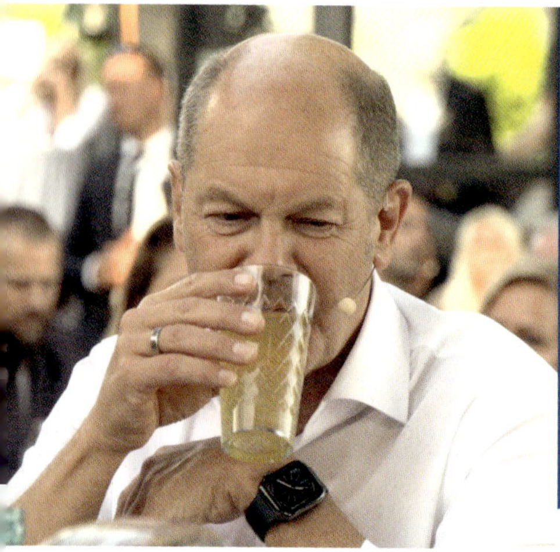

Bundeskanzler Olaf Scholz kennt auch die ungeschriebenen Gesetze: In Frankfurt wird Apfelwein getrunken.

gang mit den Amtsträgern das Mindeste, was man erwarten könnte. Also, wenn ich bitten darf: Ein bisschen mehr Respekt vor der Demokratie und damit auch vor unseren demokratisch gewählten Amtsinhabern. Olaf Scholz ist der Kanzler von uns allen und der war zu Gast in unserer Unterhaltungsshow.

Ich habe insgesamt versucht, so locker wie möglich an den Talk heranzugehen. Nachdem uns Lohrberg-Schänken-Wirt Christian Dressler ein Glas Apfelwein eingeschenkt hatte, habe ich direkt die Weichen für die Unterhaltung gestellt und nachgefragt, ob ich Scholz nun mit »Herr Bundeskanzler« oder weiterhin mit »du« ansprechen könne. Er meinte dann ziemlich lässig, dass wir uns ja kennen und er für mich nach wie vor »Olaf« sei. Auf du und du mit dem Bundeskanzler – direkt zu Beginn der Show!

Let's talk, Herr Bundeskanzler…

Dann wurde getalkt. Meinen staatsmännischen Zylinder hatte ich nach wenigen Minuten abgenommen. Es war verdammt heiß unter dem Ding und schließlich hatte der Kanzler die Haare ja auch offen getragen.

Es ging um politische Themen wie den anhaltenden Konflikt in der Ukraine, den Atomausstieg und die nicht gerade euphorische Stimmung um die Ampelko-

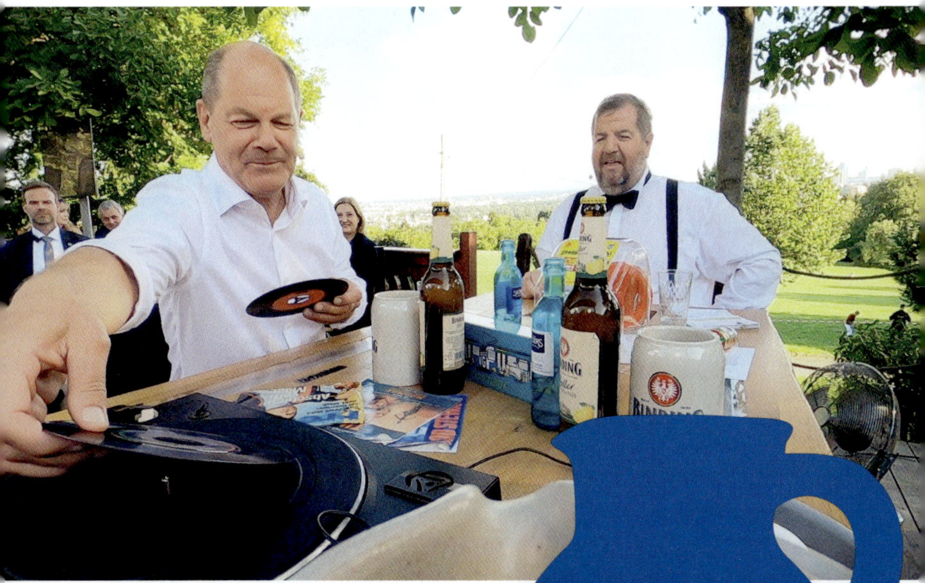

Ungeahnte Talente: Bundeskanzler Olaf Scholz war bei BEMBEL & GEBABBEL in bester Plauderlaune und legte ganz nebenbei auch noch seine Wunschhits selber auf.

alition. Aber wir haben keinen Politik-Talk aus der Sendung gemacht. In typischer BEMBEL & GEBABBEL-Manier hat es auch ordentlich »gemenschelt« am Talktisch. Scholz war in Plauderlaune. Er erzählte, dass er früher Oboe spielte, woran er sich nach der Wahl zum Bundeskanzler erstmal gewöhnen musste und was ihm Freundschaften in der Politik bedeuten. Es gab auch allerhand private Einblicke und ein rührendes Liebesgeständnis des Kanzlers. In einer Schnellfragerunde fragte ich Scholz, wer seine letzte Begegnung werden soll. Darauf antwortete er, dass dies jetzt sehr persönlich sei, aber dass der wichtigste Mensch in seinem Leben seine Ehefrau wäre. Da hat der Kanzler aus tiefstem Herzen gesprochen!

Als einziger Gast des Abends durfte sich der Kanzler gleich drei Schallplatten aus dem BEMBEL & GEBABBEL-Fundus aussuchen und sie dann auch noch selbst auflegen. DJ Olaf Scholz schien am Plattenteller recht ungeübt, brachte aber alle seine Wunschhits zum Laufen und das Publikum zum Lachen, als er Einblicke in seine Schallplattenauswahl lieferte. Rund 100 Singles haben unsere Gäste zur Auswahl. Teilweise stammen die Platten aus meiner privaten Musiksammlung, andere haben wir auf Flohmärkten dazu gekauft und so ist über die Jahre ein großer Haufen Hits zusammengekommen. Darunter Klassiker wie »Tony Holiday – Tanze Samba mit mir«, »Michael Jackson – Black or White« oder »Modern Talking – You Can Win If You Want«. Scholz fiel die Auswahl seiner drei Wunschplatten jedoch nicht gerade leicht, wie er in der Sendung verriet. Er sagte, unsere Auswahl sei »bemerkenswert« und ich glaubte zunächst, er wollte uns dafür loben, dass wir so viele Musikschätzchen im Angebot hätten. Allerdings ergänzte der Kanzler noch ein Wort und bezeichnete unsere Plattensammlung als »bemerkenswert schlecht« und drückte mir damit auch mal einen rein. Was natürlich absolut okay war. Auch das ist Demokratie. Scholz hatte zwar Unrecht. Darf seine Meinung aber sagen.

Aber an dieser Stelle können wir mit dem Gerücht aufhören, dass es bei BEMBEL & GEBABBEL die schlechteste Musiksammlung des Landes gibt. Wahrscheinlich hat der Bundeskanzler einfach genau so viel Ahnung von guter Musik wie von Fußball.

Der gebürtige Niedersachse bewegte sich dann ein weiteres Mal auf unbekanntem Terrain. Bei einem Quiz durfte er zeigen, wie gut er sich mit Deutschlands schönstem Bundesland auskennt und was er alles über Hessen weiß. Scholz musste versuchen, herauszukriegen, was es mit den typisch hessischen Begriffen »Schobbe«, »Bobbes« oder »Dorschenanner« auf sich hat. Hier war noch etwas Luft nach oben. Aber BEMBEL & GEBABBEL ist auch ein Stück weit ein Bildungsformat. Wir haben da gerne nachgeholfen, Herr Bundeskanzler.

Scholz war für seine Verhältnisse total locker, extrem sympathisch und äußerst schlagfertig, aber dennoch vorsichtig mit seinen Aussagen. Vermutlich wird man das aus ihm auch nie mehr herauskriegen können. Ich denke, er weiß genau, dass jedes Wort von ihm auf die Goldwaage gelegt wird und das führt eben dazu, dass Politiker dieser Kategorie mit ihren Aussagen extrem vorsichtig sind. Das hat man bei Scholz anfänglich ganz stark gemerkt, wobei er im Verlauf der Sendung ein bisschen die Bremsen lockerte. Sehr wahrscheinlich hat er bemerkt, dass ich ihm nichts Böses will, sondern ihm die Gelegenheit geben wollte, sich so zu präsentieren, wie ich ihn privat kennenlernen durfte. Das ist uns gut gelungen, finde ich.

Scholz wird ja oft vorgeworfen, er sei nicht besonders humorvoll. Bei BEMBEL & GEBABBEL hat er das Gegenteil bewiesen, und ich finde an einer Stelle ziemlich eindrucksvoll. Ich fragte Scholz, ob er einen guten Witz über sich kenne. Daraufhin

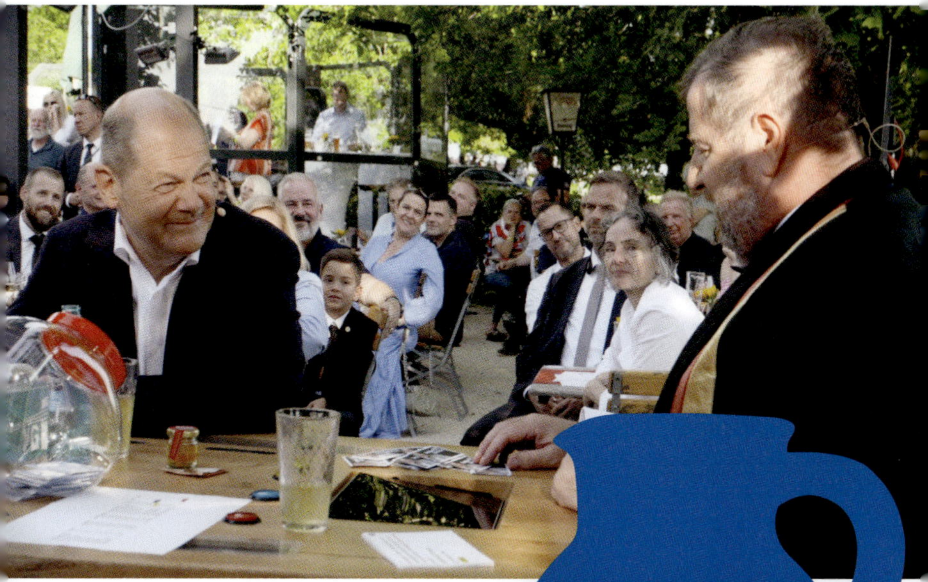

Wie gut kann der Olaf Scholz eigentlich Hessisch? Bernd Reisig testet das Hessen-Wissen des Bundeskanzlers bei einem Kartenspiel.

sagte er in seiner typisch hanseatischen, trockenen Art: »Ja.« Den Witz wollten natürlich dann auch alle hören. Daher hakte ich nach: »Ist der Witz denn so gut, dass du ihn uns erzählen würdest?« Der Kanzler lächelte etwas verschmitzt und meinte: »Ja. Aber du weißt ja, ich habe doch immer solche Gedächtnislücken!« Damit spielte Scholz eindeutig auf die Vorwürfe in der sogenannten Cum-Ex-Affäre an. Ein Steuerskandal während seiner Hamburger Bürgermeisterzeit. Ich fand, das war ein super Gag! Damit stellte Scholz unter Beweis, dass er selbstironisch mit den Vorwürfen gegen sich umgehen kann und dass er einen feinen und sehr intelligenten Humor hat. Diese Sequenz tauchte dann auch in den Medien auf und wird sogar heute noch von Satiresendungen wie der »heute-show« oder Böhmermanns »ZDF Magazin Royale« aufgegriffen und kommentiert. In manchen Blättern wurde der Bundeskanzler für diesen Kommentar jedoch auch kritisiert. Die Bemerkung sei arrogant und geschmacklos, schrieben sie unter anderem. Viele andere Medien bewerteten Scholz' Spruch als äußerst schlagfertig und sehr witzig, und fragten, warum der Kanzler nicht immer so humorvoll sei. Was lernen wir daraus? In so einer Funktion kann man es niemals jedem Recht machen. Natürlich hat Scholz auch unter den Journalisten Sympathisanten, aber auch Berichterstatter, die den Kanzler nicht so mögen. Für diejenigen ist so eine Aussage dann ein gefundenes Fressen, worüber man sich wunderbar echauffieren und das Ganze skandalisieren kann. Das sollte man auch keinesfalls überbewerten. Das Schöne ist, dass wir in einem Land leben, wo jede Meinung zählt und die Presse frei berichten kann.

Da musste selbst der Kanzler durch...

Zum Abschluss kam selbstverständlich auch der Bundeskanzler nicht an unserem gefürchteten Kopfhörer vorbei. Scholz kannte unser Summspiel bereits von seinem ersten Besuch bei BEMBEL & GEBABBEL. Aber als ehemaliger Finanzminister sollte er sich ohnehin mit »Summen« auskennen. Höchstwahrscheinlich wird Olaf nach seiner Amtszeit keine Karriere mehr in der Musikwelt hinlegen. Das stellte er beim Summen eindrucksvoll unter Beweis. Nichtsdestotrotz kam dann irgendwann doch der korrekte Songtitel aus dem Publikum gerufen. »Eye Of The Tiger« gesummt vom Kanzler persönlich, und damit klingelte die Kasse: Geld für den guten Zweck!

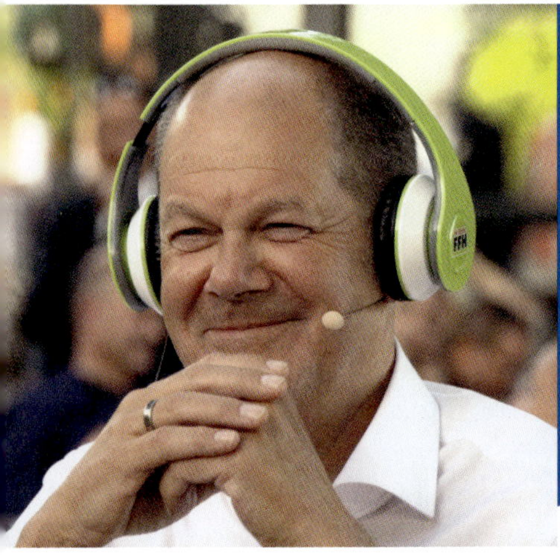

Der Kanzler hat sichtlich Spaß bei seinem Auftritt in der Kult-Talkshow. Auch beim Summspiel am Ende der Show hat Scholz ein breites Lächeln im Gesicht.

Nach etwa 75 Minuten war die Sendung vorbei und dennoch hatten wir das Gefühl, dass wir noch jede Menge hätten besprechen können. Es war eine launige Sendung, inhaltlich aber nicht belanglos, da wir auch einige ernste, politische Themen angesprochen hatten und es war eine Show, die vielen gezeigt hat, dass unser Regierungschef auch locker und lustig sein kann. Selbst seine mitgereisten Mitarbeiter aus dem Büro des Bundeskanzlers waren überrascht von dem Auftritt ihres Chefs in unserer Talkshow und meinten, dass sie Scholz so noch nie erlebt hätten.

Der Kanzler ist für alle da!

Wie locker der Bundeskanzler tatsächlich an diesem Abend war, stellte Scholz dann nach Sendungsende gleich ein weiteres Mal unter Beweis. Ich wusste, dass der Kanzler nicht viel Zeit hatte und schnell zum Flughafen musste, um die Rückreise nach Berlin anzutreten. Im Vorfeld wurden wir von seiner Entourage mehrfach darauf aufmerksam gemacht, dass wir unser Timing einhalten müssten und auf keinen Fall die Sendung überziehen dürften, der Bundeskanzler habe es eilig. Mit diesem Wissen dankte ich Olaf für seinen Besuch in der Sendung und verabschiedete mich bei ihm, da er ja zügig los müsse. Davon wollte Scholz nichts wissen. Er habe noch Zeit und könne noch bleiben, sagte er. Und was der Chef sagt, wird auch gemacht. Scheinbar konnte der Regierungsflieger noch warten. Olaf hatte in der Sendung erzählt, dass er mal in einem Interview erwähnt hatte, seine Leibspeise wären Königsberger Klopse und er die seitdem auf allen Terminen serviert bekommt. Heilfroh darüber, dass wir nicht versuchten, ihn mit den traditionellen Hackfleischbällchen zu beglücken, hatte sich Scholz auf eine leckere Grüne Soße nach der Sendung gefreut. Die sollte er auch kriegen.

Während der Bundeskanzler noch extrem gelassen mit dem Publikum Selfies machte, Autogramme schrieb und Hände schüttelte, deckte das Team der Lohrberg-Schänke für uns im ruhigen Innenraum einen Tisch ein. Nachdem Scholz alle Fotowünsche erfüllt und keinen Handschlag verwehrt hatte, kam er nach drinnen. Ich zeigte ihm, dass das Gastropersonal bereits alles für uns hergerichtet hatte. Der Kanzler entschied sich allerdings dafür, lieber draußen zu essen. Unbeeindruckt von der Menschenmenge und dem ganzen Trubel auf dem Lohrberg zogen wir also an einen kleinen Tisch mitten im Biergarten und stärkten uns mit hessischer Küche. Zunächst waren wir zu zweit am Tisch, dann setzte sich noch meine Mutter Herta zu uns. Wir redeten über Gott und die Welt, nicht nur über politische Themen, sondern über alles, was uns so in den Sinn kam. Wir haben über meinen letzten Mallorca-Aufenthalt gesprochen, über Scholz' letzte private Reise – denn er war kurz vor der Sendung im Urlaub. Ich habe ihn auch gefragt, warum es nicht gelingt, die guten Entscheidungen und Beschlüsse der Ampelregierung auch so zu kommunizieren und positiv an die Bevölkerung weiterzugeben. Daraufhin erklärte mir Scholz die Situation aus seiner Sicht und meinte, dass andere Leute die Kommunikation der Regierungsentscheidungen übernehmen und die die Botschaften nicht so transportieren würden, wie sie die Ampel gerne kommuniziert hätte. Er hat auch ganz deutlich eingeräumt, dass es in diesem Bereich noch Verbesserungsbedarf gebe, war aber alles in allem tiefenentspannt auch bei dieser etwas kritischeren Nachfrage.

Alles war wunderbar. Auch die Frankfurter Grüne Soße konnte beim Kanzler punkten. Sie muss ihm gut geschmeckt haben, sonst hätte er keinen Nachschlag verlangt. Allerdings wunderte er sich, warum wir mit Holzbesteck essen mussten und auch auf allen Tellern um uns herum nur hölzerne Messer und Gabeln lagen. Ich antwortete darauf nur: »Na, wegen dir!« Das konnte Olaf überhaupt nicht verstehen und fragte nochmal nach: »Wieso wegen mir?« Daraufhin erklärte ich ihm, dass dies eine Sicherheitsauflage war und wir uns verpflichteten, wenn der Kanzler kommt, keine Bestecke und anderen scharfen Gegenstände auszugeben. Olaf

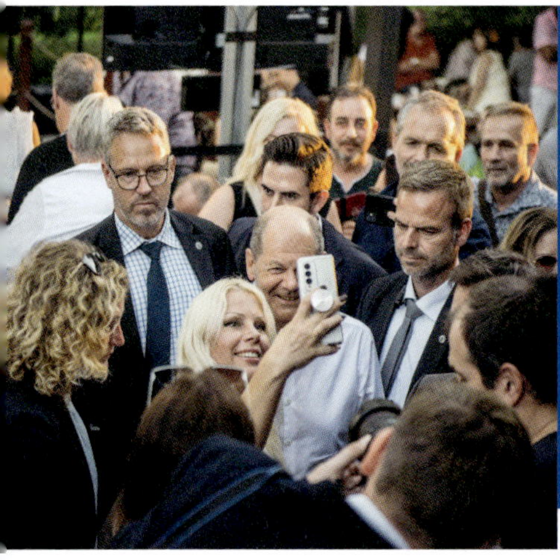

Ordentlich Andrang nach der Show. Alle wollten ein Selfie mit dem Bundeskanzler.

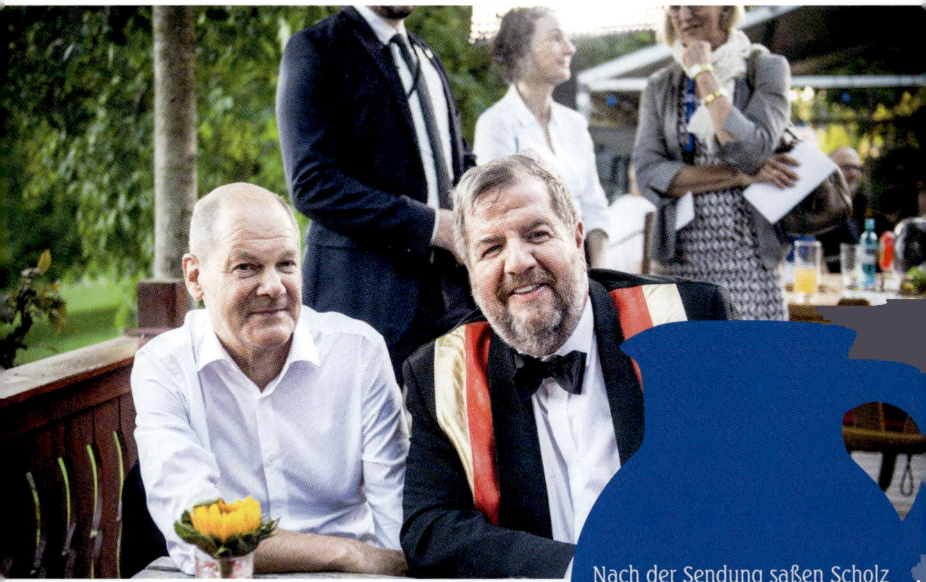

Nach der Sendung saßen Scholz und Reisig noch im Lohrberg-Schänken-Biergarten zusammen und unterhielten sich über Gott und die Welt.

wusste von nichts, da ja nicht er, sondern andere derartige Anweisungen geben, die jedes Gefahrenrisiko von Beginn an ausschließen wollen. Definitiv richtig und wichtig, aber auch eine sehr lustige Szene, die mir sicher noch lange im Gedächtnis bleiben wird.

Nach dem Essen wartete dann wirklich der Regierungsflieger auf den Bundeskanzler. Ich brachte Olaf noch zur Limousine und fragte ihn, ob alles in Ordnung war und ob es ihm gefallen hat. Scholz lächelte mich an und bedankte sich bei mir für die Einladung und sagte, dass er gerne wieder zu BEMBEL & GEBABBEL kommen würde. Mal sehen, wann ich ihn wieder einlade und in welcher Funktion er dann am Talktisch Platz nimmt.

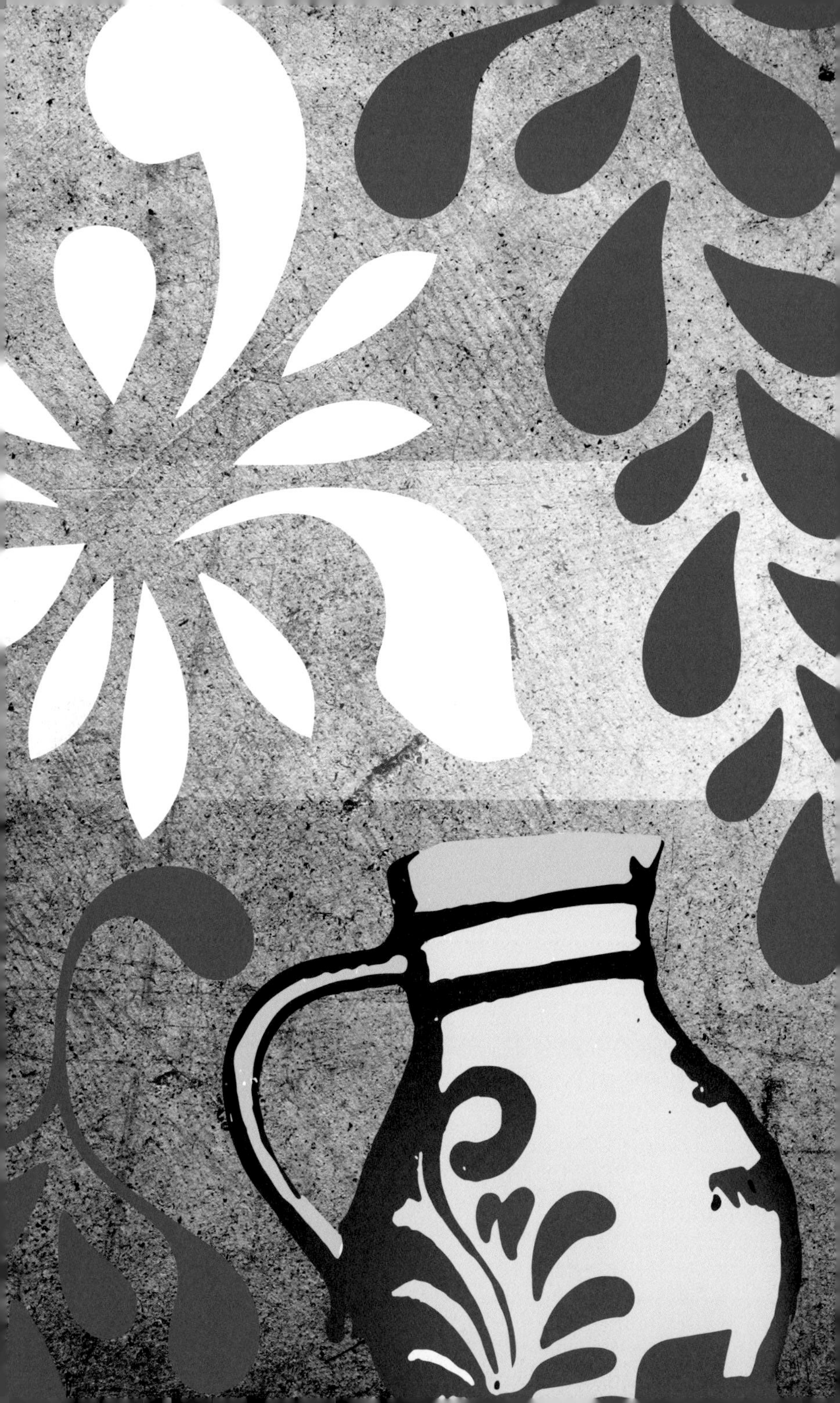

Die Verrohung der Sitten

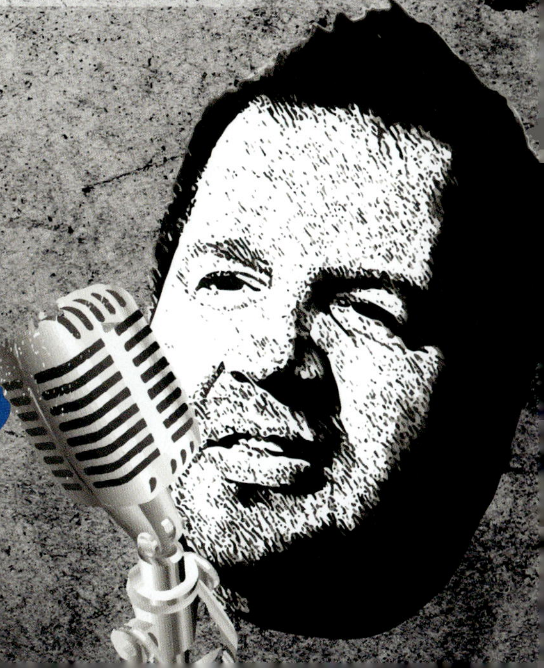

Nicht immer nur Friede, Freude, Eierkuchen

In diesem Buch blicken wir zurück auf zehn Jahre BEMBEL & GEBABBEL. Da waren zunächst die wilden Anfangszeiten, in denen wir uns erstmal ausprobiert haben. Nach und nach wurden wir zur Kultsendung im Internet und fanden einen Aufmerksamkeitshöhepunkt in dem Besuch von Bundeskanzler Olaf Scholz. Wenn ich an die letzten zehn Jahre denke, dann denke ich an viele spannende Gäste an unserem Tisch, an allerhand lustige Geschichten und Spiele in der Sendung und an einige Momente, die mich persönlich berührt haben. Zur Wahrheit gehört aber immer auch das Unschöne. An der ein oder anderen Stelle in diesem Buch bin ich bereits darauf zu sprechen gekommen: Unsere Gesellschaft verroht immer mehr. Ob Hassparolen im Internet oder Gewalt auf offener Straße. Leider haben wir das auch bei BEMBEL & GEBABBEL feststellen müssen.

In den letzten zehn Jahren hat sich die Atmosphäre in politischen Diskussionen und bei öffentlichen Auftritten vor allem von Politikern erheblich verändert. Bedauerlicherweise zeigt sich das auch in unserem Sendungsalltag immer wieder. Der Diskurs, der Demokratie ausmacht, wird irgendwie nicht mehr so geführt, wie er von einer demokratischen Gesellschaft geführt werden sollte.

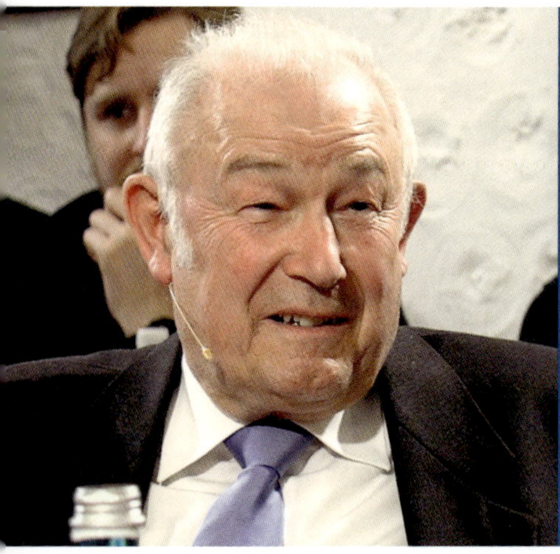

Folge 16 mit Günther Beckstein. Er war von 2007 bis 2008 bayerischer Ministerpräsident. Er war der erste evangelische Ministerpräsident des Freistaats Bayern nach dem Zweiten Weltkrieg.

Meinungsvielfalt gehört dazu – Gewalt nicht!

Während wir in den Anfangsjahren hochrangige, politische Gäste wie den einstigen Bayern-Ministerpräsidenten Günther Beckstein, Hessens damaligen Regierungschef Volker Bouffier und Bodo Ramelow, den Ministerpräsidenten von Thüringen, ohne übermäßige Sicherheitsvorkehrungen empfangen konnten, hat sich dies mittlerweile drastisch geändert. Klar, auch die Politiker hatten damals Personenschutz. Die jeweiligen Sicherheitsleute hatten aber jedes Mal einen extrem entspannten Abend – genau wie meine Gäste. Es musste kein großartiger Aufwand betrieben werden, um die Sicherheit rund um die Sendung zu gewährleisten. Heutzutage sieht das oft anders aus. Die Situation ist deutlich angespannter und die Atmosphäre teilweise rau. Das hat in den letzten Jahren leider extrem zugenommen und wurde besonders deutlich, als der damalige Bundesgesundheitsminister Jens Spahn zum Ende der Coronapandemie an unserer Sendung teilnahm und es zu einer gewaltbereiten Gegendemonstration auf dem Lohrberg kam.

Die rund 40 Demonstranten waren extrem aufgebracht, sehr vulgär und versuchten, Spahns Zufahrt zu blockieren und den Talk zu verhindern. Wir hatten allerdings ein großes Polizeiaufgebot vor Ort, um trotz aggressiver Stimmung vor den Toren der Lohrberg-Schänke einen reibungslosen Ablauf der Sendung gewährleisten zu können. Erstmals wurden nicht nur die Schutzperson, also der Gast, son-

Jens Spahn argumentierte leidenschaftlich, während im Hintergrund immer wieder »Spahn muss weg«-Rufe zu hören sind.

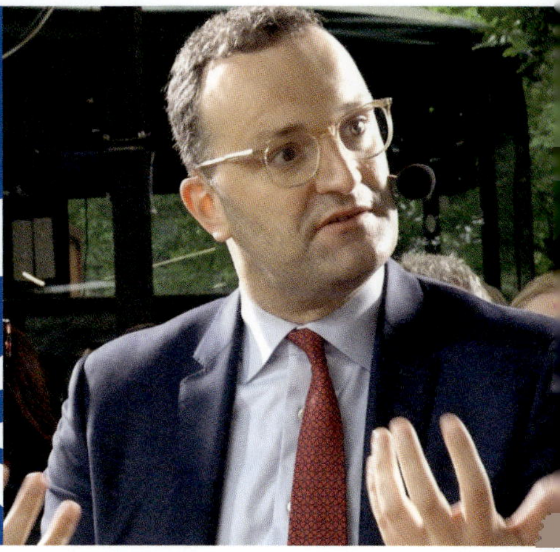

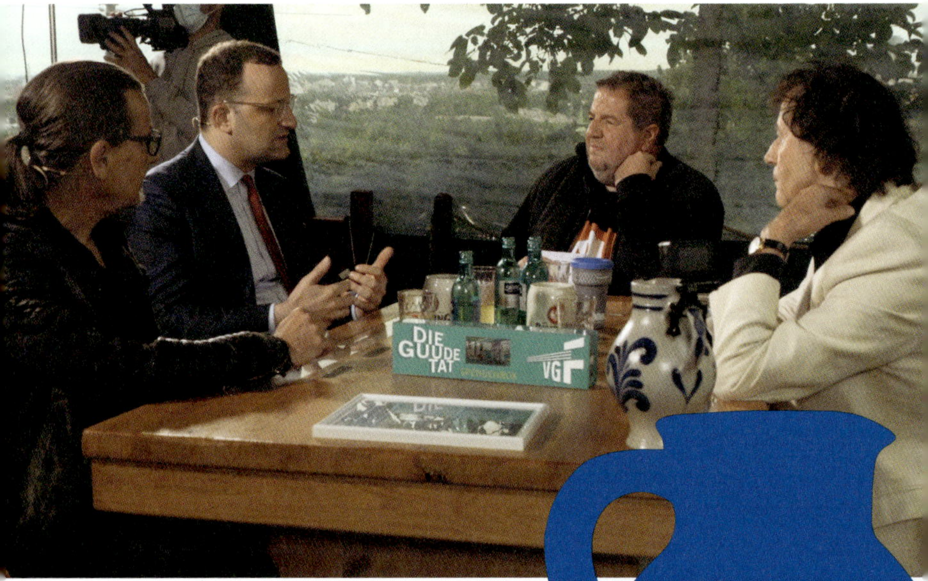

Jens Spahn machte am Talktisch von Bernd Reisig seine Standpunkte und Argumente klar. Zur Überraschung: Er spricht (fast) gar nicht über das damalige Dauerthema: Die Corona-Politik der Bundesregierung.

dern auch ich und der Besitzer der Lohrberg-Schänke, Christian Dressler, massiv bedroht. Während wir die Sendung aufzeichneten, haben die Störer durchgängig »Spahn muss weg« skandiert. Ich konnte die Situation zwar mit einem humorvollen Spruch auflockern. Dennoch war die aggressive Stimmung von draußen omnipräsent. Auch wenn ich mich sicher fühlte, war es auch für mich eine von außen erzeugte unangenehme Stimmung.

Als der Minister nach der Show die Veranstaltung verlassen wollte und ich ihn noch zum Auto brachte, wurden die Demonstranten nochmal richtig laut. Begleitet von einem Pfeifkonzert und üblen Rufen marschierte Spahn schnellen Schrittes zur auf ihn wartenden Limousine. Dabei kam es zu einem Angriffsversuch von einem der Querulanten, der glücklicherweise durch das Einschreiten der Polizei verhindert werden konnte. Dass solche Arten der Auseinandersetzung keine Einzelfälle mehr sind, habe ich im Laufe der darauffolgenden Jahre immer wieder feststellen müssen.

Bei vielen weiteren politischen Gästen kam es erneut zu extremen Beschimpfungen, Hasstiraden und Drohungen, auch gegen mich und mein Team.

Hass und Hetze nehmen Überhand

Wie tiefgreifend dieser Hass, diese Wut und auch das Bedürfnis nach totaler Zerstörung ist, wurde beim Besuch von Jens Spahn noch an anderer Stelle sehr deutlich spürbar. Nach der Veranstaltung haben Hunderte Querdenker und Leute, die meinten, man dürfe dem Bundesgesundheitsminister keine Plattform bieten, über Google schlechte Bewertungen für die Lohrberg-Schänke abgegeben. Das Schlimme: Sie beschwerten sich dabei nicht über die Veranstaltung und nicht über die Talkshow, sondern erfanden Lügenmärchen über die angeblich schlechte Gastronomie. Sie haben so getan, als wenn sie Gast im Lokal gewesen wären, und weil sie sich so geärgert haben, dass ein Jens Spahn dort eingeladen war, haben sie einfach gemeint, über diesen Weg dem Gastronom den größtmöglichen Schaden zufügen zu können.

Sie haben das Essen schlechtgeredet, den Service runtergemacht und sogar behauptet, dass Ungeziefer und Ratten durch die Gastronomieräume laufen würden. Was natürlich komplett erstunken und erlogen ist! An diesem Beispiel sieht man sehr deutlich, wie perfide bestimmte Teile unserer Gesellschaft mit dem Diskurs und auch mit unterschiedlicher politischer Einstellung umgehen. Und auch danach hatte ich noch zahlreiche andere Politiker in der Sendung zu Gast, wo wir einen sehr hohen Sicherheitsaufwand betreiben mussten. Es ist zwar nie etwas passiert. Aber sicher auch, weil die Polizei und verschiedene Sicherheitsbeamte die entsprechenden Maßnahmen ergriffen haben. Die Bedrohungslage nimmt zu, sowohl bei Politikern auf Bundesebene als auch bei lokalen, kommunalen Amtsinhabern.

Als Olaf Scholz als Vizekanzler in die Show kam, gab es bereits einige Vorkehrungsmaßnahmen. Bei seinem späteren Besuch als Kanzler war die Sicherheitslage auf einem bisher unübertroffenen Niveau. Dies wirft die Frage auf, wie weit diese Verrohung noch gehen soll und welche langfristigen Folgen dies für unsere Gesellschaft hat, wenn Politiker aus Angst vor Bedrohungen ihre Ämter nicht mehr ausüben wollen. Es wurde viel darüber diskutiert, ob die vielen Sicherheitsvorkeh-

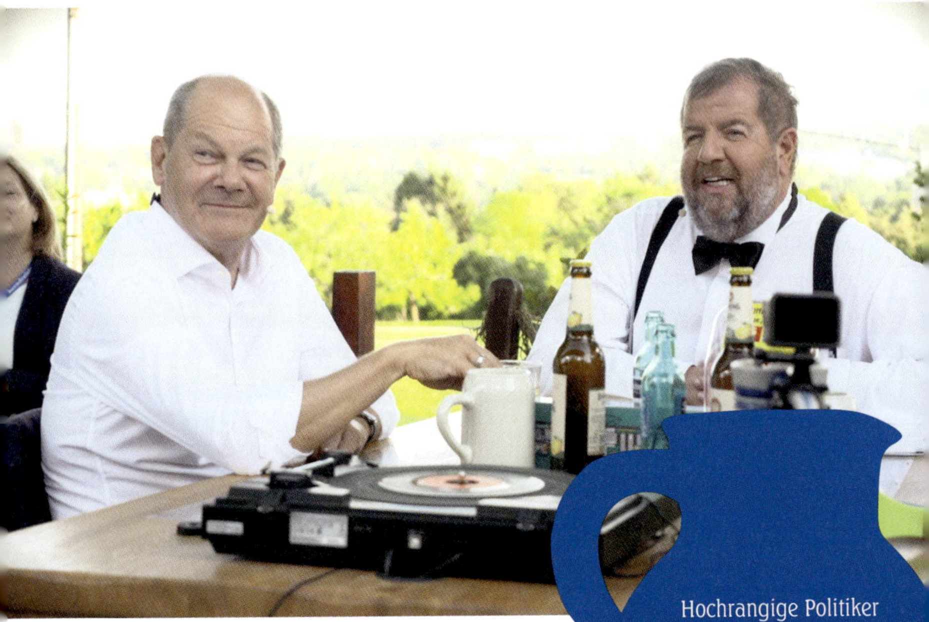

Hochrangige Politiker geben sich bei BEMBEL & GEBABBEL die Klinke in die Hand. Sogar Bundeskanzler Scholz kam und gab überraschend viele persönliche Einblicke.

rungen wie beim Kanzlerauftritt bei BEMBEL & GEBABBEL verhältnismäßig sind. Wenn man aber merkt, welche Leute solche Auftritte nutzen, um auf ihre politische Agenda aufmerksam zu machen, und mit welchen Mitteln sie bereit sind, das zu tun, weiß man, dass keine, aber auch wirklich keine einzige Maßnahme unverhältnismäßig oder übertrieben ist.

Es macht mich traurig, dass Gäste in meiner Sendung nicht unbehelligt dort sitzen können, so wie das vor zehn Jahren noch ging, sondern mittlerweile massiven Schutz benötigen, um sicher in der Öffentlichkeit zu sein. Noch trauriger macht mich, dass es gerade auf kommunaler Ebene viele ehrenamtliche Politiker gibt, die sich übelsten Beschimpfungen, Drohungen und teilweise, wie man in Dresden bei Matthias Ecke gesehen hat, sogar körperlichen Auseinandersetzungen stellen müssen. Und wir spüren diese Verrohung auch bei BEMBEL & GEBABBEL. Das ist sicherlich eine der wenigen negativen Erfahrungen in den letzten Jahren, die ich mit dieser Sendung machen musste. Eine wirklich unangenehme Begleiterscheinung.

Wir müssen uns als Gesellschaft schon fragen, wie weit das noch gehen soll und was das auch für langfristige Folgen hat, wenn Politiker aus Angst vor Bedrohung nicht mehr bereit sind und sich möglicherweise überlegen, solche Ämter fürs Gemeinwohl zu übernehmen. Gerade deshalb ist es mir ein Anliegen, bei BEMBEL & GEBABBEL weiterhin Politiker einzuladen und sie als Menschen und nicht nur in ihrer Funktion in meiner Sendung zu präsentieren. Das führt zumindest dazu, dass die Menschen, die die Show schauen oder live vor Ort dabei sind, sich ein ganz anderes Bild machen können. Die Erfahrung hat gezeigt, dass viele nach einem solchen Auftritt mit einem ganz anderen Image aus der Sendung herausgehen. Also es ist gut, wenn man Leute auch mal anders kennenlernt. Ich habe keine Message und ich habe auch keine Mission bei BEMBEL & GEBABBEL, außer dass ich gerne Menschen unterhalten möchte. Aber eins habe ich mir für die nächsten Sendungen, für die nächsten Jahre vorgenommen, mehr für unsere Demokratie zu werben, mich klar gegen Gewalt und Bedrohung auszusprechen und mich als politischer Mensch in diesem Land auch klar für unsere demokratischen Werte einzusetzen.

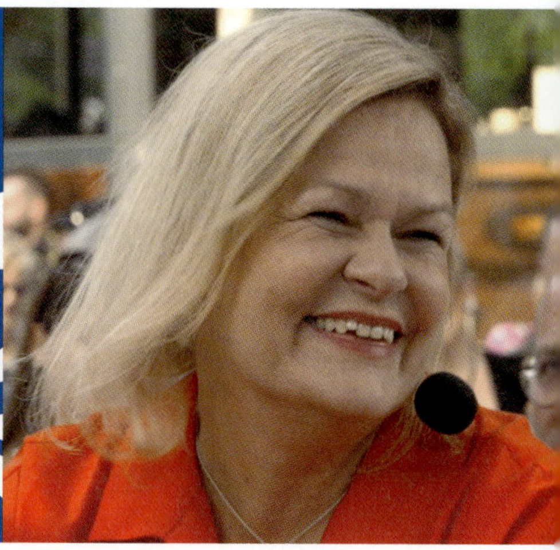

Bundesinnenministerin Nancy Faeser zu Gast bei BEMBEL & GEBABBEL.

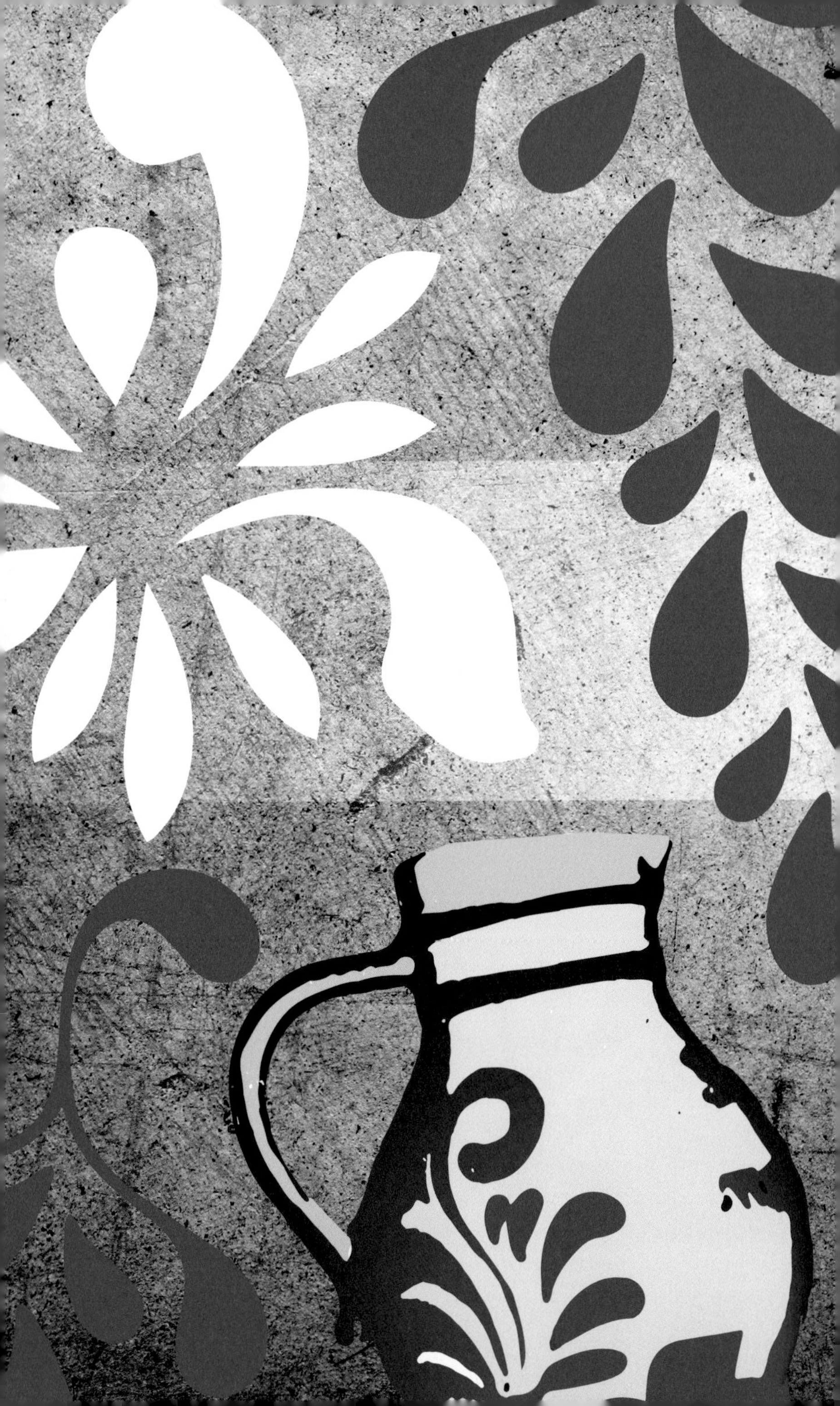

Backstage Gebabbel

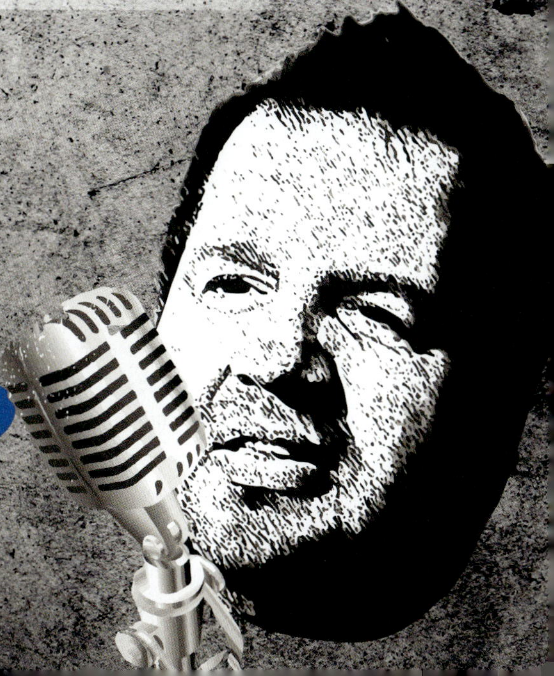

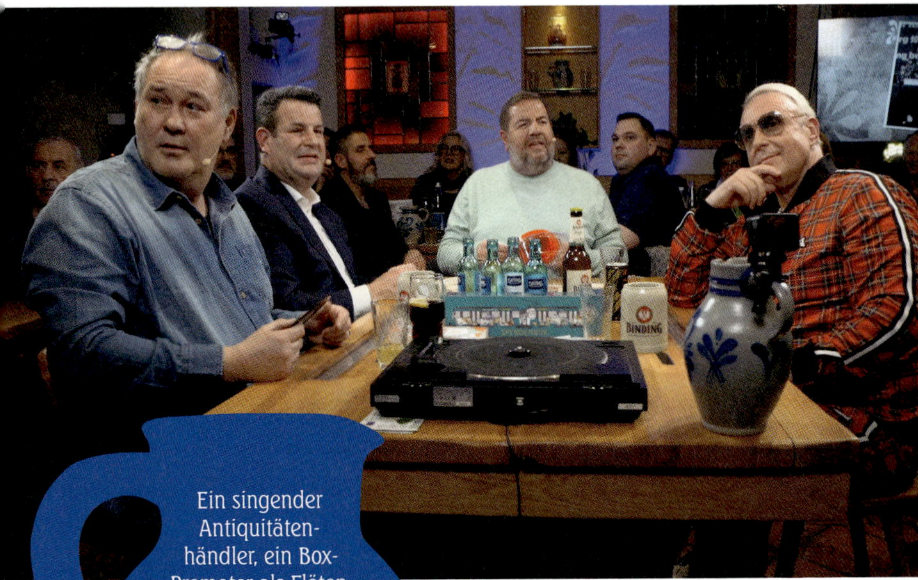

Ein singender Antiquitätenhändler, ein Box-Promoter als Flötenspieler und ein Politiker, der Jenga spielt. Viele Überraschungen in der 90. Ausgabe von BEMBEL & GEBABBEL. Zu Gast sind einer der Stars der TV-Show Bares für Rares, Walter Lehnertz, der Box-Promoter Rainer Gottwald und Hubertus Heil, Bundesminister für Arbeit und Soziales.

Einblicke hinter die Kulissen

Es ist wieder so weit. Die nächste Folge BEMBEL & GEBABBEL wird aufgezeichnet. An diesem Dienstag ist in der Lohrberg-Schänke schon alles hergerichtet. Heute dürfte es wieder eine launige Runde werden. Zu Gast in meiner 90. Sendung habe ich den Box-Promoter Rainer Gottwald, den Kunst- und Antiquitätenhändler Walter Lehnertz, besser bekannt als »80-Euro-Waldi«, und einen Politiker aus Berlin: Hubertus Heil, den Minister für Arbeit und Soziales.

Als ich über den Terrasseneingang unseren Aufzeichnungsraum in der Lohrberg-Schänke betrete, wird der Talktisch schon von den LED-Lampen angestrahlt. Felix Wüst, der an diesem Abend eine der Kameras auf der Schulter haben wird, steht gerade auf einem Stuhl und hängt an der einen Seite des Raums eine von drei GoPro-Kameras auf, die später eine komplette Ansicht des Raums liefern wird – in der Fachsprache spricht man auch von einer Totalen. Insgesamt

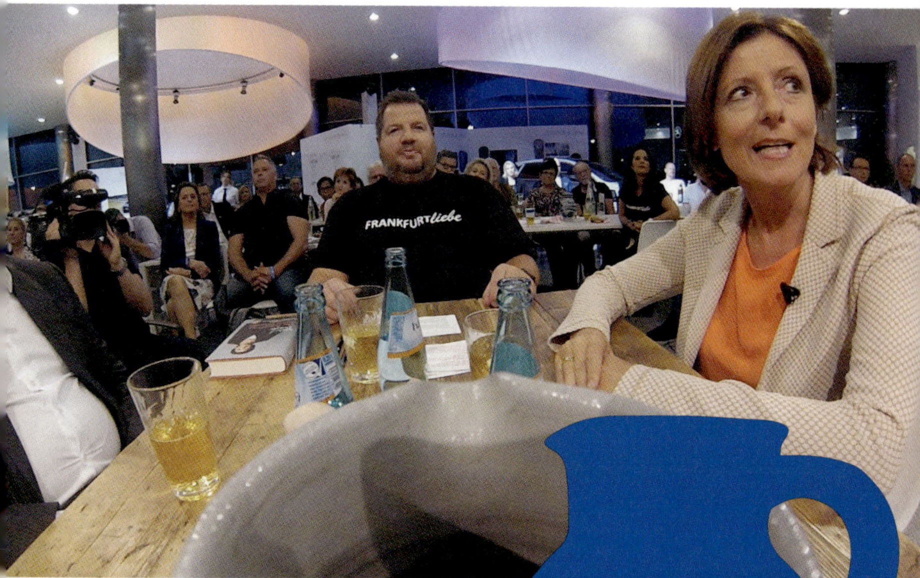

Bembel-Cam im Einsatz bei der Aufzeichnung zu Folge 18 – unter anderem mit Malu Dreyer und Axel Hellmann.

sechs Kameras zeichnen jede Show auf. Absolutes Highlight: Die Bembel-Cam, die oben auf dem Apfelweinkrug angebracht ist und eine besondere Perspektive bietet. Auch dadurch bekommt die Sendung einen speziellen Wiedererkennungswert. Daniel Schneider vom Ton verbindet gerade den Plattenspieler auf dem Talktisch mit den Kopfhörern. Die letzten Kabel werden gezogen. In einer halben Stunde steht die Durchlaufprobe an – in der Regel immer drei Stunden vor Sendungsbeginn. Ich setze mich kurz an die Frontseite des Talktischs, von dem ich später moderieren werde, und gehe nochmal alles durch. Über das kleine in den Tisch eingelassene Tablet kann ich steuern, was das Publikum auf den Monitoren gezeigt bekommt. Ich klicke mich durch die Präsentation, sehe private Bilder und Videos meiner Gäste, die ich nachher in der Show zeigen werde, und meine Notizen dazu. Läuft alles, und auch technisch steht einem reibungslosem Ablauf nichts mehr im Wege.

Dass auch der Talktisch ein besonders wichtiges Element unserer Show ist, hatte ich ja bereits weiter vorne im Buch erklärt. Mit seinen vielen Spezialfunktionen ist er weit mehr als nur ein Tisch, an dem vier Leute Platz nehmen, sondern schafft durch die beiden Lichtleisten und die integrierte Nebelmaschine gleichzeitig Atmosphäre, sodass ich meine Gäste auf Knopfdruck einnebeln und Discolicht zaubern kann. Damit ist unser Tisch ein Unikat – einmalig auf dieser Welt und extra vom Schreiner Andreas Kunz für uns gebaut. Aber nochmal zurück zum Tablet: Auch das enthält einige Besonderheiten: Darüber kann ich nicht nur die PowerPoint-Präsentation auf den TV-Monitoren steuern, sondern sehe auch nochmal den Ablauf der Sendung. Eine Uhr direkt darunter zeigt mir, wie wir zeitlich liegen, denn obwohl wir im Internet senden und eigentlich machen können, was wir wollen, peilen wir in der Regel eine Sendezeit von 75 Minuten an. Neben der Uhr gibt es ein Textfeld, über das mir unser Redakteur Thorsten Siegmund per Handy jederzeit Infos und Erinnerungen schicken kann. Da werde ich schon mal freundlich darauf hingewiesen, wenn ich einen Ablaufpunkt vergessen habe oder allmählich zum nächsten Showelement überleiten soll. Man kann sich ja nicht immer alles merken. Und manchmal habe ich auch so einen Spaß an einem Talkgast, da überziehe ich auch gerne mal ein paar Minuten, dann glüht zwar das Tablet, aber das kann mich auch nicht aus der Ruhe bringen. Selbst Thomas Gottschalk, der »Wetten, dass..?« teilweise in die Länge gezogen hat wie Kaugummi, hat nie einer den Stecker gezogen.

Die Ruhe vor dem Sturm

An diesem Nachmittag passt alles, deshalb gehe ich nochmal kurz an der Theke vorbei, die Treppe rauf, hoch in die erste Etage. Hier befindet sich unser kleiner Aufenthaltsraum, in dem später die Gäste zusammenkommen werden, der Backstage-Bereich sozusagen. Während bei anderen Produktionen oder Konzerten extra Wohnraumexperten beauftragt werden, damit sich die Promis wohlfühlen, steht bei uns eine rustikale Sitztafel in der Mitte und ringsum hängen urige Geweihe. Allzu viel Platz ist unter den Giebeln der Lohrberg-Schänke auch nicht – aber so nähern wir uns alle schon vor Showbeginn etwas an.

Thorsten ist auch gerade oben angekommen und stellt zwei gelbe Kisten voll mit Schallplatten raus, aus denen sich die Gäste später ihre Wunschhits aussu-

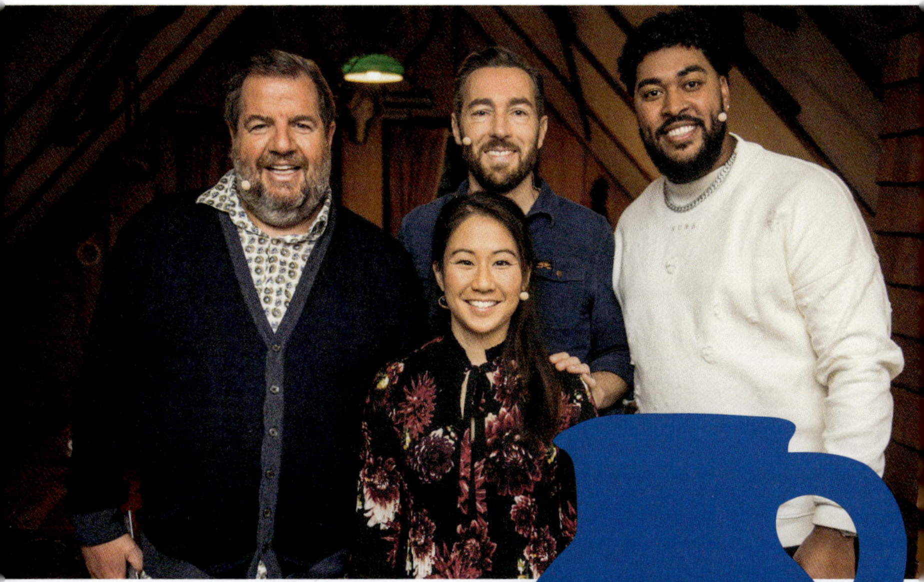

Backstage-Foto vor der Aufzeichnung zur 86. Ausgabe mit Sem Eisinger (DSDS-Gewinner 2023), Kim Bui (Turnerin) und Sven Voss (Sportmoderator).

chen werden. Geld für große Showacts haben wir ja keins. Aber wir wollen trotzdem die besten Hits der letzten Jahrzehnte liefern. Die Platten haben sich als Stimmungsmacher und als Übergang vom einen zum nächsten Talkgast bewährt: Egal ob Nena, Queen oder Falco: Hier ist für jeden etwas dabei, auch wenn die Gäste das teilweise etwas anders bewerten.

Die Durchlaufprobe läuft an diesem Nachmittag reibungslos. Nach so vielen Sendungen entsteht eine gewisse Routine und trotzdem kann immer mal wieder Unvorhergesehenes passieren. Umgefallene Getränke, technische Schwierigkeiten oder das stürmische Gewitter im Sommer 2021, das uns fast einen Strich durch die Sendung gemacht hätte.

Bei der 90. Folge sind wir in jedem Fall vor möglichen Regengüssen geschützt, da wir im Gastraum der Lohrberg-Schänke aufzeichnen. Wir haben gerade die Probe beendet, als mit »80-Euro-Waldi« der erste Talkgast des Abends erscheint. Er ist

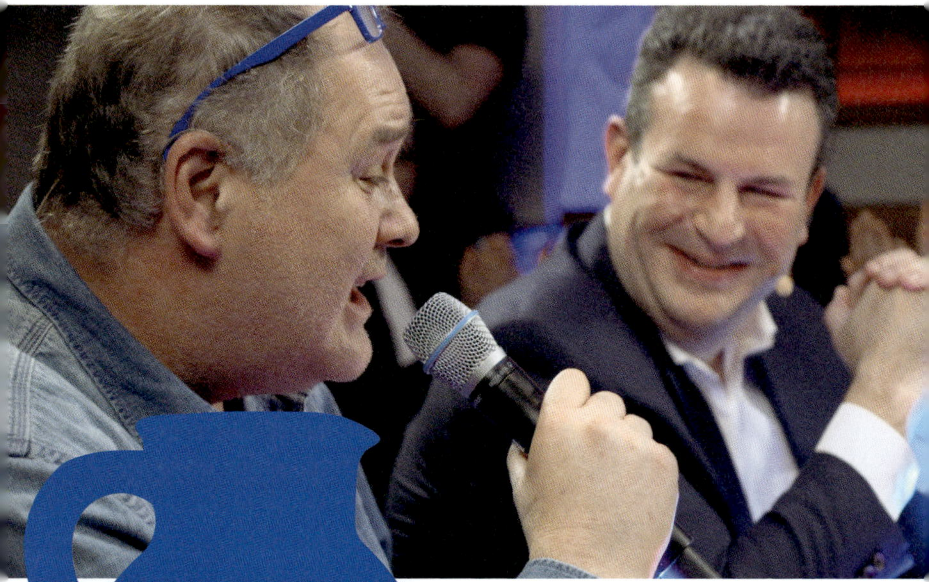

»Bares für Rares«-Star Walter Lehnertz (bekannt als »80-Euro-Waldi«) hat sein Gesangstalent entdeckt und stellt es bei BEMBEL & GEBABBEL unter Beweis. Den Erlös aus den Einnahmen seines Songs wolle er spenden, erzählte Waldi.

nicht nur einer der Stars der ZDF Trödel-Show »Bares für Rares«, er malt auch, hat einen Krimi geschrieben und ist jetzt sogar unter die Sänger gegangen. Ein neues Talent, was er an diesem Abend unter Beweis stellen will.

Ich weiß noch nicht, was uns erwartet. Und um ehrlich zu sein, weiß ich auch nicht, ob ich es herausfinden will. Aber Waldi will live singen und dann darf er das auch. Immerhin hat er einen Kultsong von Udo Lindenberg neu aufgelegt: »Bodo Ballermann«. Keine zehn Minuten später hat er das Mikrofon schon in der Hand und legt los. Es tut tatsächlich ein wenig in den Ohren weh, aber immerhin ein Auftritt, der im Gedächtnis bleiben wird, so viel kann man schon sagen.

Oben im Backstage-Bereich hat sich Maskenbildnerin Nadine inzwischen vor dem Spiegel eingerichtet: Puder, Make-up, Haarspray. Da steht jede Menge bereit, dass sie uns Gästen gleich ins Gesicht kleistern wird, damit wir während der Sendung nicht glänzen – zumindest nicht im Gesicht. Auf der großen Tafel gegenüber stehen Getränke und zwei Platten voll mit Bretzeln und Schneegestöber für die Gäste bereit. Eine kleine Aufmerksamkeit von Wirt Christian Dressler und seinem Team. Die großen Platten mit Schnitzeln, Grüner Soße, Würstchen und vielem mehr kommen nach der Show. Aber für den Fall, dass jemand hungrig auf dem Lohrberg ankommt und noch einen kleinen Happen vor der Aufzeichnung essen möchte, haben wir vorgesorgt. Ich bestelle mir auch noch eine Portion Pommes, man muss sich ja mal was gönnen. Und es beruhigt die Nerven.

Obwohl Lampenfieber für mich eigentlich ein Fremdwort ist. Hatte ich noch nie, auch wenn mir das kaum einer glauben will. Aber Pommes sind immer gut und eines meiner Rituale vor jeder Show.

Die Zeit hier oben nutze ich außerdem, um mich nochmal mit den Gästen auszutauschen. Sie sollen sich auch untereinander kennenlernen, damit sie mit einer gewissen Lockerheit in die Sendung gehen. Der letzte Gast, der an diesem Abend ankommt, ist Bundesminister Hubertus Heil. Ich lasse es mir nicht nehmen und hole ihn persönlich am Auto ab. Auch an diesem Nachmittag sind Sicherheitsvorkehrungen getroffen worden. Die Bundespolizei hatte die Location gecheckt, Spürhunde suchten am frühen Nachmittag bereits die Räumlichkeiten ab. Wir kennen das Prozedere inzwischen und trotzdem zeigt es einmal mehr, welch wichtige Gäste wir Monat für Monat in unserer Talkshow auf dem Lohrberg begrüßen dürfen, aber auch wie verrückt unsere Gesellschaft geworden ist und es Menschen gibt, die Gewalt als legitimes Mittel ansehen.

Best of Backstage

Backstage gab es auch schon so manch kuriosen Moment. Einmal habe ich mich mit einer Lungenentzündung zur Aufzeichnung geschleppt. Es geht um Folge 14, bei der unter anderem Volker Bouffier zu Gast war. Mir ging es schon den ganzen Nachmittag so dreckig, dass mich an diesem Abend sogar mein Arzt Dr. Thomas Heddäus zur Show – damals noch in der Friedberger Warte – begleitete. Er pumpte mich schon Stunden vor der Sendung voll mit allerlei Medizin. Rund eine Stunde vor Showbeginn bekam ich dann in meiner Garderobe nochmal eine Infusion – irgendeine Vitaminbombe, damit ich wirklich durchhalte. Dr. Heddäus hatte mir gerade die Nadel in den Arm gestochen, als Volker Bouffier die Tür hereinkam. Ein

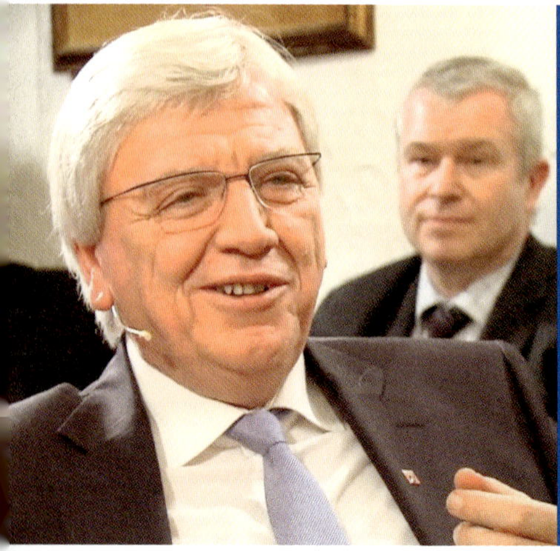

Ministerpräsident a.D. Volker Bouffier traute vor der Aufzeichnung zur 14. Sendung BEMBEL & GEBABBEL kaum seinen Augen.

unvergessener Moment. Es sah eindeutig so aus, als hätte der Doktor mir gerade einen Schuss gesetzt. Bevor mein Freund Volker irgendetwas sagen konnte, reagierte ich auf sein verdutztes Gesicht und sagte: »Volker, es ist nicht das, wonach es aussieht.« Das Gelächter war groß, obwohl mir in meinem Zustand gar nicht danach zumute war. Die Show selbst konnte ich dann dank der Heilmittelchen meines Arztes überstehen. Danach sollte es in der Friedberger Warte jedoch noch ein Essen für einige geladene Gäste aus der Wirtschaft geben. Hier zeigte sich einmal mehr die Größe meines Freundes Volker Bouffier, der mich nach Hause ins Bett schickte und als Ersatzgastgeber übernahm. Man munkelt sogar, alle wären bis in die Nacht geblieben und es wäre ein feucht fröhlicher Abend geworden.

Auch mit Tarek Al-Wazir, damals noch als stellvertretender hessischer Ministerpräsident, habe ich einmal herzhaft gelacht. Es war bei der 80. Folge, in der ich als Drag Queen und als »Bernadette Reisig« durch die Sendung führte. Ich saß schon über zwei Stunden in der Maske und wurde von Kelly Heelton, einer professionellen Drag, nach allen Regeln der Kunst zugekleistert, als Tarek auf dem Lohrberg ankam und mich Backstage erstmal gar nicht erkannte. Er schaute sich um, und als sein Blick bei mir landete, konnte ich genau seinen fragenden Blick lesen: »Wer ist eigentlich diese dicke Tunte im Brautkleid? Es muss ein zusätzlicher Gast sein«. Erst als ich ihn angesprochen hatte, konnte er sich gar nicht mehr einkriegen vor Lachen, Tränen kullerten aus seinen Augen. Zu seiner Verteidigung darf ich sagen,

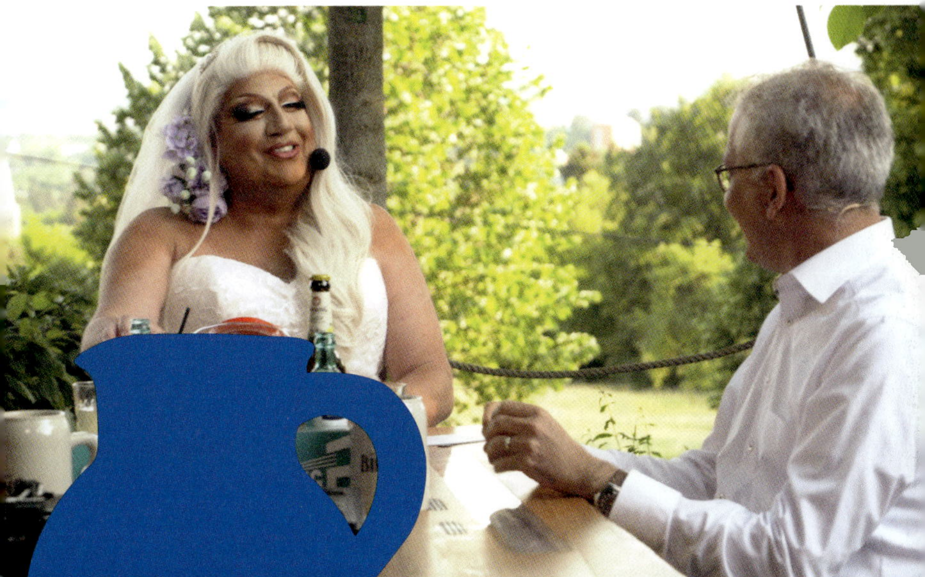

Nicht für jeden war Reisigs modische Verwandlung in die Brautkleid tragende »Bernadette« eindeutig.

selbst meine Mama hat mich damals nicht erkannt. Die Verwandlung in »Bernadette« scheint perfekt funktioniert zu haben.

Gleich geht's los!

Zurück zum Abend, an dem wir Folge 90 aufzeichnen. Eine Viertelstunde vor Showbeginn bekommen wir von Tonmann Daniel die Mikrofone angelegt, unten hat Thorsten bereits mit dem Warm-up begonnen. Ich lausche oft mit einem Ohr, um ein Gefühl dafür zu bekommen, wie das Publikum drauf ist. Als er nachfragt, wer zum ersten Mal bei der Show dabei ist, gehen wieder jede Menge Arme nach oben. Es ist erstaunlich, dass wir in jeder Sendung neue Fans begrüßen können – so auch heute wieder. Jede Aufzeichnung innerhalb der letzten zehn Jahre war bisher immer ausverkauft, dafür bin ich sehr dankbar und sehe dies nicht als selbstverständlich an. Aber irgendetwas scheinen wir wohl richtig zu machen – dem Publikum gefällt's!

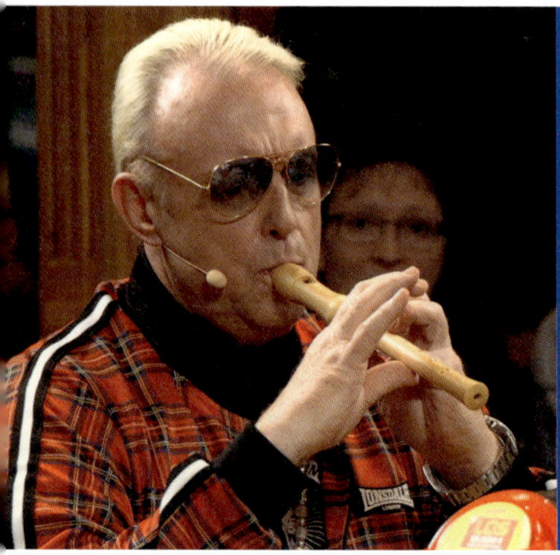

Promi Big Brother-Gewinner und Box-Promoter Rainer Gottwald demonstrierte bei BEMBEL & GEBABBEL viele seiner Talente und erzählte aus seinem Privatleben.

Das Sendungsintro läuft. Diesmal ist es Arnold Schwarzenegger, der mit seiner unverwechselbaren Stimme die Gäste begrüßt. Ein anderes Mal ist es die Schauspiellegende Inge Meysel, dann der Fußball-Kaiser Franz Beckenbauer. Wer genau hinhört, kann die Stimme von FFH-Radiomoderator Johannes Scherer raushören, der ein Meister im Imitieren von Promistimmen ist. Nur ein Intro kommt nicht von ihm. Bei unserem alljährlichen Ausflug ins »Schmidtchen« auf die Reeperbahn nach St. Pauli hört man zu Beginn der Sendung die Stimme von Kultmusiker Udo Lindenberg. Das ist nicht Johannes. Keine Imitation, sondern der echte Udo Lindenberg.

Die 90. Folge läuft gut. Es ist eine unterhaltsame Runde, die Gäste sprudeln nur so von Geschichten aus ihrem Leben, da muss ich als Moderator gar nicht mehr viel machen. Waldi singt, Rainer Gottwald flötet uns etwas auf der Blockflöte vor und Hubertus Heil kann ich zu einer Runde Jenga überreden, einem Geschicklichkeitsspiel, das wir mit einer Wette verknüpfen. Gewinne ich, muss er in einer seiner kommenden Reden im Bundestag die Sendung BEMBEL & GEBABBEL erwähnen, im umgekehrten Fall trage ich in der nächsten Show ein T-Shirt mit seinem Konterfei. Irgendwann wirft er den Turm freiwillig um, und ich bin gespannt, wie und wann er seine Wettschulden einlösen wird. Es sind diese besonderen, unverwechselbaren Geschichten, auf die ich in den Gesprächen mit meinen Gästen den Fokus lege. Im Vordergrund steht dabei immer der Mensch. Wir wollen uns schließlich abheben von anderen Talkshows. Und außerdem sind die Folgen noch Jahre später im Internet zu sehen, da brauche ich nicht zu intensiv auf etwas Tagesaktuelles eingehen.

Gute Vorbereitung gehört dazu!

Meine eigene Vorbereitung dauert immer drei Tage. Das Briefing bekomme ich von meinem Redakteur fünf Tage vor der Show. Thorsten führt die persönlichen Vorgespräche zur Sendung, die Telefonate können bis zu einer Stunde dauern. Wir schauen nach besonderen Ansatzpunkten, die in anderen Talkshows noch gar nicht oder noch nicht so intensiv besprochen worden sind und fragen nach persönlichen Geschichten und Fotos, die bisher noch nicht erzählt beziehungsweise gezeigt wurden. Beispielsweise haben wir mit der ehemaligen Nationalspielerin Nia Künzer in Folge 76 im Februar 2023 sehr viel über ihre Kindheit gesprochen. Nia ist in Botswana geboren, spricht Suaheli und ist mit acht Geschwistern aufgewachsen. In der Sendung haben wir sehr viel darüber und auch über Entwicklungshilfe und Bildungsarbeit in Nias Geburtsland gesprochen. Natürlich ging es auch um ihr legendäres Golden Goal im WM-Finale, mit dem sie die deutsche Frauen-Nationalmannschaft zu Weltmeisterinnen machte, aber eben auch über viele private Stories aus Nias bewegtem Leben.

Aber wir reden nicht nur, sondern zeigen auch private Bilder, die unsere Gäste teilweise selbst mitbringen. Auch hier eine kleine Anekdote: Als Thorsten nach Bildern von Box-Promoter Rainer Gottwald fragte, hörte sein Handy im Anschluss an das Telefonat gar nicht mehr auf zu vibrieren. Er machte sich die Mühe und hat nachgezählt: Es sind 512 Bilder, die Gottwald aus seinem Leben zur Verfügung stellte. Der Mann ist ein offenes Buch: Aus seiner Jugend, von unvergesslichen Reisen, von der Tsunami-Katastrophe in Thailand, die er selbst miterlebt hatte. Er meinte es wirklich gut mit uns.

In der Regel bekommen wir ein Dutzend Fotos von den Gästen, was schon mehr als ausreichend ist. Aber falls wir den Box-Promoter und Promi Big Brother-Sieger nochmals einladen sollten, die entsprechenden Fotomaterialien hätten wir bereits.

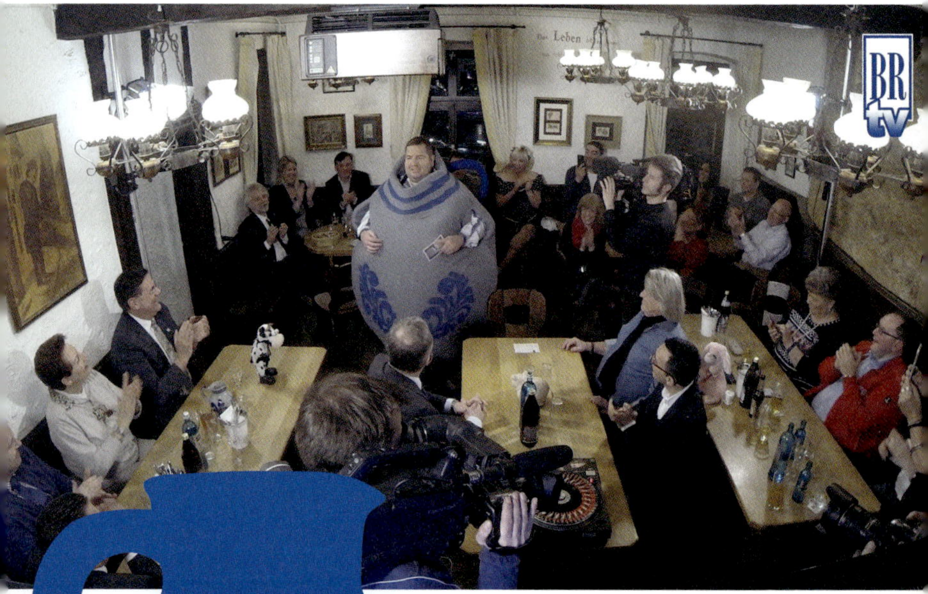

In den letzten zehn Jahren überzeugte Bernd Reisig schon mit einigen schrillen und lustigen Outfits. Bei Folge 15 kam der BEMBEL & GEBABBEL-Moderator sogar als XXL-Bembel zur Show.

Die Sendung auf dem Lohrberg neigt sich an diesem Abend dem Ende zu. Die Gäste geben beim lustigen Liedersummen nochmal alles, um die 600 Euro für einen guten Zweck zu erspielen. Danach folgt meine Verabschiedung, die Rotlichter der Kameras gehen aus, wieder ist eine Sendung im Kasten.

Genau eine Woche später wird sie auf unserer Homepage www.bembel-und-gebabbel.de zu sehen sein. Der Minister hat es eilig. Hubertus Heil muss zum Flughafen. Sein Flieger nach Berlin geht noch am gleichen Abend. Mit den anderen beiden Gästen sitze ich noch gemütlich zusammen, wir lassen den Abend gemeinsam ausklingen. Und ab dem nächsten Morgen beginnt dann auch schon die Vorbereitung für die nächste Show.

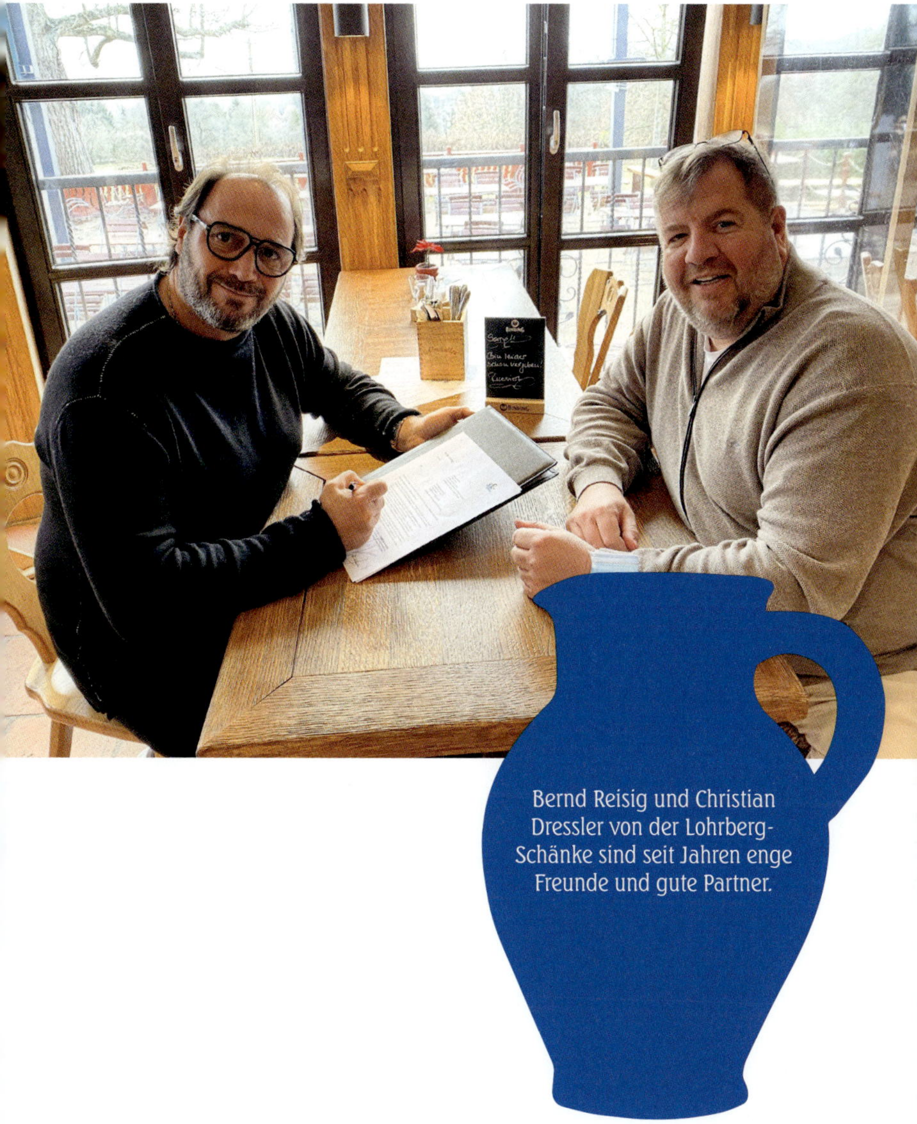

Bernd Reisig und Christian Dressler von der Lohrberg-Schänke sind seit Jahren enge Freunde und gute Partner.

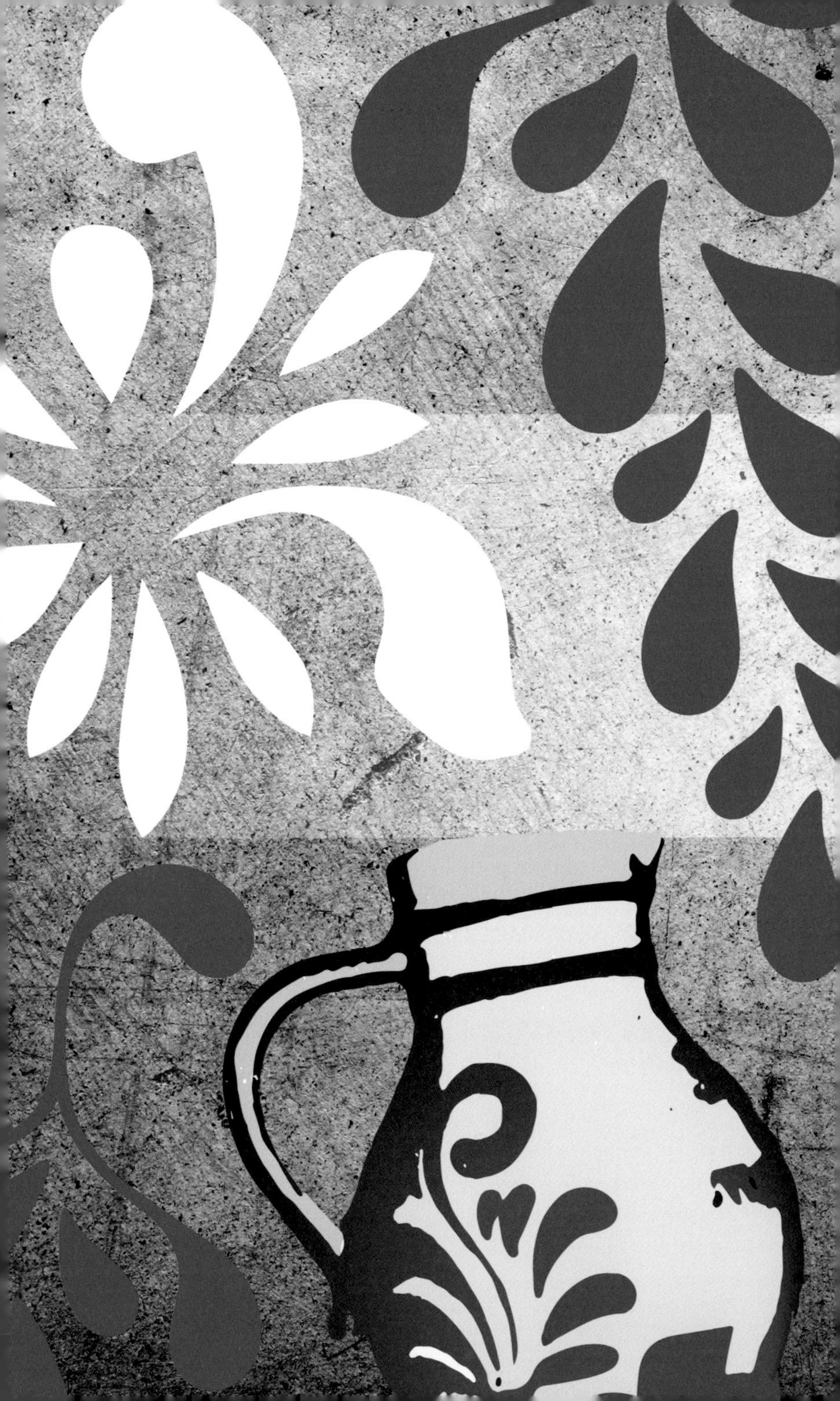

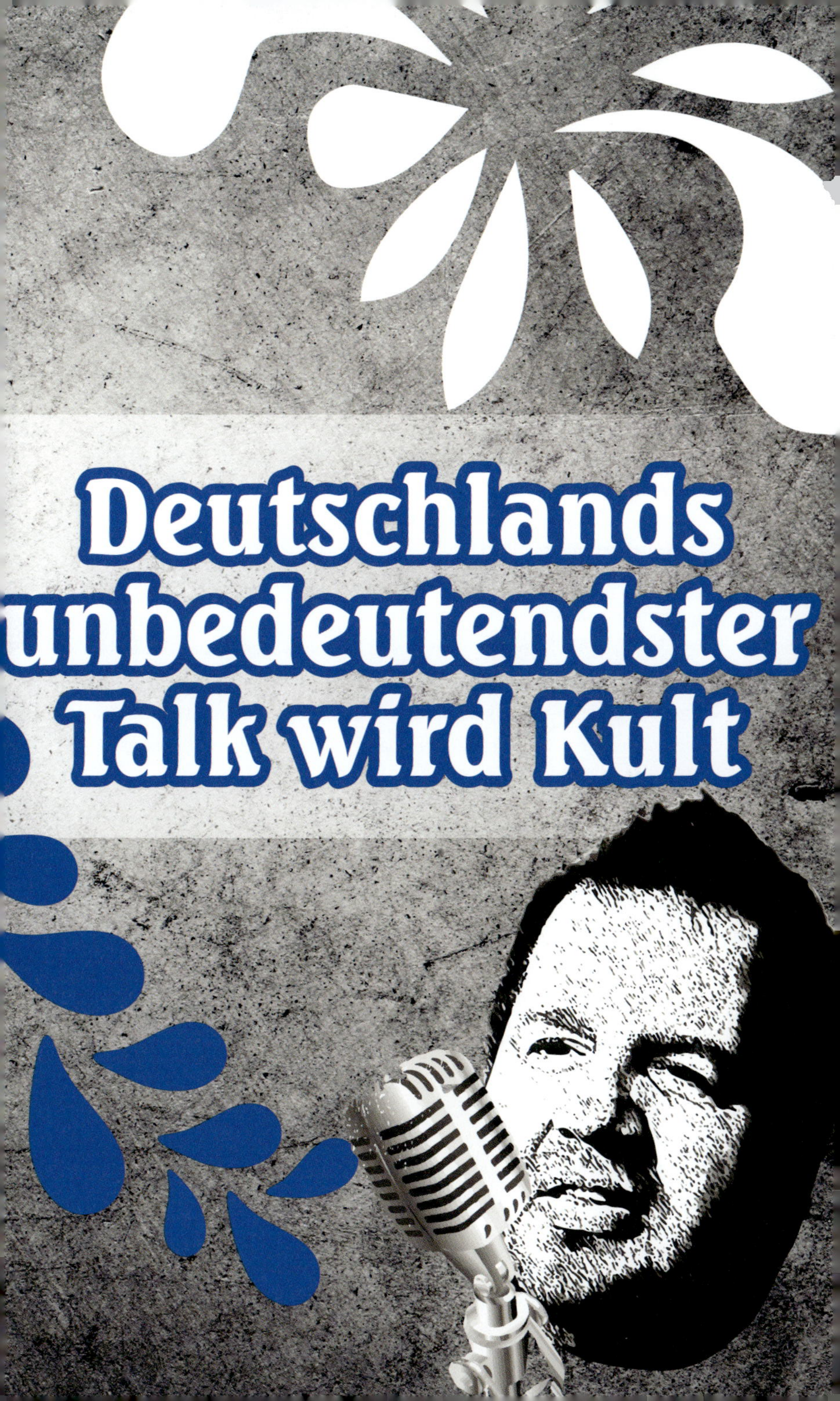
Deutschlands
unbedeutendster
Talk wird Kult

Das öffentliche Interesse wächst

Ob ich geglaubt hätte, dass wir mit unserer Sendung zehn Jahre durchhalten? Wahrscheinlich nicht. Und wahrscheinlich hätte ich es auch nicht für möglich gehalten, dass wir uns relativ schnell von Deutschlands unbedeutendster Talkshow zur absoluten Kultsendung entwickeln. Man könnte sagen, dass wir in der Anfangszeit eine relativ unscheinbare kleine Raupe waren, die sich dann mit den Jahren zum prachtvollen Schmetterling entwickelt hat, der sogar den Kanzler angelockt hat.

BEMBEL & GEBABBEL und die stetig wachsende Aufmerksamkeit an unserer Sendung ist auch eine Mediengeschichte. Denn schließlich hat der Erfolg unserer Show auch damit zu tun, dass immer wieder über uns gesprochen wird. Die Entwicklung des Formats in den letzten zehn Jahren ist somit auch eng an die mediale Berichterstattung geknüpft.

Schon etliche Auftritte in unserer kultigen Talkshow haben dazu geführt, dass wir überregionale oder sogar deutschlandweite Aufmerksamkeit bekommen haben. Die unangefochtene Nummer eins unter den erfolgreichsten Shows ist die Sendung mit Bundeskanzler Olaf Scholz. Sie wurde bis heute schon über 1,6 Millionen Mal geklickt – und damit meine ich nur die Sendung selbst. Ein Teaser zur Show hat bei Social Media inzwischen über 7 Millionen Aufrufe. Da musste ich mir selbst erstmal die Augen reiben.

Wenn ich an die Anfangszeit zurückdenke, ist die Show zunächst kein Selbstläufer, aber Folge 14, bei der unter anderem unser damaliger hessischer Ministerpräsident Volker Bouffier zu Gast ist, sticht mit über 250.000 Klicks erstmals heraus. Der Grund: Ein Satz, den Bouffier über seinen Parteikollegen Horst Seehofer sagt: »Innerhalb der CSU gilt der Horst als Weichei«, verrät er. Wumms. Der Satz hat gesessen. Und trotzdem lässt sich in diesem Augenblick noch nicht erahnen, was das im Nachgang wirklich für Wellen schlagen würde. Ein paar Tage nach Veröffentlichung der Show klingelt mein Telefon und ein Redakteur der ZDF »heute-show« ist dran. Sie wollen den Ausschnitt für ihre nächste Sendung. Das empfinde ich in diesem Augenblick natürlich als absoluten Ritterschlag. Zumal ich großer Fan der Show von Oliver Welke bin. Doch plötzlich stehe ich noch vor einer anderen Frage. Rein rechtlich darf ich alle Ausschnitte aus der Sendung an Dritte weitergeben und muss mir dafür nicht mal mehr im Nachgang das Einverständnis der Protagonisten einholen – das klären wir in der Regel vorab. In diesem Fall aber ist die Situation ein bisschen anders. Ich kenne Volker Bouffier schon eine halbe Ewigkeit, wir sind gut befreundet. Als ich noch Manager beim FSV Frankfurt war, hat er mir und dem Verein schon das ein oder andere Mal extrem geholfen. Ich würde sogar so weit gehen und sagen, dass der Aufstieg des FSV in die Zweite Liga ganz eng mit seinem Namen verknüpft ist.

So jemanden will ich nicht einfach auflaufen lassen. Deshalb wähle ich seine Nummer, nachdem das Gespräch mit der Redaktion der »heute-show« beendet ist. Ich frage ihn, ob er was dagegen hat, wenn ich den Ausschnitt weitergebe. Hatte er zum Glück nicht. Ich sage aber auch ganz offen: Wenn er Bedenken geäußert oder sogar Nein gesagt hätte, hätte ich zwar geweint und wäre traurig gewesen, aber dann hätte ich es nicht gemacht. Unsere Bindung ist so eng, dass ich nie etwas getan hätte, was ihm schaden würde, oder er nicht wollte.

BEMBEL & GEBABBEL und die Medien

Der Ausschnitt geht viral und plötzlich wird auch außerhalb Hessens erstmals über BEMBEL & GEBABBEL gesprochen und das wiederholt sich in der Folgezeit in schöner Regelmäßigkeit. Die »heute-show« hat bis zum heutigen Tag vier Ausschnitte aus unseren Sendungen gezeigt. Die Redaktion schaut inzwischen jede Show. Sie

Die damalige FDP-Generalsekretärin Nicola Beer sorgte beim Summspiel für viele Lacher und auch die Medien stürzten sich auf diesen Ausschnitt.

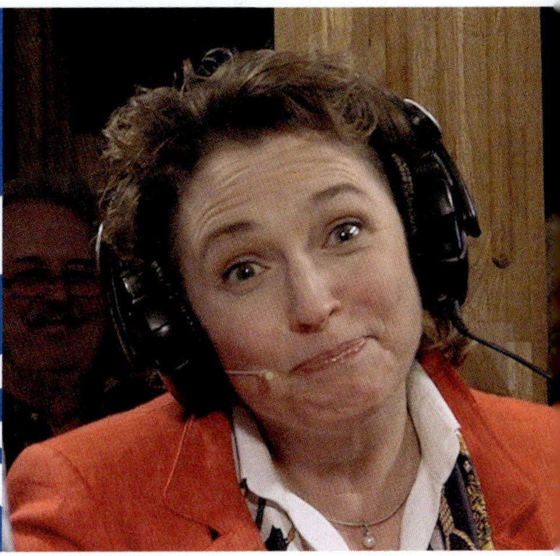

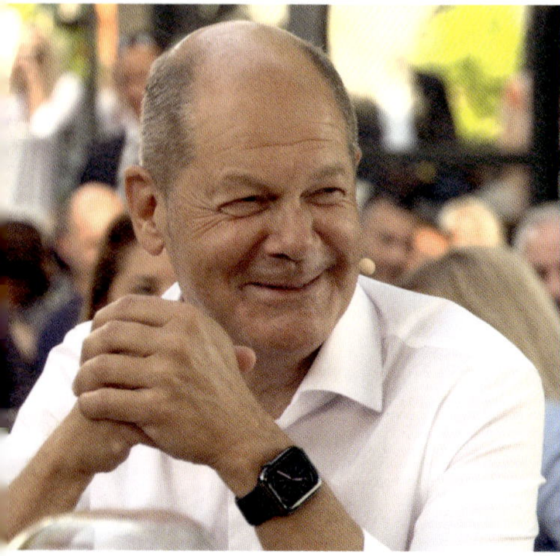

Noch heute werden immer wieder Ausschnitte aus dem Talk mit dem Kanzler in anderen Sendungen gezeigt. Vor allem der Witz, den Olaf Scholz über sich selbst machte, wird immer wieder medial aufgegriffen.

haben gemerkt, dass wir immer wieder gutes Material liefern. Nach dem Weichei-Satz wurde im April 2019 auch ein Ausschnitt der damaligen FDP-Generalsekretärin Nicola Beer gezeigt – beim Summen. 28 Sekunden für die Ewigkeit, mein Publikum und auch die anderen Gäste Sonya Kraus, Thomas Berthold und ich können nicht mehr vor Lachen. Nicola gibt alles, und doch hört sich das bei ihr wie eine Tonstörung an. In der »heute-show« wird sie als »geistig verwirrt« dargestellt. Im richtigen Kontext ist das ein Humor, der noch geht. Das fällt meiner Meinung nach noch unter Satire. Damit müssen Politiker in der heutigen Zeit leben können.

Zurück zum Kanzler. Der schafft es bei uns in der Sendung sogar gleich zweimal in die ZDF Satiresendung. Bei seinem ersten Besuch 2020 – damals noch als Finanzminister – geht es um die Bonpflicht, bei seinem zweiten Besuch als Kanzler dreieinhalb Jahre später frage ich ihn, ob er einen Olaf Scholz-Witz kennt.

Es kann schon mal vorkommen, dass manche Gäste von den Medien im Nachgang nicht so gut behandelt oder sogar lächerlich gemacht werden. Eines muss ich aber auch mal sagen: Die »Frankfurter Allgemeine Zeitung« (F.A.Z.) hat immer mit großem Respekt über unser Format berichtet. Da wird fast jedes Mal gelobt, wie ich mit den Talkgästen rede und was ich aus ihnen rausbekomme.

Auch »RTL-Hessen« und Society-Reporter Jens Prewo ist ein dankbarer Abnehmer. Er hat mir schon mehrfach gesagt, wie gut unsere Themen und die Gäste sind. Bei seinem wöchentlichen Society-Countdown war BEMBEL & GEBABBEL schon locker zehnmal die Nummer eins. Beim Besuch von Pippi Langstrumpf-Darstellerin Inger Nilsson darf der Celebrity-Reporter natürlich auch nicht fehlen. Ihr Besuch ist bis heute eines meiner absoluten Highlights in der Show.

Pippi Langstrumpf, ein junges, aufgeschlossenes Mädchen, das sich die Welt macht, wie sie ihr gefällt – das fand ich schon immer bemerkenswert. Daher kam mir auch die Idee, den einstigen Kinderstar in meine Welt einzuladen und für die Sendung anzufragen. Inger in die Show zu bekommen, war gar nicht so schwierig, wie mancher vielleicht denkt. Ich habe sie einfach angeschrieben und ihr erzählt, was ich mache. Eines Tages hat sie per E-Mail geantwortet und ihre Zusage gegeben.

Ich habe mich wahnsinnig gefreut. Als sie dann im Sommer 2023 tatsächlich neben mir am Talktisch auf dem Lohrberg saß, war das schon ein sehr spezieller Moment. Und nicht nur für mich: Wir hätten damals 1.000 Tickets für die Show verkaufen können. Es herrscht

RTL reiste mit einem eigenen Kamerateam nach Mallorca und berichtete in vielen nationalen Formaten von der Wiedervereinigung der einstigen Kinderstars.

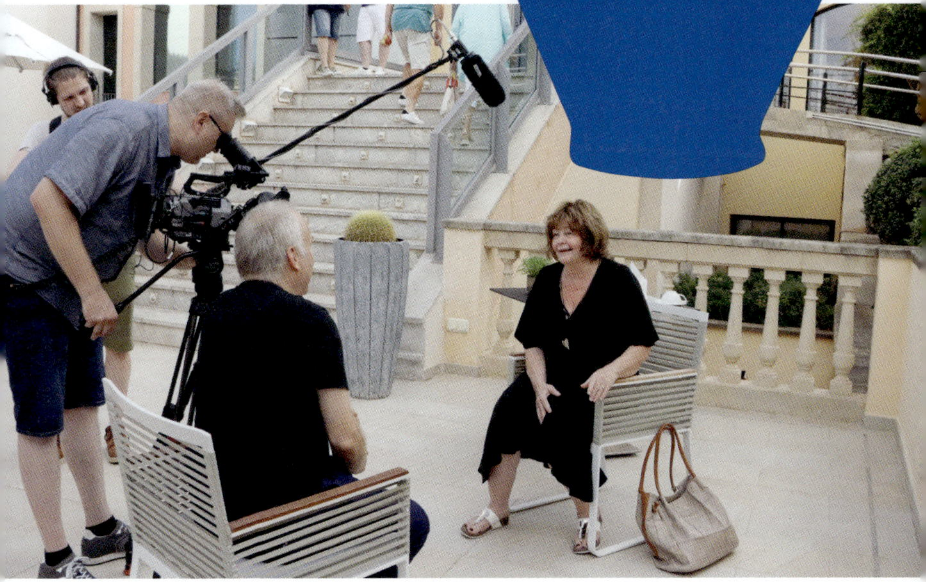

plötzlich die totale »Pippi-Manie«, die Medien sind außer sich. Viele schreibende Journalisten, etliche Fotografen und TV-Stationen meldeten sich schon Wochen vorher und fragten nach Drehgenehmigungen. Wieder einmal ist BEMBEL & GEBABBEL aus allen Richtungen total gefragt.

Und es geht sogar noch weiter. Auch nach der Sendung haben die Medien uns begleitet. Beim Wiedersehen der einstigen Kinderstars auf Mallorca wurden wir von einem Kamerateam rund um RTL-Society-Experte Jens Prewo begleitet. Die Bilder laufen später in allen Boulevardmagazinen des Senders rauf und runter – von »Exclusiv« bis zum Regionalmagazin »RTL Hessen«. Eine wahnsinnige Aufmerksamkeit für unsere Show und eine unglaublich schöne Geschichte, weil man sieht, was auch im Nachgang einer Sendung noch so alles passieren kann.

Für Schlagzeilen sorgte auch der Auftritt von Ex-DFB-Präsident Theo Zwanziger im Frühjahr 2015. Der ist kurz zuvor aus diesem Amt ausgeschieden, sitzt aber nach wie vor im Exekutivkomitee des Fußball-Weltverbandes FIFA. In der Show übt er heftige Kritik an der Vergabe der Fußball-WM nach Katar aus. Er spricht von einer der größten Fehlentscheidungen, die Funktionäre im Sport je getroffen hätten. Und er nimmt sich explizit die europäischen Funktionäre vor und den damaligen UEFA-Präsident Michel Platini, der ebenfalls für diese Weltmeisterschaft gestimmt hat. »Sport1«, die »BILD« und viele andere Medien zitierten ihn daraufhin.

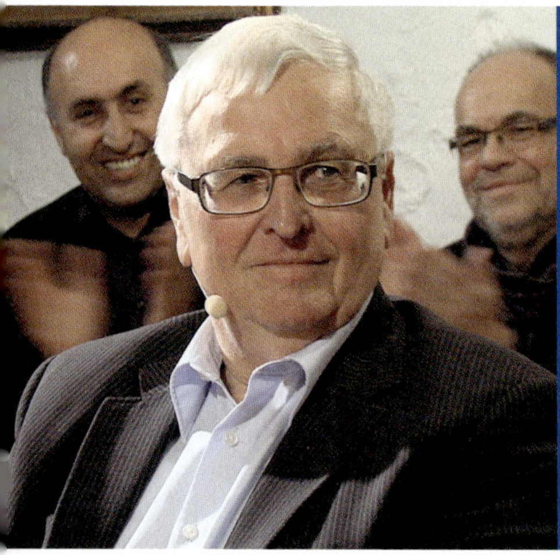

Das hatte gesessen. Die Aussagen von Theo Zwanziger und seine Abrechnung mit dem Fußballgeschäft sorgten für Schlagzeilen.

Wenn Shows Besonderheiten liefern, andere Medien darüber berichten, wir Schlagzeilen produzieren, dann hat das schon deutliche Auswirkungen auf unsere Klickzahlen. Abgesprochen habe ich mich vor einer Sendung aber mit noch keinem Gast. Und doch kann es während der Aufzeichnung schon mal passieren, dass ich die große Schlagzeile wittere. Da bin ich dann gelegentlich auch ganz direkt und frage meinen Gesprächspartner, ob er nicht einen raushauen möchte. Ich bräuchte mal wieder was für die Quote. Meistens endet das dann in großem Gelächter. Aber die besten Geschichten, die der Sendung nachhaltige Aufmerksamkeit beschert haben, kommen sowieso spontan. Die kann man nicht planen.

Es sind aber auch nicht immer die Lacher, manchmal auch die nachdenklichen Momente, die im Gedächtnis bleiben. Wie der Besuch von Ex-Eintracht-Frankfurt-Trainer Oliver Glasner, der als Coach der Hessen mit dem Europa-League-Titel 2022 Geschichte schrieb. In der Sendung erzählt er von einem schwierigen Augenblick in seinem Leben. Er war selbst noch Spieler, als ein Kopfballtraining starke Kopfschmerzen bei ihm auslöste. Wenig später unter der Dusche waren sie kaum noch auszuhalten. Glasner kam ins Krankenhaus, es wurde eine Gehirnblutung diagnostiziert. Er wurde notoperiert, die Schädeldecke runtergeklappt. Als er das alles in meiner Sendung erzählt, ist es mucksmäuschenstill auf dem Lohrberg. Er sagt: »Nur der Verkettung vieler glücklicher Umstände ist es zu verdanken, dass ich heute noch hier sitze.«

Fußballtrainer Oliver Glasner plauderte in der Sendung über das wahrgewordene Eintracht-Märchen, dem Frankfurter »Europapokal-Wunder«, zeigte sich aber auch extrem nachdenklich, als er von dem schwierigsten Moment seines Lebens erzählte.

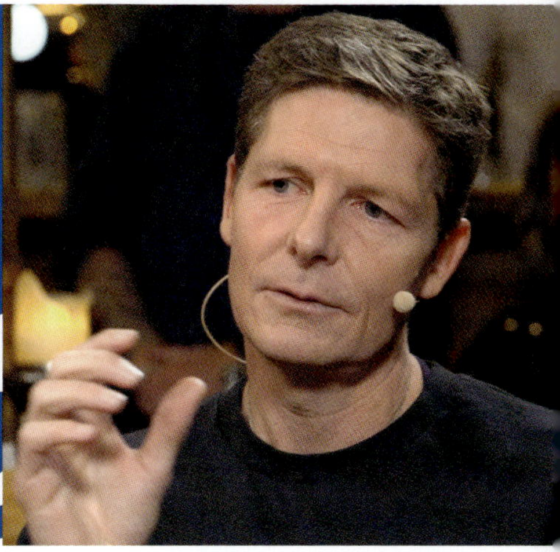

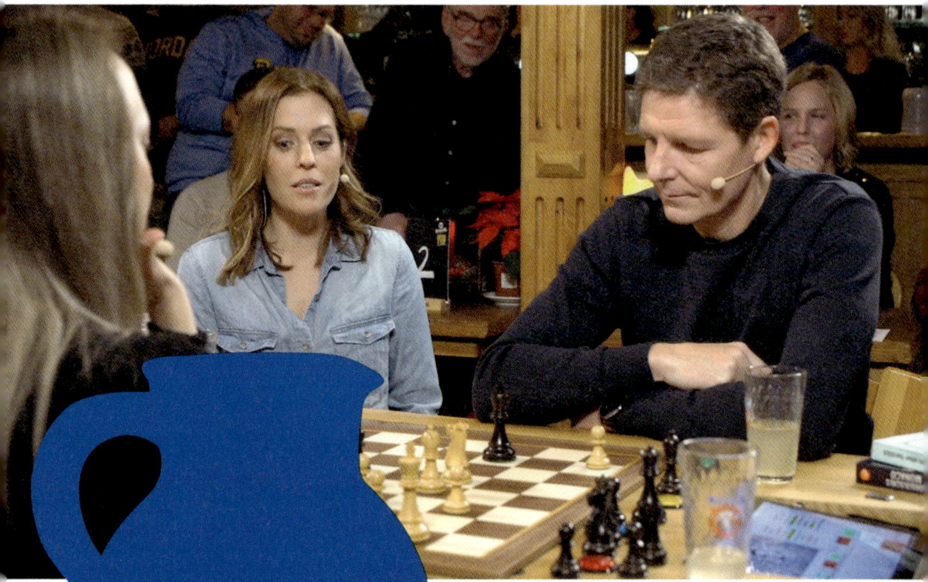

Keine großen Siegeschancen für Ex-Eintracht-Coach Oliver Glasner im Schachduell mit Profispielerin Elisabeth Pähtz.

Das Thema greift »Sport1« auf, macht einen langen Beitrag darüber. Dort zeigen sie auch noch andere Seiten des Fußballtrainers. Wie er beim Weihnachtsgans-Essen meiner Stiftung »helfen helfen« Essen an obdachlose Menschen serviert und wie er bei BEMBEL & GEBABBEL neben den erwähnten nachdenklichen Tönen auch eine Runde Schach gegen eine der weltweit Besten in diesem Sport, Schachmeisterin Elisabeth Pähtz, spielt. Glasner hat keine Chance. So etwas wurmt einen erfolgsbesessenen Typen wie ihn.

Das passt wie Topf und Deckel!

Was uns medial nochmal einen richtigen Schub gibt, ist die Kooperation mit »HIT RADIO FFH«, die im Sommer 2021 beginnt. Zu diesem Zeitpunkt haben wir schon

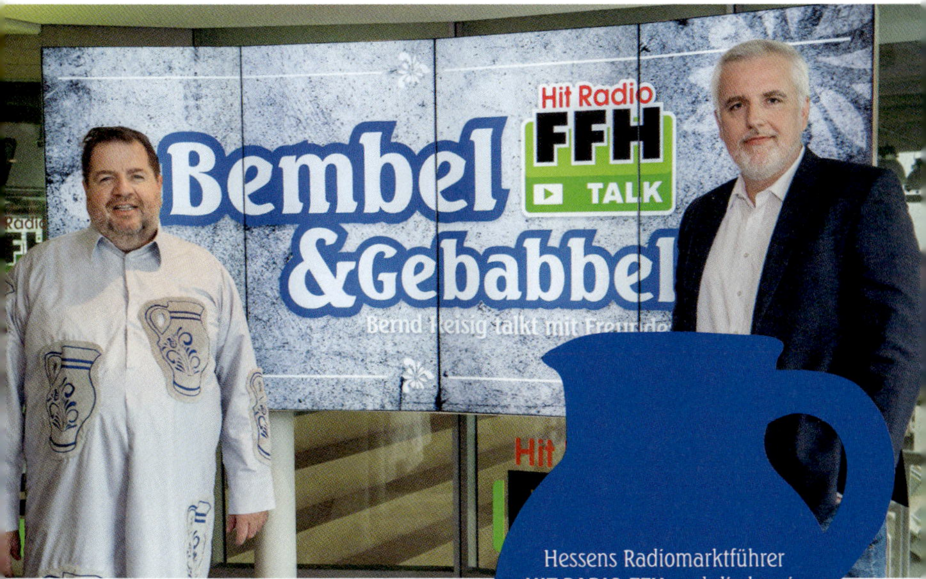

Hessens Radiomarktführer HIT RADIO FFH und die hessische Kult-Talkshow BEMBEL & GEBABBEL machen seit 2021 gemeinsame Sache. Bernd Reisig (links) und FFH-Geschäftsführer Marco Maier (rechts).

den Schritt von Deutschlands unbedeutendster Talkshow hin zur Kultsendung geschafft. Der Geschäftsführer Marco Maier möchte mit uns zusammenarbeiten. Wir schnüren ein schönes Paket, von dem beide Seiten partizipieren. »FFH« lässt die Sendung so, wie sie ist. Sie wollen keine Vorgaben machen, auch nicht inhaltlich mitreden. Die Unterstützung konzentriert sich auf das Marketing: Videotrailer laufen auf der Homepage, im Radioprogramm Ausschnitte aus der Show – klassische Cross-Promo und ein Service für die Hörer. Über die Homepage kann man sich auf direktem Wege in die Sendung klicken. Das alles funktioniert. Seitdem die Kooperation läuft, haben wir zwischen 50.000 und 100.000 Klicks mehr pro Sendung.

»HIT RADIO FFH« ist schon ein ganz besonderer Player im Radiogeschäft, weil er in seiner Struktur wie eine Lokomotive ist. Wenn die Weichen gestellt sind und »FFH« mit seiner Lok auf die Schiene geht, läuft der ganze Apparat, von der Empfangsdame bis hin zum Geschäftsführer, bei einem Projekt in eine gemeinsame

Richtung. Da können sich auch die Öffentlich-Rechtlichen eine Scheibe von abschneiden. »FFH« entwickelt seine Power und seine Kraft dadurch, dass alle an einem Strang ziehen oder um das Bild nochmal zu bemühen: Eben alle in der gleichen Lokomotive sitzen und heizen. Das ist etwas Besonderes. Auch deshalb sind die Kampagnen des Senders immer so erfolgreich. Unsere Sendung, die zu Beginn der Zusammenarbeit mit »FFH« schon Kult war, hat das zusätzlich gepusht. Man kann sagen, das war nochmal ein kleiner Quantensprung.

Ich werde oft gefragt, warum die Sendung nicht im »hr«-Fernsehen läuft. Wir haben auch zu dieser Redaktion ein sehr gutes Verhältnis, mehrere Intendanten waren schon in der Show zu Gast. Doch wir sind gemeinsam zu dem Ergebnis gekommen, dass eine Ausstrahlung im linearen Fernsehen für beide Seiten wenig Sinn macht. Wir haben uns in den zurückliegenden zehn Jahren so viele Freiheiten erarbeitet – inhaltlich und werblich –, die wir bei einer Ausstrahlung im »Hessischen Rundfunk« stark einschränken müssten. Bestimmte Dinge sind dann einfach nicht mehr möglich. Ich sage mal ein Beispiel: Es gibt bei den Öffentlich-Rechtlichen ein Agreement, dass man für einen Zeitraum von sechs bis acht Wochen vor der Wahl keinen Politiker und keine Politikerin mehr in eine Unterhaltungssendung einladen darf. Das würde uns massiv einschränken, weil es eigentlich immer irgendwo Wahlen gibt. Oder die Werbung auf dem Tisch: Auf die VGF-Spendendose und die Lostrommel von LOTTO Hessen müssten wir verzichten und damit auf wichtige Einnahmen. Ich glaube auf der anderen Seite auch, dass wir im linearen Fernsehen nicht so viele Zuschauer mehr bekommen würden, auch nicht auf einem prominenten Sendeplatz am Sonntagabend um 22 Uhr. Nein, so wie es jetzt ist, ist es gut.

Ein steiniger Beginn

Es ist schon interessant, wie wir anfangs belächelt und fast von oben herab angeschaut wurden. Da habe ich nicht selten Sätze gehört wie: »Wie bescheuert kann man eigentlich sein, die gefühlt 375. Talkshow zu machen?« Inzwischen hat sich das Blatt gewendet. Es gibt einen Run, wir bekommen fast zu jeder Show Medienanfragen. Beim Besuch von Bundeskanzler Olaf Scholz hatten wir 27 akkreditierte

Journalisten vor Ort. Über die Show wird inzwischen so viel berichtet, so viel kommentiert, so viel zitiert. Das macht schon ein Stück weit stolz.

Wir sind inzwischen ein ganz guter Player im Mediengeschäft. Trotzdem gelten bei mir Prinzipen, die ich auch für zusätzliche Aufmerksamkeit nicht aus den Augen verlieren werde. So würde ich nie jemanden bloßstellen oder beleidigen. Der Respekt vor jedem einzelnen Gast ist für mich das höchste Gut. Wie weit ich selbst gehen würde für zusätzliche Aufmerksamkeit oder Kohle? Da gibt es einiges. Man denke nur an meinen Auftritt als lebende Liftfaßsäule oder Drag Queen zurück. Ob ich mich allerdings ausziehen würde für die Show? Man soll ja niemals nie sagen, aber ich bin realistisch: Ich weiß nicht, ob die nackte Wahrheit der Quote wirklich guttun würde...

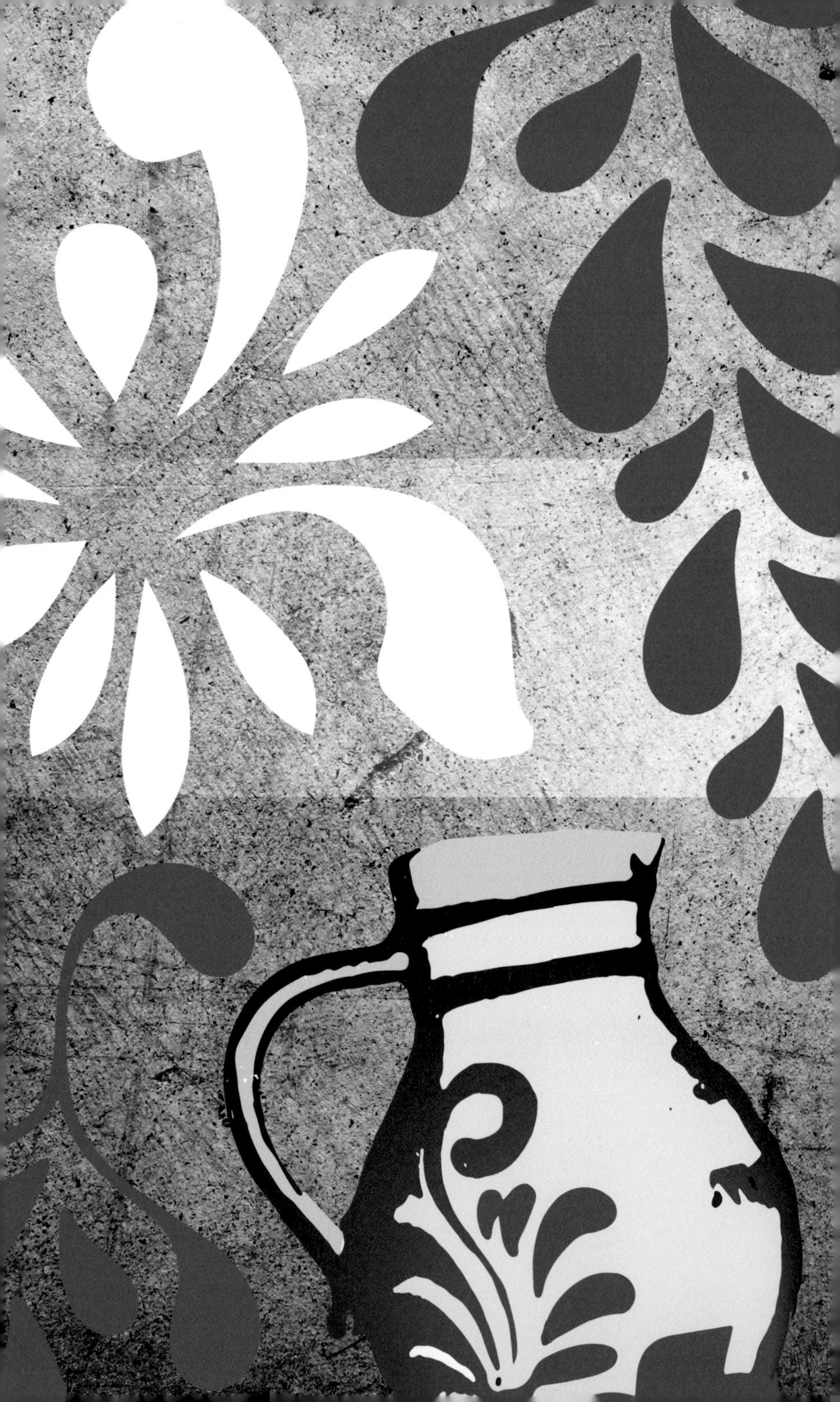

Noch lange nicht Schluss

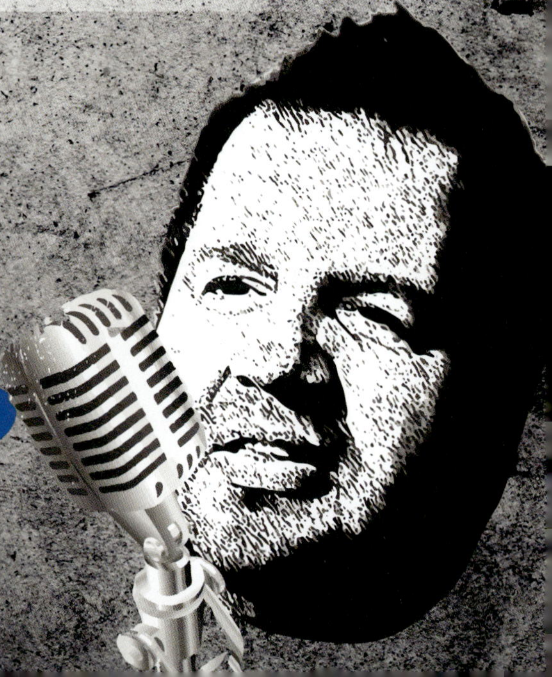

Wie geht's weiter?

Seit zehn Jahren gehört BEMBEL & GEBABBEL inzwischen für viele einmal im Monat einfach dazu. Wir babbeln in lockerer Kneipenatmosphäre, es gibt immer viel zu lachen und wir erfahren allerhand spannende Stories von unseren Talkgästen, die sich in der Show oft von einer ganz anderen, viel persönlicheren Seite zeigen.

Und auch unser Publikum, das seit zehn Jahren jede Folge schaut – entweder live bei der Aufzeichnung oder bequem von zu Hause aus auf dem Sofa. Es ist jedes Mal wieder schön zu sehen, dass wir treue Fans haben, die schon bei unseren ersten Sendungen ein Ticket gekauft haben und auch heute immer wieder im Publikum sitzen. Genauso schön ist es aber, dass es uns gelingt, zudem stets neue Leute für BEMBEL & GEBABBEL zu begeistern. Die Eintrittskarten für unsere Show sind heiß begehrt. Teilweise sind wir schon nach wenigen Stunden restlos ausverkauft. Egal ob der Kanzler sich angekündigt hatte, Pippi Langstrumpf auf dem Lohrberg gastierte oder bei unserer großen Geburtstagsshow zum zehnjährigen Sendungsjubiläum – die Tickets waren schneller weg als man unser traditionelles Mispelchen (alkoholisches Getränk aus dem Apfelbranntwein Calvados und einer eingelegten Frucht, der sogenannten Mispel), das es am Ende unserer Sendung für alle im Publikum zu trinken gibt, leer trinken kann.

In der zehnjährigen Geschichte unserer Show waren wir immer ausverkauft. Zu Beginn in der Friedberger Warte war das mit knapp 30 Plätzen keine große Kunst. Da reichten oft schon ein paar Freunde und die Begleitpersonen der Talkgäste, um die Plätze im Publikum zu füllen. Aber inzwischen machen wir problemlos den großen Biergarten der Lohrberg-Schänke mit über 300 Plätzen voll und führen bei jeder Sendung sogar noch eine Warteliste für alle, die kurzfristig noch auf ein Ticket hoffen.

Auch für unsere Showcrew gehört BEMBEL & GEBABBEL Monat für Monat dazu. Ohne unsere Techniker würde niemand den Talk hören können, die Gesprächsrunde wäre nicht perfekt ausgeleuchtet und ich könnte so oft auf meine bunten Knöpfe am Tisch drücken, wie ich wollte, es würde nichts passieren. Ohne Thorsten Siegmund, unseren Redakteur und Warm-up-Moderator, wären die Gäste nicht gebrieft und unser Publikum nicht angeheizt. Und ohne die ganzen Kameras könnten wir die großartigste Unterhaltung machen, aber außer unserem Live-Publikum könnte es niemand sehen. Was wären wir nur ohne »Deutschlands schönsten Wirt« Christian Dressler und sein Team von der Lohrberg-Schänke, das uns bei jeder Auf-

Joachim Llambi konnte nichts verunsichern. Nicht mal ein uralter TV-Ausschnitt von einem Tanzturnier in Bad Homburg brachte den Let's Dance-Juroren aus der Ruhe.

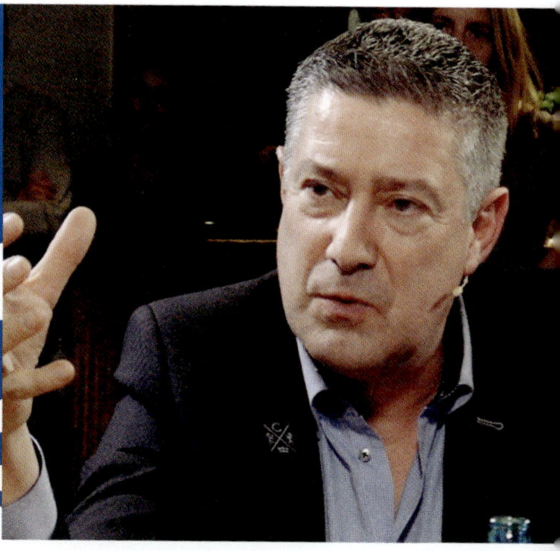

zeichnung herausragend bewirtet? Und auch für mich ist BEMBEL & GEBABBEL jeden Monat ein richtig schöner Termin. Der Lohrberg wird dabei mein Wohnzimmer und alle, die dazu kommen, sind meine Freunde.

Natürlich füllt die Sendung nicht nur einen Tag im Monat. Nach der Show beginnt für mich die Vorbereitung auf die nächste Aufzeichnung. Ich recherchiere interessante Fakten über meine Gäste und durchforste das Internet nach spannenden Fundstücken. Zum Beispiel hatte ich bei Folge 41 ein uraltes Video von Tanzjuror Joachim Llambi ausgekramt, der für den regionalen Fernsehsender »Rhein-Main TV« eine Tanzveranstaltung aus dem Kurhaus in Bad Homburg kommentierte – noch nicht ganz so wortgewandt und lässig wie bei den heutigen Let's Dance-Folgen auf »RTL«.

Auch beim Bundesvorsitzenden der Grünen, Omid Nouripour, hatte ich einige spannende Anekdoten herausgefunden. Unter anderem bin ich darauf gestoßen, dass der Grünen-Politiker aus Frankfurt früher in der Batschkapp an Rap-Battles teilgenommen hatte. Natürlich musste ich das in der Sendung auf die Probe stellen und ihn vor versammelter Mannschaft rappen lassen. Außerdem ist Nouripour nicht nur großer Eintracht-Fan, sondern kickte auch selbst beim FSV Frankfurt. In der Sendung konnte er dann auch dieses Talent unter Beweis stellen. Ich hatte einen Fußball mitgebracht, den Omid dann auf engstem Raum hochhalten sollte. Das hat zwar nicht so gut funktioniert, war aber ein mehr als sympathischer Auftritt des Bundesvorsitzenden der Grünen.

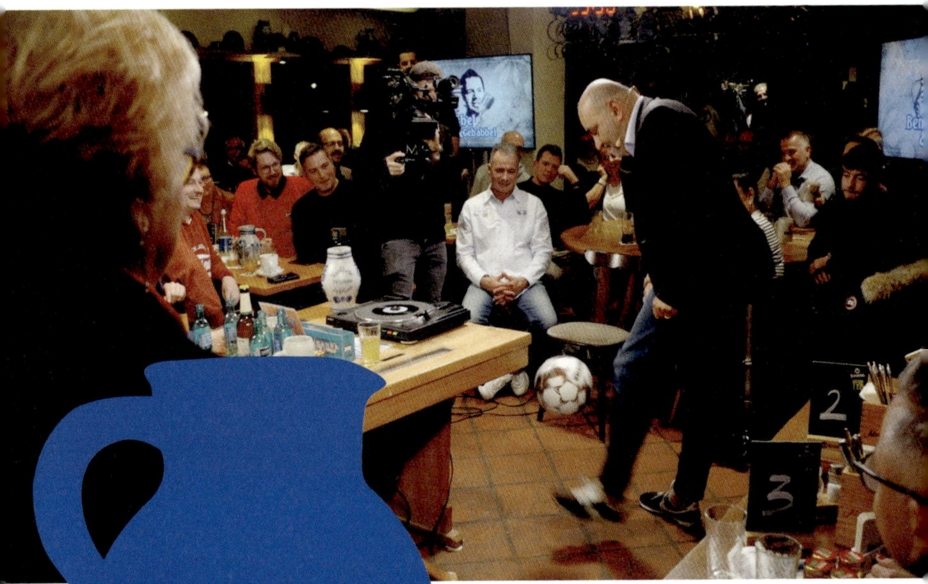

Was kann Eintracht-Fan und Grünen-Chef Omid Nouripour eigentlich am Ball? Bei BEMBEL & GEBABBEL gab's auf engstem Raum den Beweis.

So gibt es über die Jahre unzählige Geschichten, die ich zum Teil bereits auf den vorherigen Seiten zum Besten gegeben habe und an die ich mich immer wieder gerne erinnere. Aber ich freue mich auch auf das, was die Zukunft noch bringt, denn auch wenn das hier das letzte Kapitel in diesem Buch zu unserem zehnjährigen BEMBEL & GEBABBEL-Jubiläum ist, ist es noch lange nicht das letzte Kapitel unserer Sendung. Wir haben nämlich noch lange nicht ausgebabbelt!

Wir bleiben am Ball!

Hin und wieder werde ich gefragt: »Herr Reisig, wie lange wollen Sie die Sendung denn eigentlich noch machen?« Die Leute scheinen zu merken, dass man auch nicht jünger wird.

Ich habe mir da natürlich auch schon meine Gedanken darüber gemacht, da ich ja der Einzige bin, der die Show absetzen kann. Es gibt keinen Senderchef oder einen Intendanten, der Entscheidungen über unsere Sendung fällen kann und uns vorschreibt, wie wir was zu machen haben und vor allem wie lange noch. Daher haben wir auch keinen Druck – aber verfolgen stets einen hohen Selbstanspruch. Dieser zieht sich im Übrigen wie ein roter Pfaden durch mein gesamtes Leben. Ich war schon immer ein absoluter Perfektionist und bin es geblieben. Ich bin total detailverliebt und wenn ich etwas mache, dann will ich auch voll und ganz dahinter stehen können. Egal ob damals als Künstler- und Medienmanager, zu meiner Zeit als Fußballfunktionär oder aktuell bei BEMBEL & GEBABBEL und meiner Stiftung – ich mag perfekte Abläufe und gründliche Vorbereitung.

Getrieben von diesem Selbstanspruch kann ich die Frage nach einem etwaigen Sendungsende guten Gewissens so beantworten: Wir machen weiter, solange es den Leuten noch gefällt! Ich mache diese Sendung nicht für mich, sonst könnte ich die Gäste auch zu mir ins Wohnzimmer oder auf meine Terrasse einladen. Ich mache BEMBEL & GEBABBEL, weil ich weiß, dass die Show gut ankommt, vielen richtig gut gefällt und dass Monat für Monat zahlreiche Leute auf die neue Folge warten. Das merke ich auch regelmäßig nach unserer jährlichen Winterpause. Da ist der Applaus zu Showbeginn immer noch größer. Als würde das Publikum uns damit sagen wollen: »Schön, dass ihr wieder da seid!«

Solange ich dieses Gefühl habe, machen wir auf jeden Fall weiter. Uns gehen weder die Gäste noch die Gesprächsthemen oder gar die Ideen aus. Sollte ich irgendwann merken, dass den Leuten BEMBEL & GEBABBEL nicht mehr gefällt, erst dann denke ich ans Aufhören.

Ein erstes Etappenziel

Ich kann mich noch ziemlich gut an unsere 25. Jubiläumssendung nach etwa zweieinhalb Jahren erinnern. Im Publikum waren viele Freunde, Partner und auch ehemalige Talkgäste wie beispielsweise mein guter Freund FFH-Moderator Johannes Scherer, Fernsehkoch Mirko Reeh, Comedy-Powerfrau Woody Feldmann, Börsenexperte Mick Knauff und viele mehr. Ich hatte mich für diesen Abend extra schick gemacht und trug einen hellen Anzug mit lila Fliege und Einstecktuch. Alle sollten

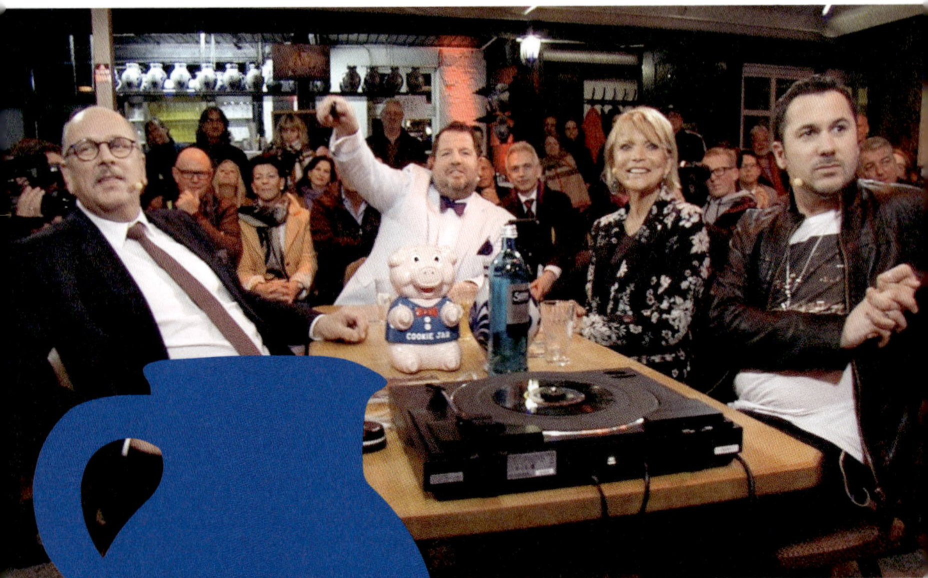

Große Jubiläumssendung zur 25. Folge mit Uschi Glas (Schauspielerin), Stefan Grüttner (Hessischer Minister) und Andy Ost (Comedian, Musiker).

merken, dass dieser Showabend auch für mich etwas besonderes ist. Erstmals wagten wir uns dafür auch nach draußen und zeichneten die Sendung vor 170 Zuschauern im Biergarten der Friedberger Warte auf. Die Tickets zu unserem Jubiläum wurden uns nur so aus den Händen gerissen, schließlich hatten wir wieder hochkarätige Gäste an den Talktisch eingeladen. Stefan Grüttner, der 2017 hessischer Sozialminister war, war zu Gast, genauso wie Musikkabarettist und Comedian Andy Ost und die Grand Dame der deutschen Film- und Fernsehwelt, Uschi Glas.

Andy Ost sagte zu Beginn der Sendung: »Wenn mir das mal einer gesagt hätte, dass wir in der Runde zusammen sitzen und einen Schoppe petze. Das ist doch grandios!« Viel war dem nicht hinzuzufügen, denn auch ich hätte das zu Anfangszeiten nie für möglich gehalten. Als wir 2014 begonnen hatten, BEMBEL & GEBABBEL zu machen, hätte keiner von uns daran geglaubt, dass wir 25 Sendungen durchhalten. Mittlerweile feiern wir unser zehnjähriges Sendungsjubiläum und wir hatten es ja gerade: Wer weiß, wie lange wir noch talken. Der Gesprächsstoff geht uns ganz sicher nicht aus.

In jeder Folge steckt viel Herzblut und unglaublich viel Arbeit, die wir in einem sehr kleinen Team bewerkstelligen. Aber man erntet, was man säht – so heißt es ja. Und wenn wir diese Bauernweisheit zugrunde legen, dann ernten wir viel Applaus von unserem Publikum und großen Zuspruch unserer Gäste. Auch Uschi Glas wurde in jener 25. Jubiläumsfolge ein echter Freund unseres Formats. Wir plauderten völlig vertraut über damalige Zeiten. Die Grande Dame der deutschen Film- und TV-Unterhaltung und mich verbindet nämlich ein ganz besonderer Fakt. Wir beide sind die jüngsten von vier Kindern. In der Sendung unterhielt ich mich mit Uschi über den in meiner Kindheit regelmäßig an Samstagen stattfindenden »Badetag«. Es ging für alle Kinder in die Wanne und die Jüngsten kamen immer zum Schluss dran. In der Show teilten wir dann unsere Erfahrungen von kaltgewordenem Wasser bis leichtem Ekel, weil alle anderen Geschwister zuvor schon im selben Badewasser gewaschen wurden. Nicht die einzige Parallele zwischen mir und Uschi Glas. Die Schauspielerin nutzt ihre Bekanntheit seit einigen Jahren, um abseits ihres Berufs Gutes zu tun. Gemeinsam mit ihrem Ehemann Dieter Hermann gründete sie 2008 den Verein »brotZeit», der rund 8.000 Kindern an 180 deutschen Schulen ein tägliches gesundes Frühstück ermöglicht.

Uschi Glas gilt als Grand Dame der deutschen Film- und Fernsehwelt und berichtete in unserer 25. Jubiläumssendung unter anderem über ihren Verein »brotZeit«.

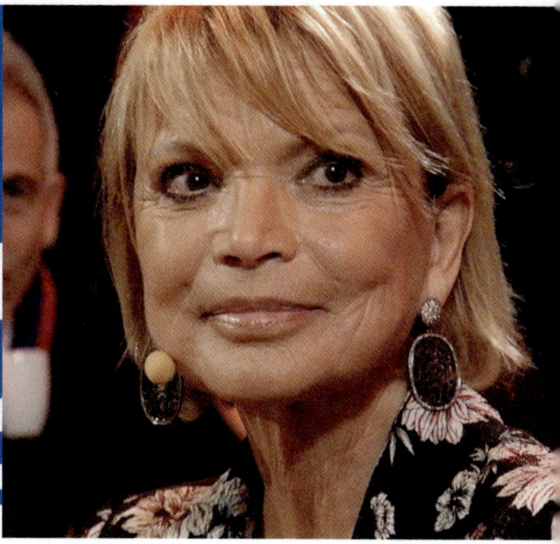

In der Sendung erzählte Uschi, dass sie fortan auch 25 Schulen in Frankfurt mit gesunden Frühstücks-Stullen beglücken möchte. Großartiges Engagement!

Auch ich versuche mit meiner Stiftung »helfen helfen« regelmäßig etwas zurückzugeben, um diejenigen zu unterstützen, die im Leben nicht so viel Glück hatten wie ich. Mit unserem »Weihnachtsgans-Essen für Obdachlose« und den vielen anderen Veranstaltungen, die wir rund ums Jahr für den guten Zweck organisieren, möchte ich den Menschen helfen, die in unserer Gesellschaft zu kurz kommen oder gar komplett vergessen werden.

Seit 2012 laden wir daher bedürftige Menschen jedes Jahr in der Vorweihnachtszeit zum Gänseessen in den Ratskeller im Frankfurter Römer ein. Dort können diese Menschen für ein paar Stunden abschalten und ihren tristen Alltag vergessen. Zu Ostern organisieren wir inzwischen in fünf hessischen Städten (Frankfurt, Offenbach, Kassel, Darmstadt und Wiesbaden) und in Aschaffenburg ein »Oster-Essen für Obdachlose« und hilfsbedürftige Menschen. Dabei verteilt unsere Stiftung mit Unterstützung von nahezu 300 freiwilligen Helfern Grüne Soße, Pellkartoffeln und kleine Geschenke an Bedürftige. Hinzu kommen über das Jahr viele weitere Aktionen von Pizza-Essen, Kaffee und Kuchen für Obdachlose bis hin zu einem veganen Menü für Bedürftige auf Anregung von Rapper Moses Pelham. Es ist für mich und alle die sich bei der Stiftung einbringen eine Herzensangelegenheit, diese Events für hilfsbedürftige Menschen zu organisie-

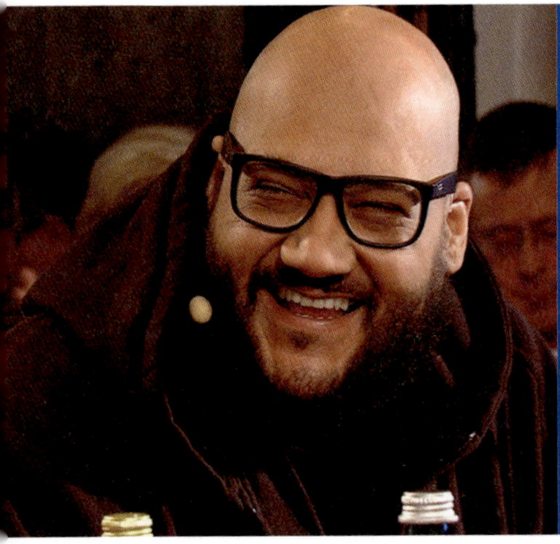

Rapper Moses Pelham lebt selbst vegan und organisiert seit Jahren mit der Bernd Reisig Stiftung »helfen helfen« das »vegane Essen für Obdachlose« im Römer-Ratskeller.

BEMBEL & GEBABBEL wird Deutschlands erste klimaneutrale Talkshow. Die Planungen dazu sind bereits weit fortgeschritten.

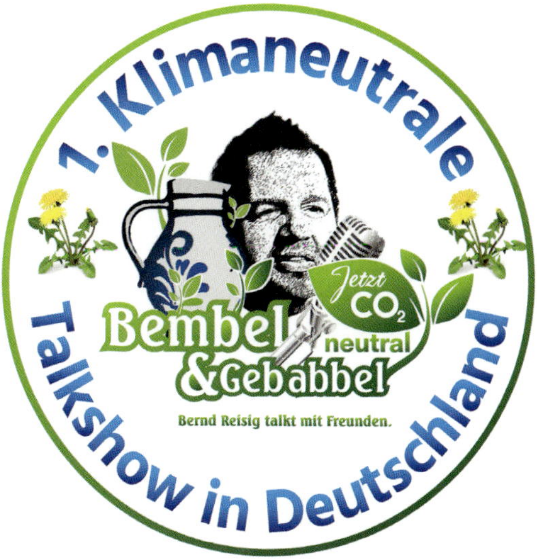

ren. Das Motto bei unseren vielen Stiftungsaktivitäten lautet dabei »Gemeinsam gegen einsam!«

Nicht nur mit unserer Stiftung haben wir künftig noch viele weitere gemeinnützige Projekte geplant. Auch bei BEMBEL & GEBABBEL bleibt es spannend. Wir haben uns zwar schon lange eingegroovt und sämtliche Abläufe funktionieren inzwischen fast von alleine, trotzdem versuchen wir weiterhin neue Ideen umzusetzen. Unter anderem wollen wir Deutschlands erste klimafreundliche Talkshow werden.

Neue Wege

In der Gesellschaft und in der Politik gewinnt das Thema Klimaschutz immer weiter an Bedeutung. Schon jetzt fahren einige Autos vollelektrisch auf unseren Straßen, viele Firmen und Privathaushalte nutzen erneuerbare Energien im alltäglichen Gebrauch und auch die Regierung stellt die Weichen für mehr Klima- und Umweltbewusstsein. Auch wir möchten unseren Teil dazu beitragen und klimaneutral werden. Das bedeutet, dass wir den kompletten Strom, den wir für unsere Sendung benötigen, selbst erzeugen, um dadurch das Klima nicht negativ zu beeinflussen. Ein echt ambitioniertes Ziel! Zugegebenermaßen, den Stecker in die

Steckdose stecken und weitermachen wie zuvor, wäre um ein Vielfaches leichter. Aber so funktioniert Klimaschutz eben nicht.

Daher haben wir uns einiges vorgenommen. Gemeinsam mit der Mainova werden wir eine Photovoltaik-Anlage auf das Dach der Lohrberg-Schänke bauen, wodurch wir nicht nur den nötigen Strom für unsere Kameras, die Beleuchtung und den Ton gewinnen, sondern auch einen Mehrwert für die Allgemeinheit schaffen. Durch die Solaranlage nutzen wir die Energie der Sonne, um den kompletten Strom für BEMBEL & GEBABBEL zu erzeugen. Da wir dadurch aber viel mehr Strom gewinnen, als für die Produktion der Sendung nötig ist, gelingt es uns zudem auf diese Weise den Besuchern der Lohrberg-Schänke noch Ladestationen für E-Bikes oder elektronische Roller zu ermöglichen.

Zusätzlich wollen wir auch unsere Talkgäste klimaneutral anreisen lassen. Viele unserer prominenten Gäste haben einen weiten Anreiseweg und kommen extra für die Show zu uns nach Frankfurt. Oftmals bietet sich dafür die Bahn an. Frankfurt liegt im Herzen von Europa und ist optimal an das Bahnnetz angebunden. Aus allen Himmelsrichtungen fahren täglich unzählige Züge in den Frankfurter Hauptbahnhof ein und bei aller Schelte über die Zuverlässigkeit der Deutschen Bahn hatten wir bisher keine größeren Probleme – zumindest musste noch kein Gast absagen, weil die Bahn zu spät kam. Entweder sind die Züge im Fernverkehr gar nicht so unpünktlich oder wir haben einfach verdammt großes Glück mit unseren Verbindungen.

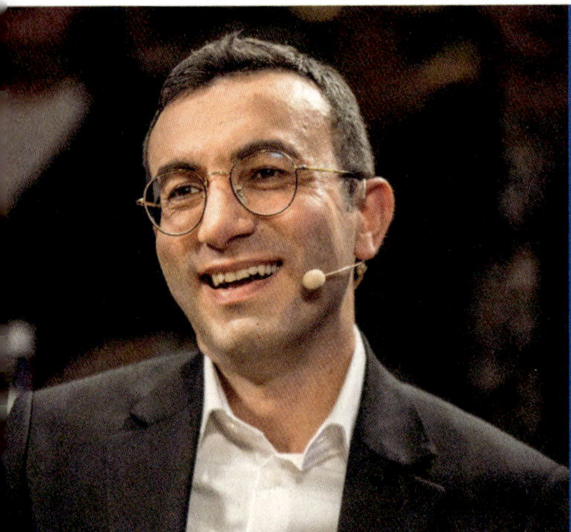

Frankfurts Oberbürgermeister Mike Josef unterstützt die Pläne zu »Deutschlands erstem klimaneutralen Talk«. Er selbst war bereits zweimal zu Gast in der hessischen Kultshow auf dem Lohrberg.

Auch in Zukunft werden die meisten Gäste weiterhin mit der Bahn anreisen. Da die Lohrberg-Schänke allerdings nicht so leicht mit den öffentlichen Verkehrsmitteln zu erreichen ist, ging die Fahrt bisher oft mit einem Uber-Fahrer oder einem am Bahnhof wartenden Taxi weiter. Zukünftig wollen wir als Deutschlands erste klimaneutrale Talkshow unsere Gäste am Bahnhof oder vom Flughafen mit einem E-Auto, nämlich einem vollelektrischen CUPRA Tavascan VZ 4Drive, abholen und sie von dort aus nachhaltig auf den Lohrberg shutteln.

Aber wer jetzt denkt, das sei reinste Zukunftsmusik und nur eine meiner vielen Spinnereien, den muss ich enttäuschen. Wir stecken schon mitten in den Planungen und bitten schon bald zum klimaneutralen Talk an unseren Stammtisch. Die Idee dazu kommt bei allen super an. Auch die Stadt Frankfurt unterstützt uns mit den notwendigen Genehmigungen und als ich Mike Josef, unserem Frankfurter Oberbürgermeister, von den Planungen erzählte, war der sofort mit im Boot. Mike wird die Schirmherrschaft für BEMBEL & GEBABBEL als erste klimaneutrale Talksendung in Deutschland übernehmen und ist begeistert von unserer Initiative, die zusätzlich auch den Lohrberg als Ausflugsort moderner, klimafreundlicher und attraktiver für Besucher macht, die einen Ausflug ins Grüne unternehmen oder sich bei einem kühlen Apfelwein im Biergarten der Lohrberg-Schänke die Skyline anschauen wollen.

Als erster klimaneutraler Talk wollen wir unseren kleinen Beitrag zur Klimawende leisten, aber vor allem auch andere dazu anregen, über Nachhaltigkeit nachzudenken. Möglicherweise gelingt es uns eben auch, einige Autofahrer aus unserem Publikum im Frühjahr oder Sommer künftig mit dem E-Bike anrollen zu lassen und ihre Räder dann während der Sendung an unserer Ladestation aufzuladen.

Wer steht noch auf der Gästeliste?

Wir haben also auch in Zukunft noch einiges vor. Der Kanzler war zwar schon da, aber seine Amtsvorgängerin Angela Merkel steht noch ganz weit oben auf meiner persönlichen Gäste-Wunschliste. Auch Bayern-Boss Uli Hoeneß wäre einer meiner Wunschkandidaten für die Sendung. Bei Folge 73 im Oktober 2022 hatte er ja bereits mitten in der Sendung »angerufen« und sich bei mir über den damals relativ neuen DFB-Präsidenten Bernd Neuendorf erkundigt.

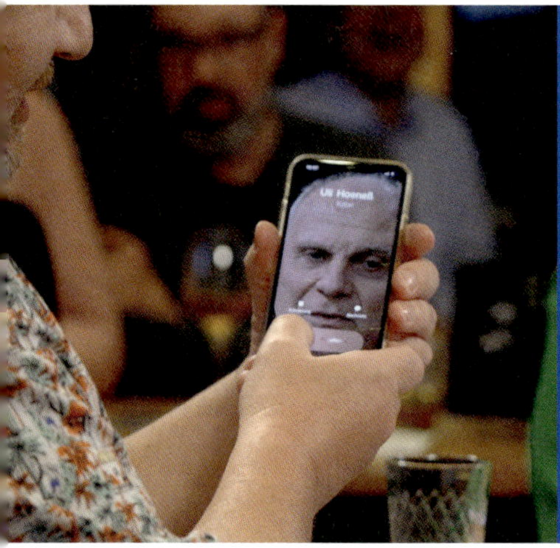

Na, wer hat denn da mitten in der Sendung angerufen? Uli Hoeneß natürlich! Ein kleiner Gag während der Aufzeichnung zur 73. Folge mit dem DFB-Präsidenten Bernd Neuendorf.

Der Anruf in der Sendung war natürlich nur ein von uns inszenierter Gag, genau wie Ulis Idee in Katar im nächsten Jahr einen CSD auszutragen. Ich habe ihm dann bei dem Scherzanruf vorgeschlagen, für uns ein Doppelzimmer zu buchen. Das sollte in einem so aufgeschlossenen, fortschrittlichen Land ja kein Thema sein. Selbstverständlich alles mit Augenzwinkern. Wenn Uli aber mal gerade nicht den

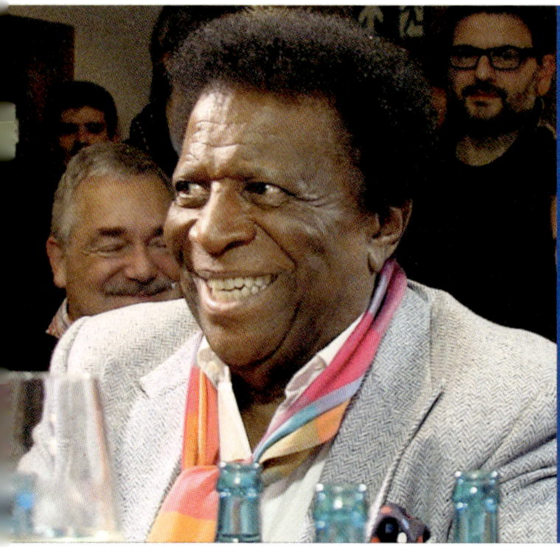

»Ein bisschen Spaß muss sein« – Kultsänger Roberto Blanco verbreitete auch bei BEMBEL & GEBABBEL viel Spaß und gute Laune!

FC Bayern komplett umbauen oder Trainer öffentlich kritisieren muss, ist er herzlich an unserem Talktisch willkommen.

Auch nach zehn Jahren vergeht mir nicht die Lust, jeden Monat an meinen Stammtisch zu kommen, den Talkgästen spannende und unterhaltsame Geschichten zu entlocken und jede Menge Spaß zu verbreiten. Denn wie sang einst Schlagerstar Roberto Blanco zuletzt auch in meiner Talkshow? »Ein bisschen Spaß muss sein!«

Damit hat er recht! Und deshalb geht BEMBEL & GEBABBEL noch so lange weiter, wie die Sendung uns allen Spaß bereitet. Ich habe noch immer tierische Freude an jedem Talk und große Lust auf einige weitere tolle Jahre!

Auszüge aus dem Gästebuch

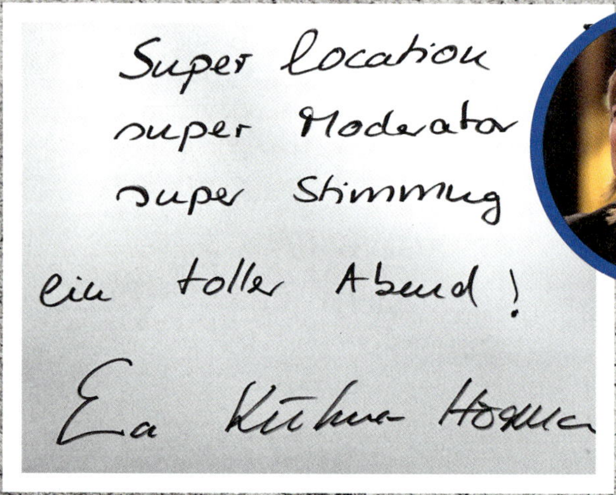
Super location
super Moderator
super Stimmung
ein toller Abend!
Eva Kühne Hörmann

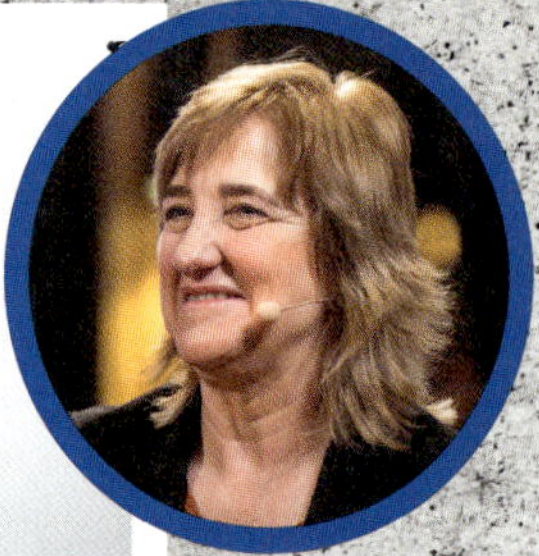

Eva Kühne-Hörmann, Hessische Justizministerin a.D.

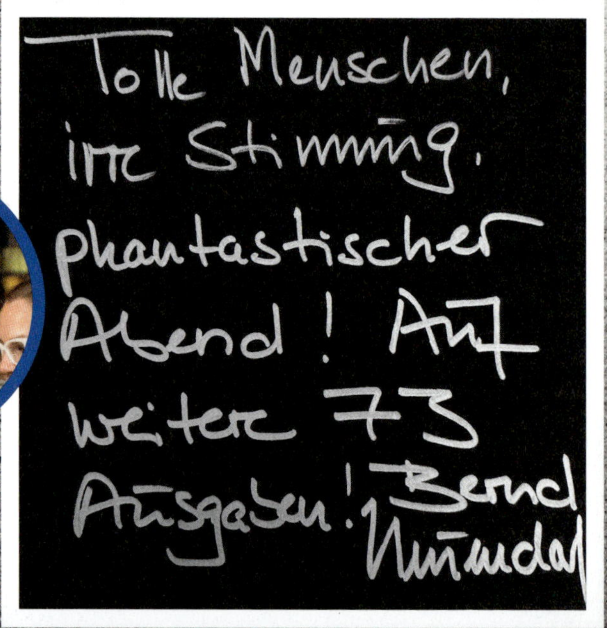
Tolle Menschen,
irre Stimmung,
phantastischer
Abend! Auf
weitere 73
Ausgaben! Bernd
Neuendorf

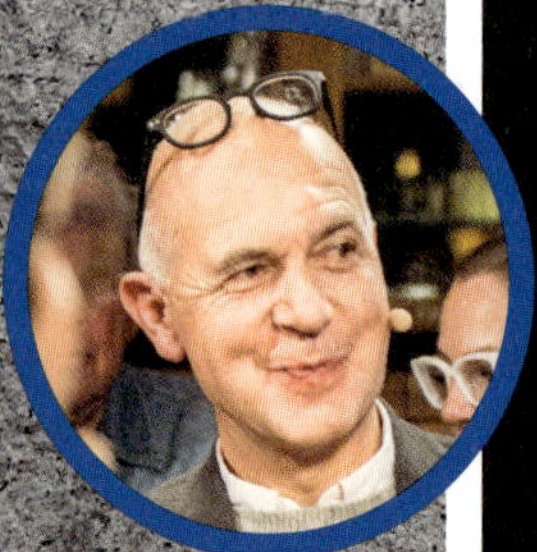

Bernd Neuendorf, DFB-Präsident

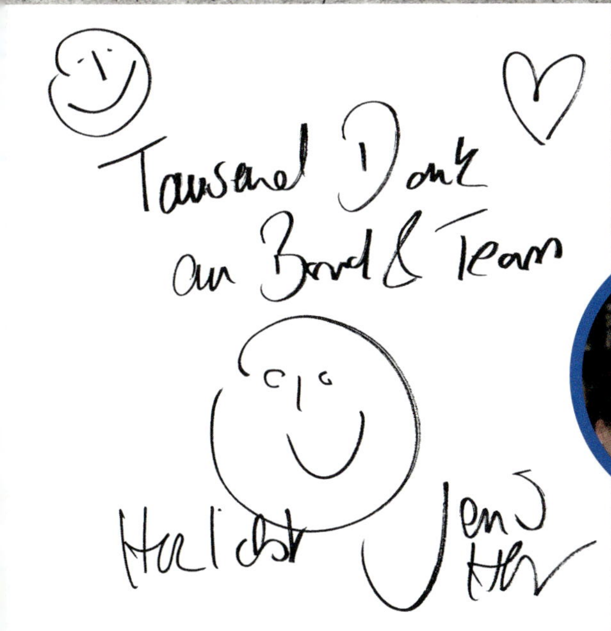
Tausend Dank
an Bernd & Team
Herzlichst
Jens

Jens Hilbert,
Reality-TV-Star

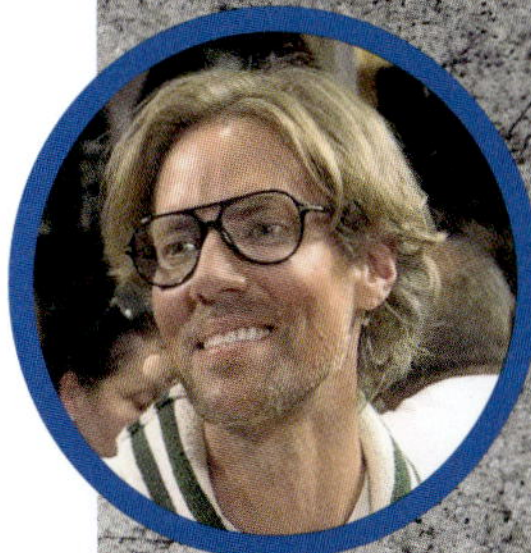

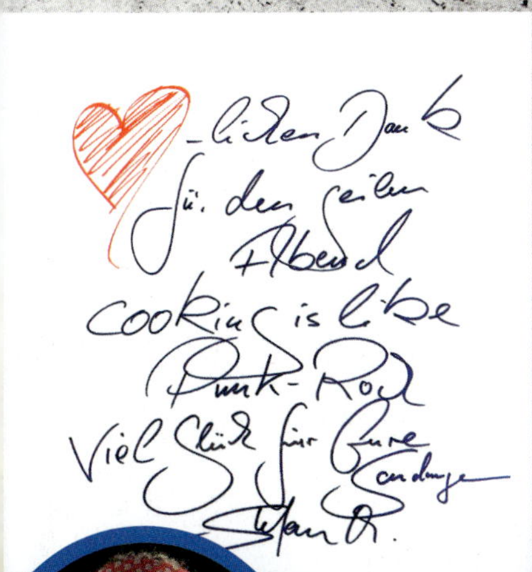
♥-lichen Dank
für den geilen
Abend
cooking is like
Punk-Rock
Viel Glück für Eure
Sendungen
Stefan M.

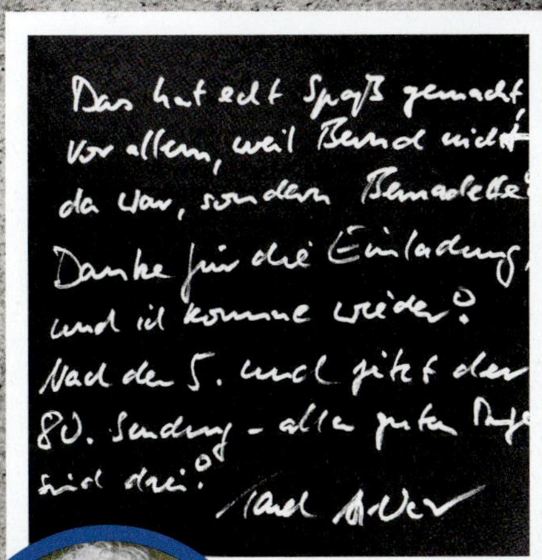
Das hat echt Spaß gemacht,
vor allem, weil Bernd nicht
da war, sondern Bernadette!
Danke für die Einladung,
und ich komme wieder!
Nach der 5. und jetzt der
80. Sendung – alle guten Dinge
sind drei!
Tarek Al-Wazir

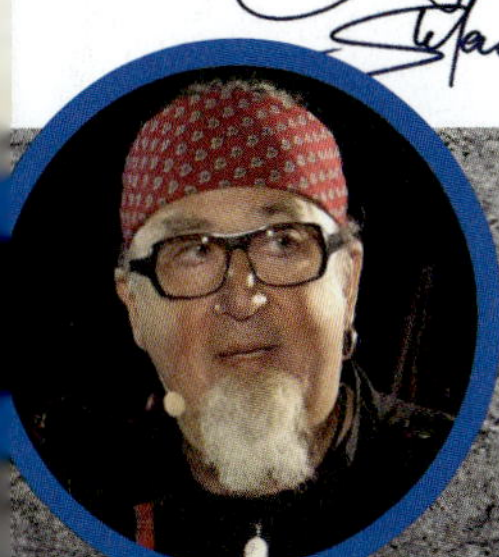

Stefan Marquard,
TV-Koch

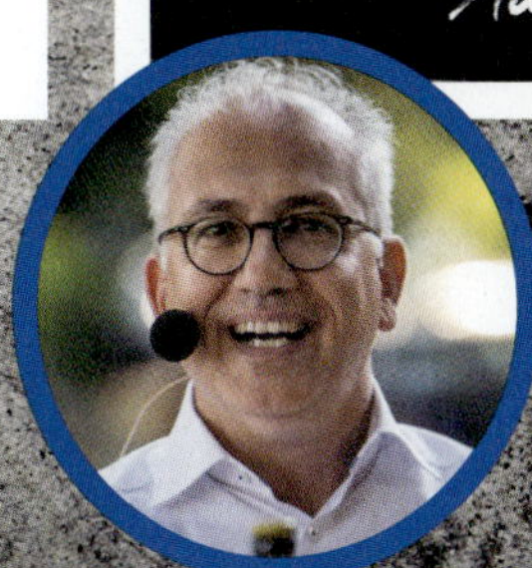

Tarek Al-Wazir,
Staatsminister a.D.

Anna-Carina Woitschack, Schlagerstar

Danke
lieber Bernd ♡
Bembel + Gebabbel
Es war HAMMER ♡
Bis Bald!
Anna ♡

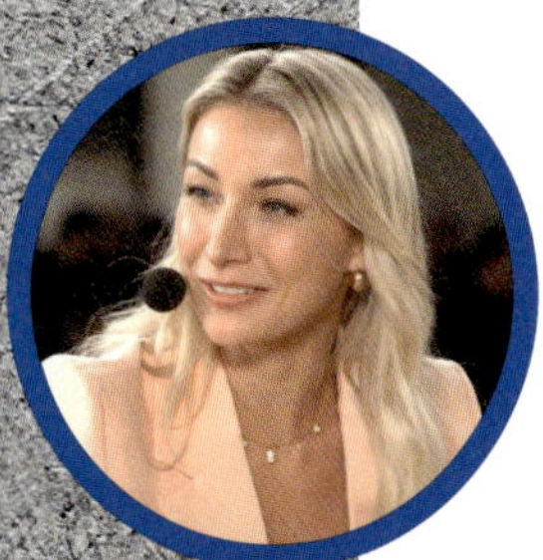

Wunderschöner Abend
Lieben Dank an
Bernd, Thorsten, Pascal,
Felix, Daniel, Christian,
Nadine & das Team der
Lohrbergschänke. ♡
Bis ganz bald &
Alles Liebe
Safiya

Safiya,
Sängerin

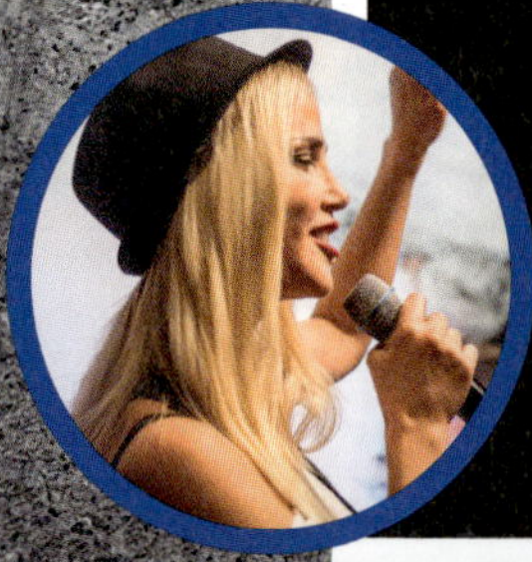

Mir hatte Bombe
un ich hab' gebabbelt.
Des war en großer
Spaß. Nur die Lanz
hat sich verännert.

Lieben Dank

Bodo Bach

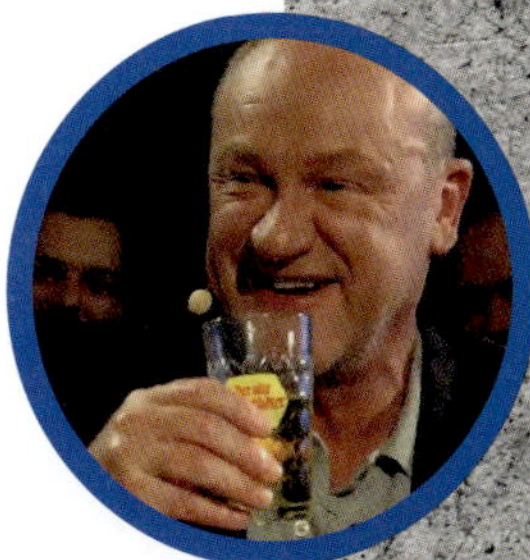

Bodo Bach, Comedian

Wat 'n
Freude ☆
Danke
vielmals

Kelly Heelton

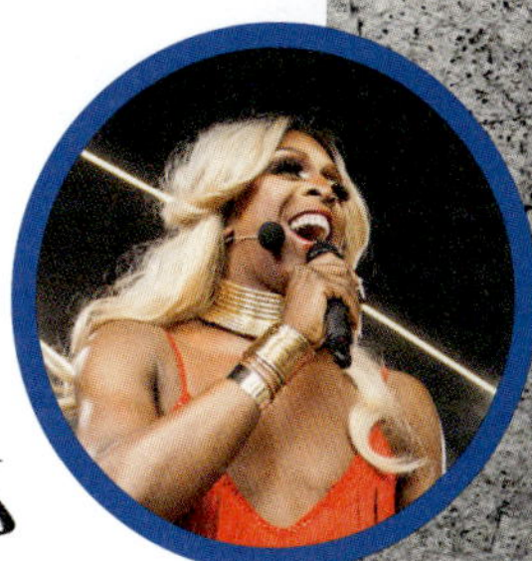

Kelly Heelton, Drag Queen

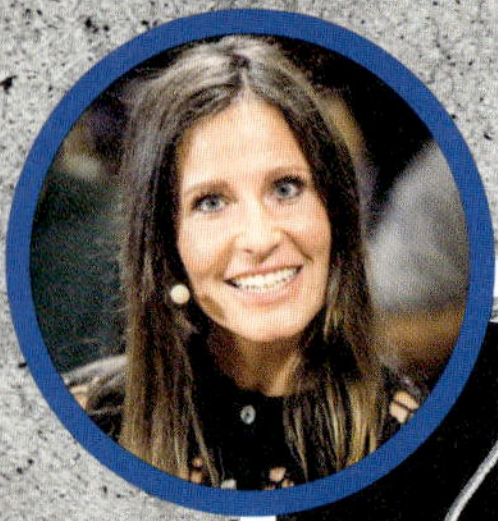

Julia Nestle,
Radiomoderatorin bei HIT RADIO FFH

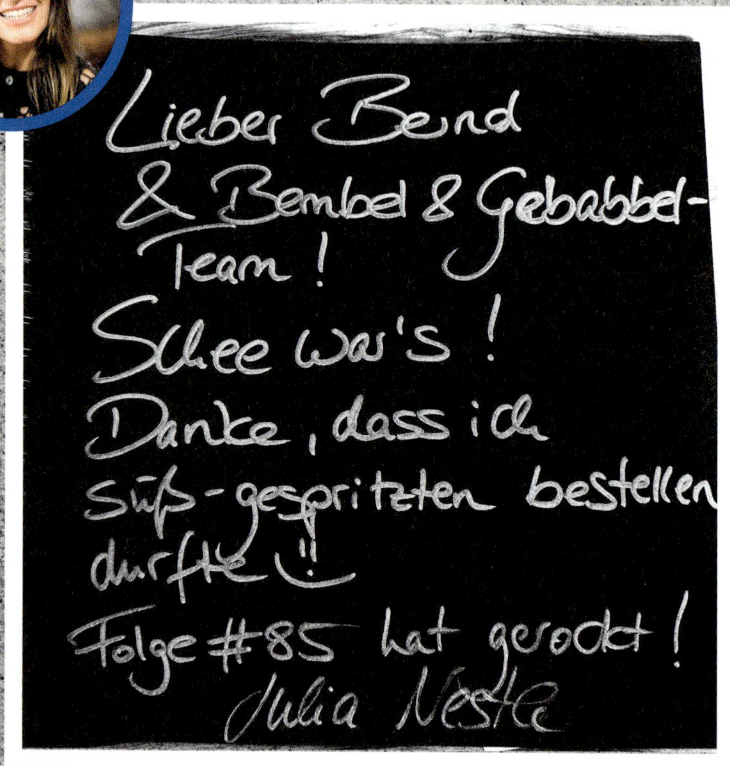

Tobi Kämmerer, Radio- und TV-Moderator

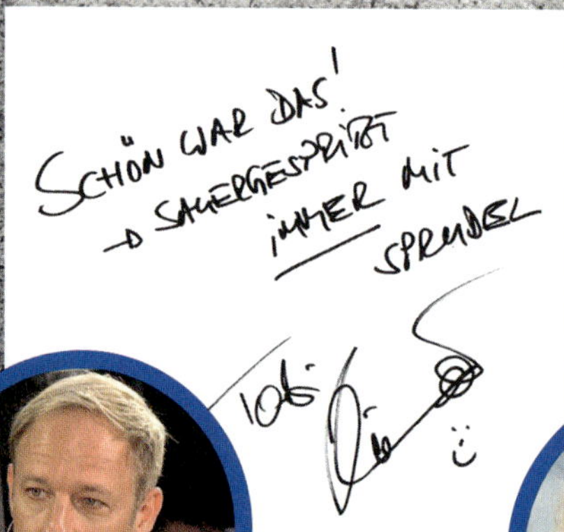

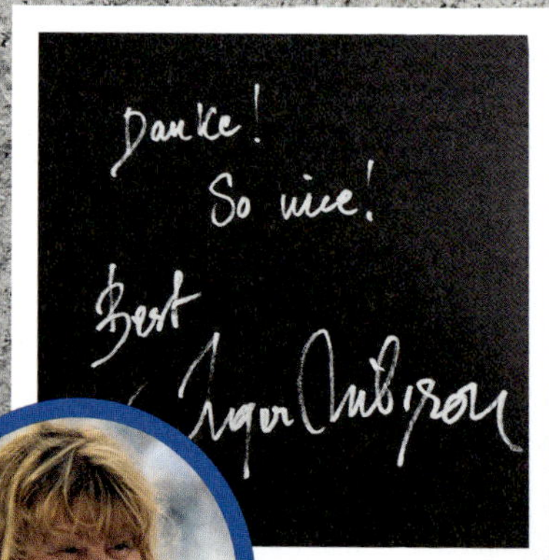

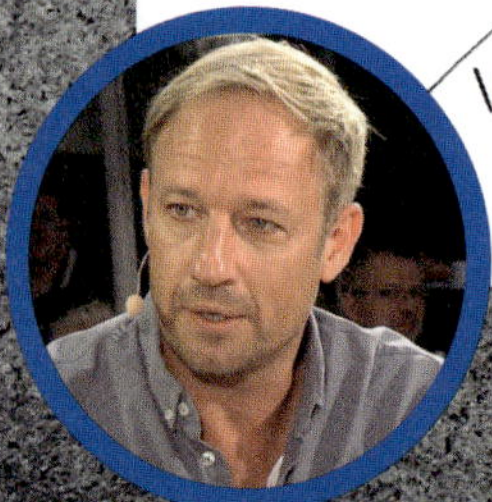

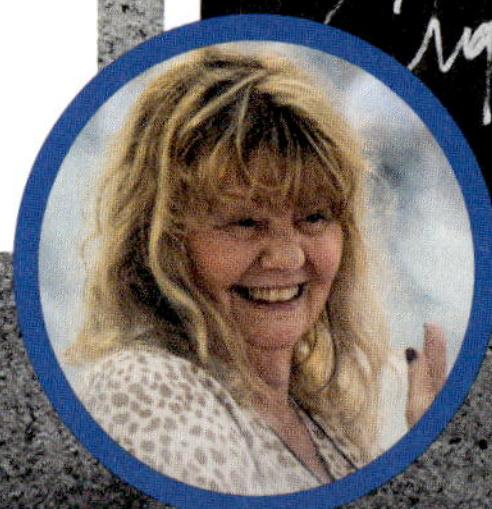

Inger Nilsson,
Schauspielerin

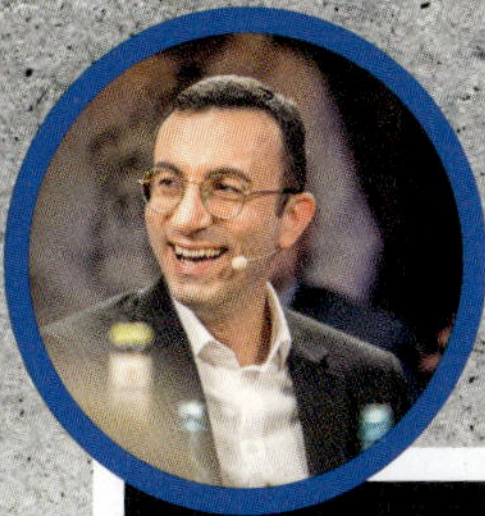

Mike Josef, Oberbürgermeister der Stadt Frankfurt a.M.

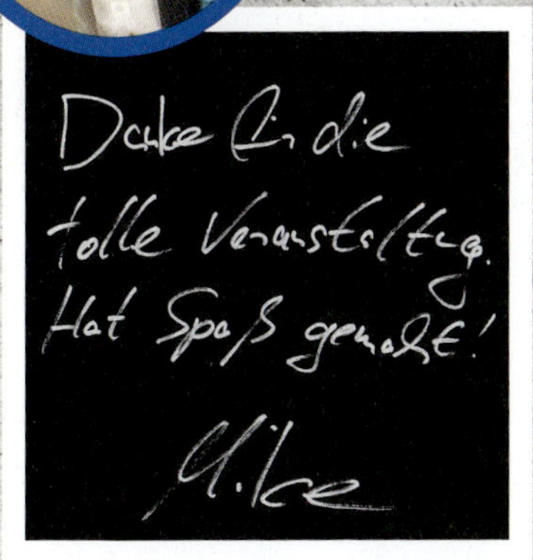

Danke für die tolle Veranstaltung. Hat Spaß gemacht!

Mike

Andreas Rettig, DFB-Geschäftsführer Sport

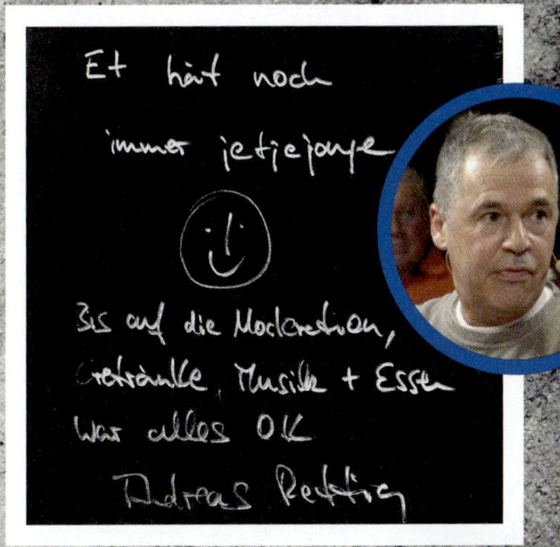

Et hät noch immer jetjejange

☺

Bis auf die Moderation, Getränke, Musik + Essen war alles OK

Andreas Rettig

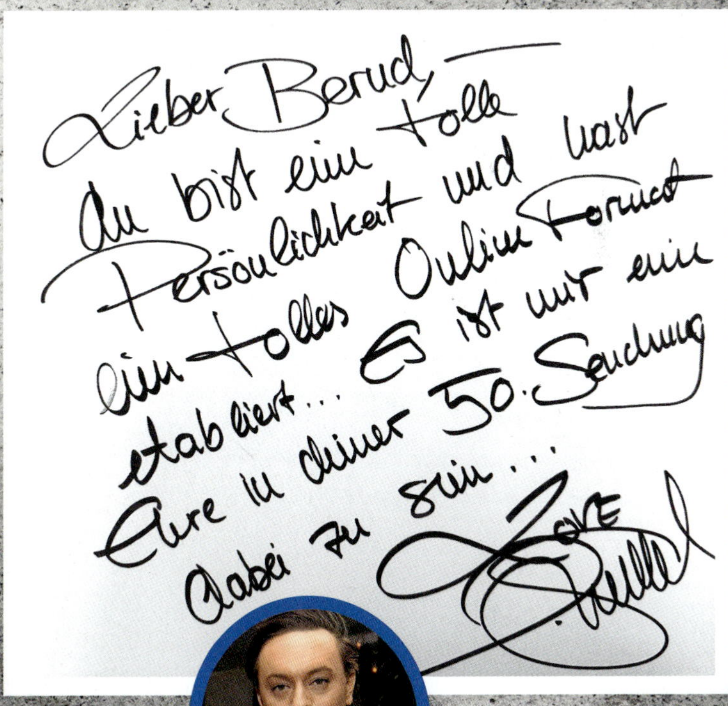

Lieber Bernd, du bist eine tolle Persönlichkeit und hast ein tolles Online Format etabliert… Es ist mir eine Ehre in deiner 50. Sendung dabei zu sein…

Love Julian

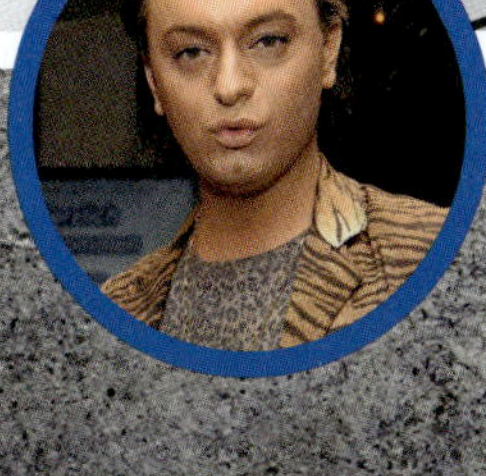

Julian F. M. Stoeckel, Entertainer

Katarina Barley, Vizepräsidentin des Europaparlaments

Wieder ein Bernd'sches Feuerwerk

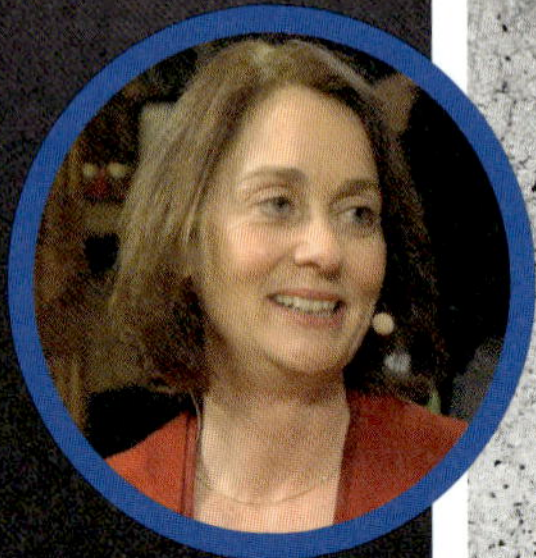

Danke und bis zum nächsten Mal (mit Schallplatte ☺) Katarina Barley

Danke dass ich dabei sein durfte! (Lieber Bernd!)

Ich hoffe auf ein Wiedersehen …

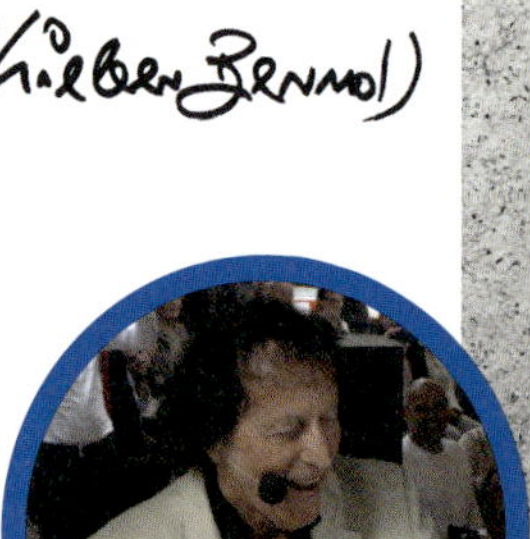

Herzlichst gewidmet.

Franz! 2021

Franz Lambert, Musiker und Organist

Alles was passiert, passiert aus einem Grund – auch dieser Abend. Er war wundervoll und wird mir im Kopf u. im Herz bleiben.

Michael Smolik

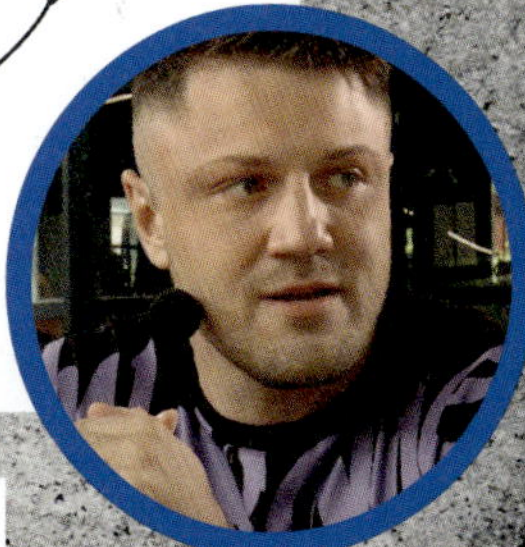

Michael Smolik, ehemaliger Welt- und Europameister im Kickboxen

Isch werd gekloppt! Endlisch durft isch ach a mol zu Bembel u. Gebabbl ☺

Schee woars!

Euer IkkE „Arschloch" „Uhrensohn" Hüftgold

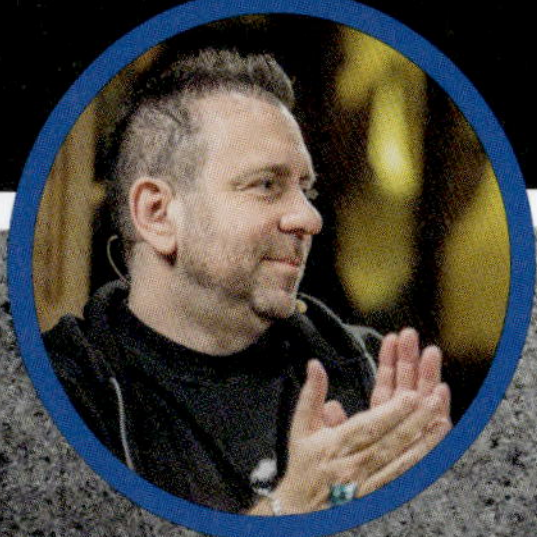

Ikke Hüftgold, Musiker und Musikproduzent

16.4.2024

Ei Gude,

vielen Dank für einen sensationellen Abend in der hessischen Heimat!

Herzlichst

vom Italo-Hessen

Zamperoni

Ingo Zamperoni,
Moderator der
ARD tagesthemen

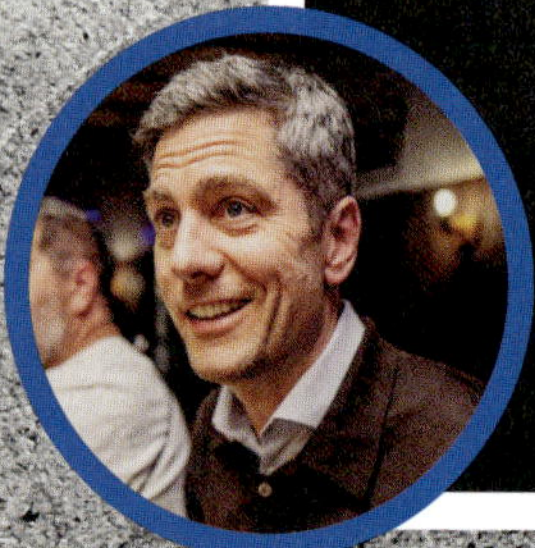

Meine erste Talkshow!

Vielen Dank für die Einladung – es hat Spaß gemacht.

Nicolas Puschmann

Nicolas
Puschmann,
Prince
Charming 2019

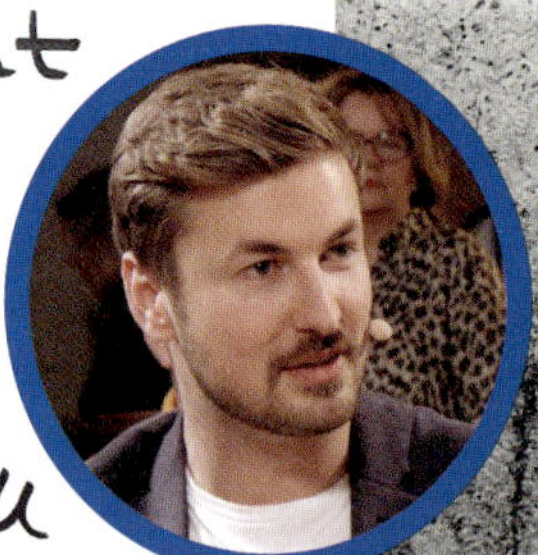

Politische Botschaften
können auch
unterhaltsam rübergebracht werden ✓
Hat enorm viel Spaß
gemacht,
weiter so!

H. Arslaner

Hilime Arslaner,
Frankfurter Stadtverordnetenvorsteherin

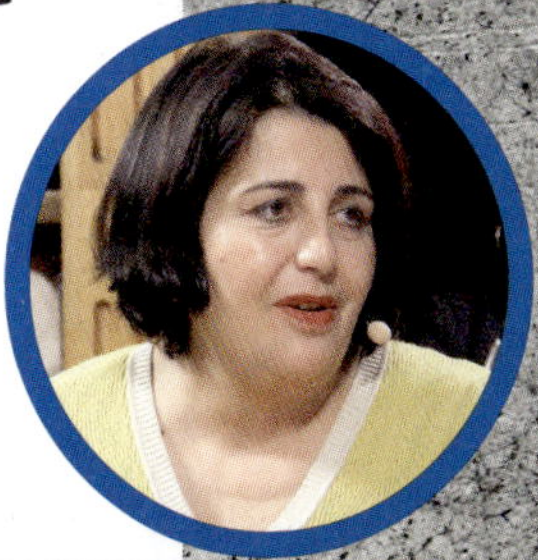

It's only Rock
and Roll
but I Like it

Markus [Unterschrift]

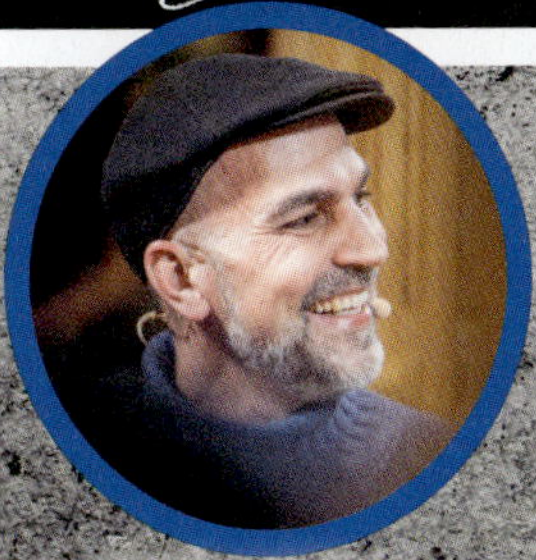

Markus Babbel,
Fußballtrainer

Respekt ist
alles - was auf
und neben dem
Platz zählt.

Alles Gute wünscht

Deniz Aytekin

Deniz Aytekin,
DFB-Schiedsrichter

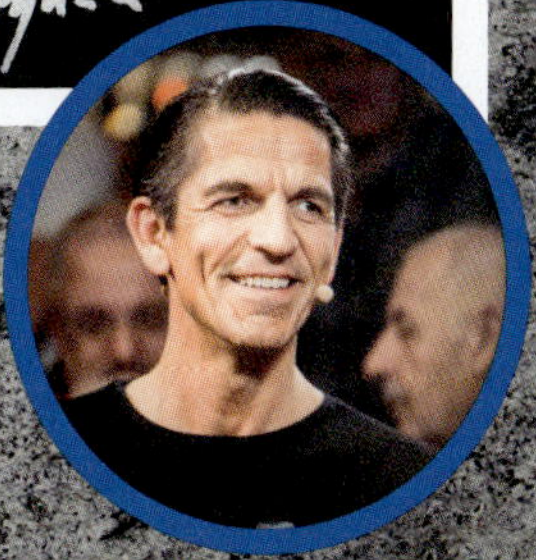

Alle Shows & alle Gäste

04.09.2014 – Folge 1 mit Bodo Bach (Comedian), Regina Halmich (Box-Weltmeisterin) & Peter Feldmann (Oberbürgermeister von Frankfurt am Main a. D.)

02.10.2014 – Folge 2 mit Olaf Cunitz (Bürgermeister von Frankfurt am Main a. D.), Bruno Hübner (ehem. Sportdirektor Eintracht Frankfurt) & Johannes Scherer (FFH-Moderator & Comedian)

06.11.2014 – Folge 3 mit Jenny Knäble (TV-Moderatorin), Ursula Bouffier (hessische Landesmutter) & Helmut Sandrock (DFB Generalsekretär a. D.)

04.12.2014 – Folge 4 mit Benjamin Tomkins (Puppenflüsterer), Petra Roth (Oberbürgermeisterin von Frankfurt am Main a. D.) & Steffi Jones (Fußball-Weltmeisterin)

15.01.2015 – Folge 5 mit Tarek Al-Wazir (ehem. Hessischer Minister), Moses Pelham (Musiker/Produzent) & Christopher Posch (TV-Anwalt)

12.02.2015 – Folge 6 mit Evren Gezer (FFH-Moderatorin), Aiman Mazyek & Pu (Puyan Yavari)

05.03.2015 – Folge 7 mit Thorsten Schäfer-Gümbel (ehem. Fraktionsvorsitzender und Landesvorsitzender der hessischen SPD), Aurora DeMeehl (Comedian) & Dr. Theo Zwanziger (ehem. FIFA Exekutivkomitee)

02.04.2015 – Folge 8 mit Mirko Reeh (Promi-Koch), Khalid Bounouar (Comedian) & Markus Götz (Zyculus, Comedy-Hypnose)

03.05.2015 – Folge 9 mit Claudia Roth (Bundesministerin/Staatsministerin a. D.), Dr. Hugo Müller-Vogg (Publizist) & Charly Körbel (Eintracht-Legende)

01.09.2015 – Folge 10 mit Radost Bokel (»Momo«-Schauspielerin), Klaus-Peter Müller (ehem. Commerzbank Chef) & Thomas Ranft (Wetterfrosch)

08.10.2015 – Folge 11 mit Stefan Görner (Designer), Peter Fischer (ehem. Clubpräsident Eintracht Frankfurt) & Gerda Ballon (Travestie-Star)

03.11.2015 – Folge 12 mit Dr. Hans-Peter Friedrich (Bundesminister a. D.), Woody Feldmann (Comedian) & Dietmar Hopp (Unternehmer/Mäzen)

01.12.2015 – Folge 13 mit Bodo Ramelow (Ministerpräsident Thüringen), Frankfurter Klasse (Comedian) & Reiner Calmund (Manager-Legende)

02.02.2016 – Folge 14 mit Volker Bouffier (Ministerpräsident Hessen a. D.), Prof. Christoph Schickhardt (Sportanwalt) & Mirja Regensburg (Comedian)

01.03.2016 – Folge 15 mit Mike Josef (heutiger Frankfurter Oberbürgermeister), Gerhard Bereswill (Polizeipräsident Frankfurt a.D.) & Roland Hotz (Kikeriki Theater)

05.04.2016 – Folge 16 mit Nele Neuhaus (Autorin), Dr. Günther Beckstein (Ministerpräsident Bayern a.D.) & Pirmin Schwegler (Ex-Fußballprofi)

03.05.2016 – Folge 17 mit Dr. Rainer Koch (ehem. DFB-Interimschef), Vince Ebert (Comedian) & Hella von Sinnen (TV-Moderatorin)

06.09.2015 – Folge 18 mit Malu Dreyer (Ministerpräsidentin Rheinland-Pfalz a. D.), Axel Hellmann (Vorstand Eintracht Frankfurt), Markus Schrick (Hyundai Deutschland, Geschäftsführer) & Olaf Henning (Schlagerstar)

04.10.2016 – Folge 19 mit Roland Koch (Ministerpräsident Hessen a. D.), Bärbel Schäfer (Moderatorin) & Mick Knauff (Börsenexperte)

01.11.2016 – Folge 20 mit Sven Gerich (Oberbürgermeister Wiesbaden a. D.), Bascha Mika (ehem. Chefredakteurin Frankfurter Rundschau) & Ralf Rangnick (Fußballnationaltrainer von Österreich)

06.12.2017 – Folge 21 mit Reinhard Grindel (ehem. DFB-Präsident), Lena Liebkind (Comedian) & Bruder Paulus (Ordenspriester)

07.02.2017 – Folge 22 mit Boris Palmer (Oberbürgermeister Tübingen), Tine Wittler (Künstlerin) & Harald Sedlmayr (Bewegungsexperte AOK Hessen)

07.03.2017 – Folge 23 mit Peter Beuth (Hessischer Innenminister a. D.), Olga Orange (Travestie-Star) & Dr. Constantin Alsheimer (ehem. Mainova-Chef)

04.04.2017 – Folge 24 mit Wolfgang Bosbach (CDU-Politiker), Bernd Breiter (BigCityBeats Geschäftsführer) & Sabrina Setlur (Rapperin)

02.05.2017 – Folge 25 mit Uschi Glas (Schauspielerin), Stefan Grüttner (Hessischer Minister a. D.) & Andy Ost (Comedian, Musiker)

06.06.2017 – Folge 26 mit Peter Tauber (Ex-CDU-Generalsekretär), Comedy-Duo Mundstuhl & Hilde aus Bornheim

05.09.2017 – Folge 27 mit Rosemarie Heilig (Dezernentin in Frankfurt), Markus (Popsänger) & Jörg Schmadtke (Fußballfunktionär)

03.10.2017 – Folge 28 mit Corny Littmann (St. Pauli-Legende), Janine Wissler (Parteivorsitzende DIE LINKE) & Jörg Müller (Macher »Sportpresseball«)

07.11.2017 – Folge 29 mit Max Eberl (Sportvorstand Bayern München), Thomas Rath (Modedesigner) & Lars Obendorfer (Best Worscht in Town)

05.12.2017 – Folge 30 mit Roberto Blanco (Schlagerstar), Jan Schneider (CDU-Politiker) & Stefan Kuntz (Sportvorstand des HSV)

06.02.2018 – Folge 31 mit Kurt Beck (Ministerpräsident Rheinland-Pfalz a.D.), Felix Moese (DJ & Radiomoderator) & Leo Rojas (Supertalent-Sieger)

06.03.2018 – Folge 32 mit Lucia Puttrich (CDU-Politikerin), Ansgar Brinkmann (Ex-Fußballprofi) & Detlef Lamm (Vorstandsvorsitzende der AOK Hessen)

10.04.2018 – Folge 33 mit Dr. Stefan Schulte (Fraport-Chef), Gayle Tufts (Entertainerin) & Werner Schulze-Erdel (Gameshow-Legende)

08.05.2018 – Folge 34 mit Dr. Thomas Schäfer (Hessischer Finanzminister a. D.), Dunja Rajter (Sängerin) & Pepper (Roboter)

05.06.2018 – Folge 35 mit Dr. Katarina Barley (Vizepräsidentin des Europäischen Parlaments), Silvio D'Anza (Pop-Tenor), Patrick Lange (Ironman-Weltmeister) & Firedancer (Feuerakrobaten)

02.08.2018 – Folge 36 mit Mary Roos (Sängerin), Kevin Kühnert (SPD-Generalsekretär), Elke Winter (Travestie) & Udo Lindenberg (Rocklegende)

04.09.2018 – Folge 37 mit Uli Stein (Torwartlegende), Nancy Faeser (Bundesinnenministerin) & Chin Meyer (Kabarettist)

09.10.2018 – Folge 38 mit Frank Lehmann (Börsenexperte), Thomas Wissgott (ehem. VGF-Chef) & Eva Jacob (Schlagerlegende)

06.11.2018 – Folge 39 mit Oliver Reck (Fußballtrainer), Gina Lisa Lohfink (Model) & Peyman Amin (Modelagent)

04.12.2018 – Folge 40 mit Tony Marshall (Schlagerlegende), Christian Kahrmann (Schauspieler) & Uwe Becker (Bürgermeister von Frankfurt am Main a. D.)

05.02.2019 – Folge 41 mit Andrea Nahles (Vorstandsvorsitzende der Bundesagentur für Arbeit), Joachim Llambi (TV-Moderator & Tanzexperte) & Andy Möller (Fußball-Weltmeister)

05.03.2019 – Folge 42 mit Margit Sponheimer (Fastnacht-Legende), Graham Bonney (Schlagerlegende) & Heddemer Dreigestirn (Comedy-Trio)

02.04.2019 – Folge 43 mit Sonya Kraus (TV-Moderatorin), Thomas Berthold (Fußball-Weltmeister) & Nicola Beer (FDP-Politikerin)

07.05.2019 – Folge 44 mit Priska Hinz (Hessische Grünen-Politikerin), Hartmut Engler (Sänger PUR) & Peter Neururer (Fußballtrainer)

02.07.2019 – Folge 45 mit Christoph Daum (Fußballtrainer), Kathy Kelly (Sängerin) & Cüneyt Akan (Comedian)

01.08.2019 – Folge 46 mit Corny Littmann (St. Pauli-Legende), Katharina Fegebank (Zweite Bürgermeisterin von Hamburg), Wolfgang Trepper (Kabarettist) & Alex Meier (Fußballprofi)

03.09.2019 – Folge 47 mit Lars Klingbeil (SPD-Generalsekretär), Verena Bentele (Olympiasiegerin), Sandro Schwarz (Fußballtrainer) & Pit Hartling (Zauberer)

01.10.2019 – Folge 48 mit Prof. Knut Ringat (RMV-Chef), Constanze Angermann (Moderatorin) & Daniel Schuhmacher (DSDS-Gewinner)

05.11.2019 – Folge 49 mit Sebastian Rode (Ex-Fußballprofi), Silvia Stenger (Radiomoderatorin) & Matthias Fella (TV-Reality-Star)

05.12.2019 – Folge 50 mit Svenja Schulze (Bundesministerin), Manfred Krupp (ehem. Intendant Hessischer Rundfunk) & Julian F. M. Stoeckel (Entertainer)

04.02.2020 – Folge 51 mit Olaf Scholz (Bundeskanzler), Vincent Gross (Schlagersänger) & Susanne Seel (Miss Hessen 2020/Miss Deutschland 2021)

03.03.2020 – Folge 52 mit Brigitte Zypries (Bundesministerin a. D.), Patrick Wasserziehr (Sportjournalist) & Nicolas Puschmann (Prince Charming)

30.07.2020 – Folge 53 mit Friedhelm Funkel (Fußballtrainer), Thomas Bäppler-Wolf (Entertainer), Luca Cinqueoncie (Box-Juniorenweltmeister), Silvio D'Anza (Pop-Tenor) & Enzo Greco (Tänzer)

18.08.2020 – Folge 54 mit Michael Groß (Schwimmlegende), Anne Folger (Klavier-Kabarettistin) & Stefan Marquard (TV-Koch)

08.09.2020 – Folge 55 mit Franziska Knabenreich (Hundefriseurin), Jens Hilbert (Unternehmer) & Dieter Müller (Fußballlegende)

06.10.2020 – Folge 56 mit Zodwa Selele (Musicalstar), Alexander Merk (Zauberer) & Dr. Felix Schwenke (Oberbürgermeister Offenbach)

01.06.2021 – Folge 57 mit Prof. Dr. Helge Braun (CDU-Bundestagsabgeordneter), Leonie Koch (TV-Moderatorin) & Hans-Joachim Heist (Kabarettist u.a. Gernot Hassknecht)

22.06.2021 – Folge 58 mit Kelly Heelton (Drag Queen), Markus Krebs (Comedian) & Michael Smolik (Kickbox-Weltmeister)

13.07.2021 – Folge 59 mit Jens Spahn (Bundesgesundheitsminister a. D.), Franz Lambert (Orgel-Gott) & Arno Köster (Udo Lindenberg Stiftung)

05.08.2021 – Folge 60 mit Michael Boddenberg (Finanzminister Hessen a. D.), Lisa Bund (Sängerin) & Markus Krösche (Sportvorstand Eintracht Frankfurt)

07.09.2021 – Folge 61 mit Wolfgang Pauritsch (Auktionator), Tobi Kämmerer (Moderator) & Thomas Sobotzik (Fußballmanager)

12.10.2021 – Folge 62 mit Bodo Ramelow (Ministerpräsident Thüringen), Christina Schwanitz (Kugelstoß-Weltmeisterin) & Marco Maier (FFH-Chef)

02.11.2021 – Folge 63 mit Hilime Arslaner (Stadtverordnetenvorsteherin), Benjamin Näßler (Mr. Gay Germany) & Peter Peters (ehem. DFB-Interimspräsident)

07.12.2021 – Folge 64 mit Eva Kühne-Hörmann (Hessische Justizministerin a. D.), Reiner Calmund (Fußballmanager-Legende) & Hassan Annouri (DJ/Produzent)

01.02.2022 – Folge 65 mit Daniel Fischer (FFH-Moderator), Dr. Ina Hartwig (Kulturdezernentin Frankfurt) & Ulli Potofski (Sportmoderator)

01.03.2022 – Folge 66 mit Jörg Dahlmann (Sportmoderator), Patrick Himmel (Schlagersänger) & Stefan Waghubinger (Kabarettist)

03.05.2022 – Folge 67 mit Oskar Lafontaine (Politiker), Jochen Breyer (TV-Moderator u.a. »Aktuelles Sportstudio«) & Rachid Azzouzi (Sportvorstand Greuther Fürth)

25.05.2022 – Folge 68 mit Volker Bouffier (Ministerpräsident Hessen a.D.), Bata Illic (Schlagerlegende) & Prof. Dr. Silke Sinning (DFB-Vizepräsidentin)

07.06.2022 – Folge 69 mit Angela Dorn (Hessische Ministerin a. D.), Prince Damien (DSDS Sieger/Tänzer) & Christopher Crell (Star-Koch/Auswanderer)

05.07.2022 – Folge 70 mit Torsten Lieberknecht (Fußballtrainer), Michael Hirte (Supertalent-Gewinner) & Rafi Rachek (Reality-Star)

04.08.2022 – Folge 71 mit Helge Fuhst (Tagesthemen-Moderator), Woody Feldmann (Comedienne) & Timo Schultz (Fußballtrainer)

08.09.2022 – Folge 72 mit Rudi Völler (Fußballlegende), Dr. Nargess-Eskandari-Grünberg (Bürgermeisterin Frankfurt am Main) & Frank Otto (Medienunternehmer)

04.10.2022 – Folge 73 mit Saskia Esken (SPD-Vorsitzende), Bernd Neuendorf (DFB-Präsident) & Safiya (Schlagersängerin)

03.11.2022 – Folge 74 mit Omid Nouripour (Bundesvorsitzender-Die Grünen), Peggy March (Poplegende) & Florian Hager (Intendant Hessischer Rundfunk)

06.12.2022 – Folge 75 mit Oliver Glasner (ehem. Trainer Eintracht Frankfurt), Jule Gölsdorf (TV-Moderatorin) & Elisabeth Pähtz (Deutsche Schachmeisterin)

07.02.2023 – Folge 76 mit Daniel Cohn-Bendit (Politiker), Nia Künzer (Fußball-Weltmeisterin) & Holm Dressler (TV-Produzent u.a. »Wetten, dass..?«)

07.03.2023 – Folge 77 mit Mike Josef (heutiger Oberbürgermeister Frankfurt am Main), Ikke Hüftgold (Party-Sänger/Musikproduzent) & Rüdiger Fritsch (Präsident SV Darmstadt)

04.04.2023 – Folge 78 mit Meike Buschening-Kaffenberger (Brautmoden-Ikone), Julia Mateus (TITANIC-Chefredakteurin) & Andreas Rettig (Fußballmanager)

02.05.2023 – Folge 79 mit Astrid Wallmann (Präsidentin Hessischer Landtag), Mathias Richling (Kabarettist) & Lars Ruth (Mentalist)

06.06.2023 – Folge 80 mit Tarek Al-Wazir (Grünen-Politiker), Vincent Gross (Schlagersänger) & Mariama Jamanka (Bob-Weltmeisterin)

08.07.2023 – Folge 81 mit Nancy Faeser (Bundesinnenministerin), Inger Nilsson (Schauspielerin) & Luis Pawolka (Fitnessmodel)

03.08.2023 – Folge 82 mit Gerburg Jahnke (Kabarettistin), Kerstin Ott (Sängerin) & Karl Schultz (Kiez-Pfarrer)

11.08.2023 – Folge 83 mit Bundeskanzler Olaf Scholz

05.09.2023 – Folge 84 mit Erik Meijer (Sky-Fußballexperte), Maura Porrmann (Tischkicker-Weltmeisterin) & Marcel Wagner (Radio- und TV-Moderator/Helikopterpilot)

10.10.2023 – Folge 85 mit Prof. Dr. Roman Poseck (Hessischer Innenminister), Julia Nestle (Moderatorin HIT RADIO FFH) & Younes Zarou (Influencer)

20.11.2023 – Folge 86 mit Sem Eisinger (DSDS-Gewinner 2023), Kim Bui (Turnerin) & Sven Voss (Sportmoderator)

05.12.2023 – Folge 87 mit Deniz Aytekin (Bundesliga-Schiedsrichter), Markus Babbel (Fußballtrainer) & LéLé Cocoon (Drag Queen)

06.02.2024 – Folge 88 mit Christina Ringer (Kommunalpolitikerin, Moderatorin), Lilo Wanders (Schauspieler und Travestiekünstler) & Marvin Rose (Pop-Pianist)

26.02.2024 – Folge 89 mit Prof. Dr. Karl Lauterbach (Bundesgesundheitsminister), Frank Elstner (TV-Legende) & Prof. Dr. Jens Volkmann (Präsident Parkinson Stiftung)

05.03.2024 – Folge 90 mit Hubertus Heil (Bundesminister für Arbeit & Soziales), Rainer Gottwald (Box-Promoter) & Walter Lehnertz (»Bares für Rares«)

16.04.2024 – Folge 91 mit Katarina Barley (Vizepräsidentin des Europaparlaments), Max Rogall (Gay-Influencer) & Ingo Zamperoni (Tagesthemen-Moderator)

07.05.2024 – Folge 92 mit Anissa Loucif (Comedienne), Saskia Esken (SPD-Chefin), Thomas Laschyk (Volksverpetzer-Blogger)

04.06.2024 – Folge 93 mit Ingo Oschmann (Comedian), Kaweh Mansoori (stellvertretender Ministerpräsident Hessens), Bilgenur Aras (Box-Weltmeisterin)

02.07.2024 – Folge 94 mit Vincent Gross (Schlagersänger), Anna-Carina Woitschack (Schlagersängerin), Eloy de Jong (Schlagersänger)

07.08.2024 – Folge 95 mit Tante Gladice (Travestiekünstler), Jo Weil (Schauspieler) & Alexander Wehrle (VfB Stuttgart)

04.09.2024 – Folge 96 mit Bernd Reisig und vielen Überraschungsgästen zum Jubiläum; moderiert von den FFH-Moderatoren Julia Nestle und Johannes Scherer

01.10.2024 – Folge 97 mit Nicklas Kaul (Leichtathlet), Paul Wetz (Musiker) & Lisa Paus (Bundesministerin)

Seitenverzeichnis

Der Autor

Bernd Reisig ist Medien- und Künstlermanager – betreute Künstler wie Nena, Bodo Bach oder Badesalz. Als Manager führte er den FSV Frankfurt von der Oberliga bis in die 2. Fußball-Bundesliga. 2017 gründete er die Bernd Reisig Stiftung, die sich u. a. im Bereich der Obdachlosenhilfe einsetzt.

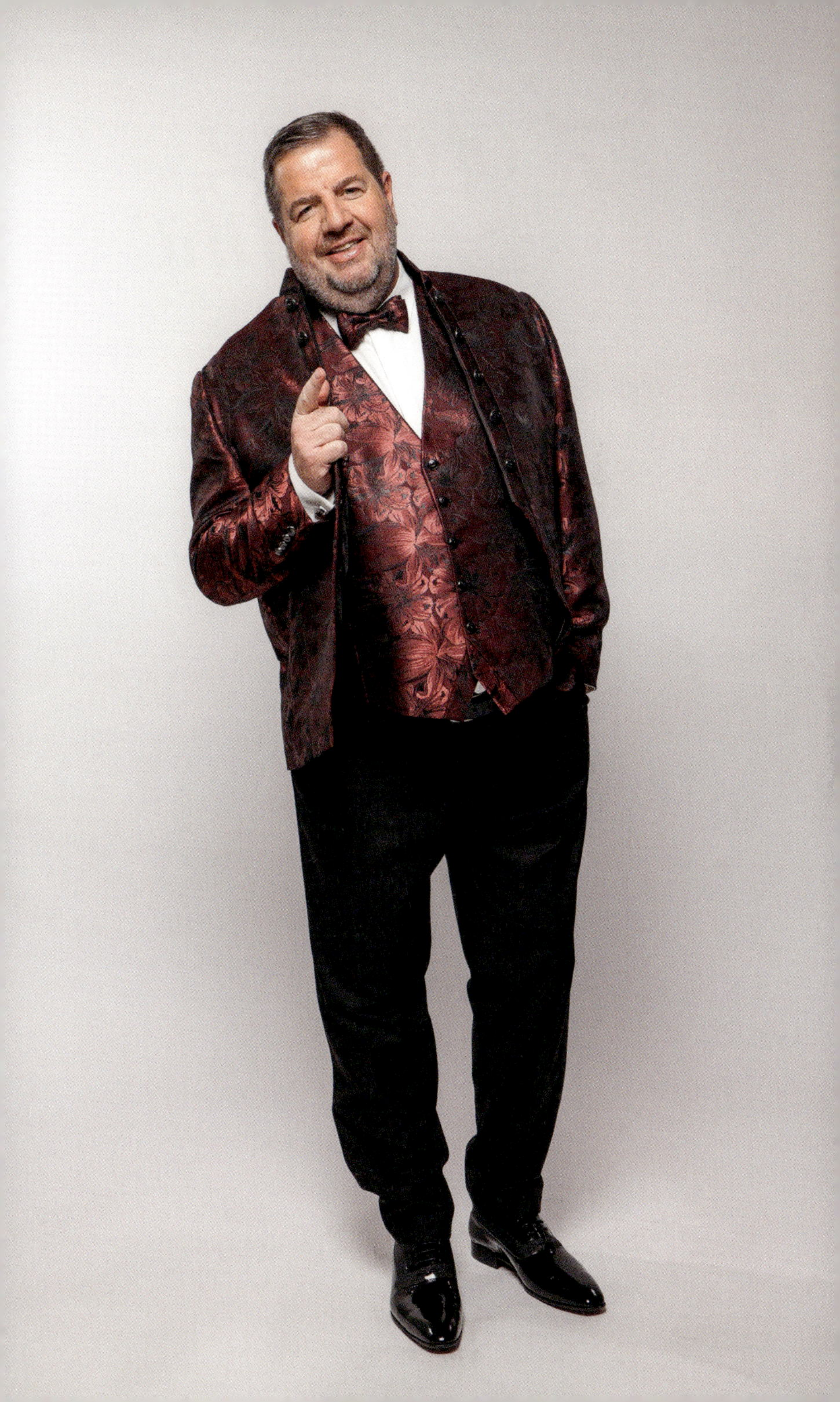

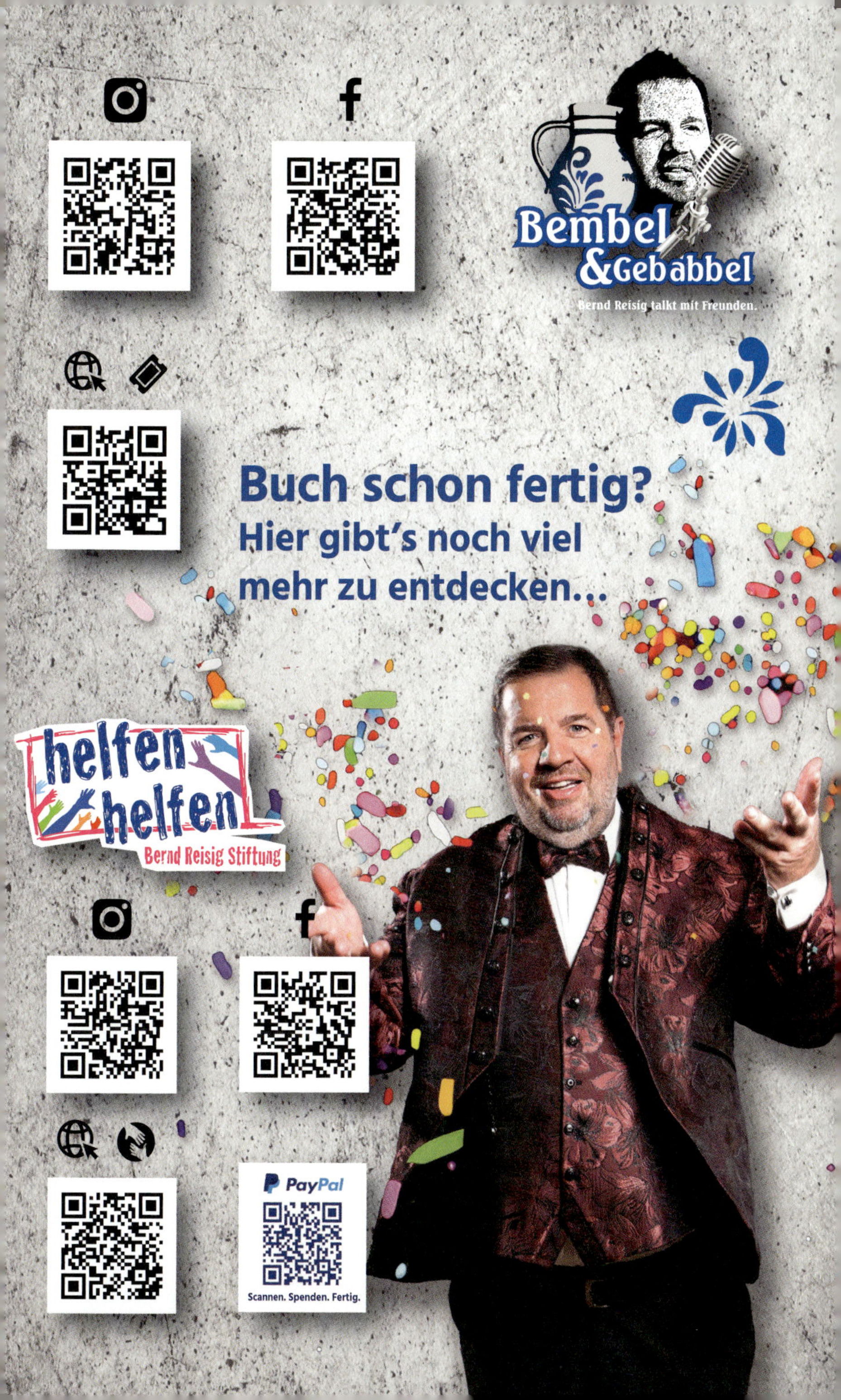
Bembel &Gebabbel
Bernd Reisig talkt mit Freunden.
Buch schon fertig?
Hier gibt's noch viel
mehr zu entdecken...
helfen helfen
Bernd Reisig Stiftung
PayPal
Scannen. Spenden. Fertig.

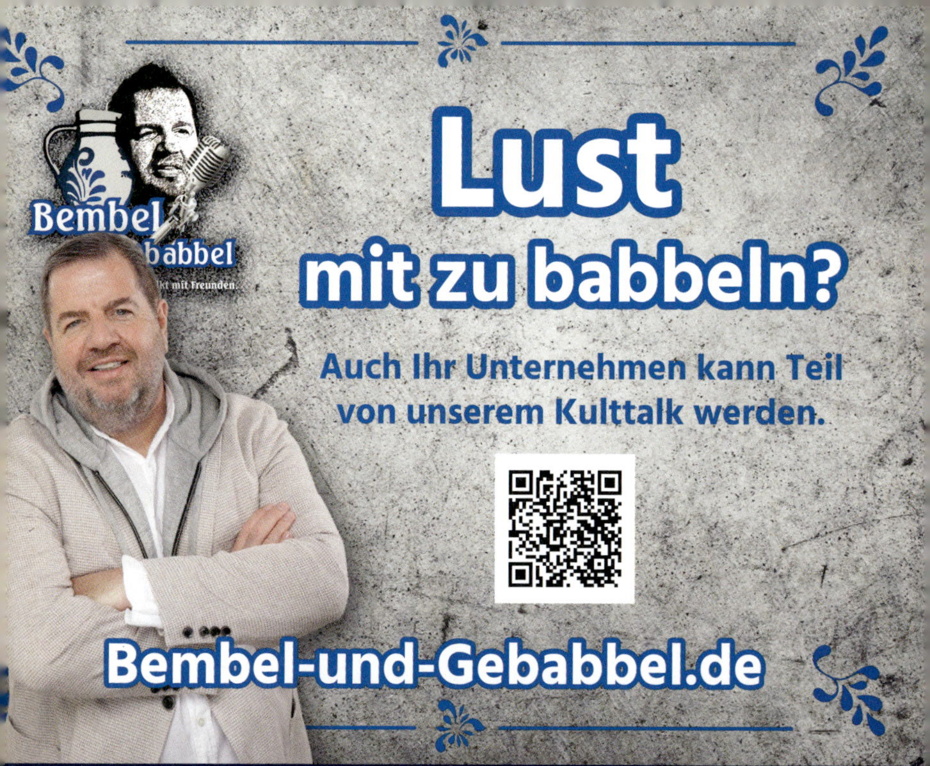
Lust
mit zu babbeln?
Auch Ihr Unternehmen kann Teil
von unserem Kulttalk werden.
Bembel-und-Gebabbel.de
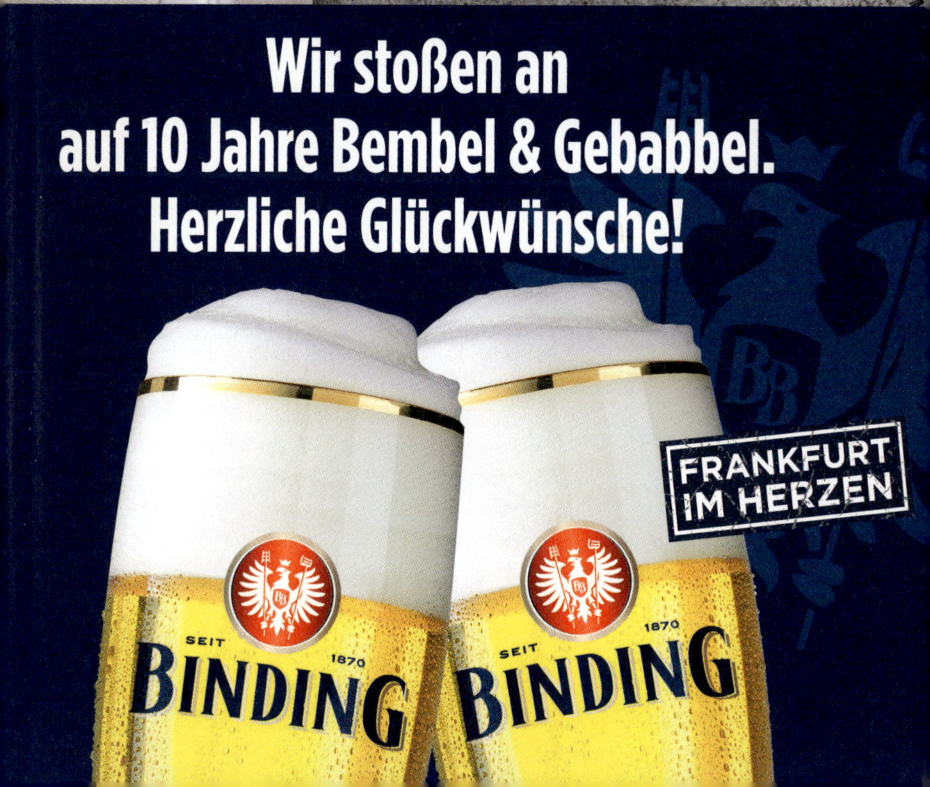
Wir stoßen an
auf 10 Jahre Bembel & Gebabbel.
Herzliche Glückwünsche!
FRANKFURT
IM HERZEN
SEIT 1870
BINDING
SEIT 1870
BINDING

DANKE

Roger Rinker
Thorsten Siegmund

Lohrberg-Schänke
Christian Dressler

Thomas Keßler, Pascal Wagner und
Felix Wüst von GO!TV Media Production
Daniel Schneider von EVENTSERVICE
Kathleen Krüger vom Hochzeitshaus Frankfurt
Nadine Löchel
Benjamin Näßler